GAOXIAO DANG'AN GUANLI
CHUANGXIN YU SHIJIAN

U0683132

# 高校档案管理
## 创新与实践

胡苗 著

重庆大学出版社

**图书在版编目（CIP）数据**

高校档案管理创新与实践／胡苗著. -- 重庆：重
庆大学出版社，2020.11
ISBN 978-7-5689-2512-9

Ⅰ．①高… Ⅱ．①胡… Ⅲ．①高等学校—档案管理—
研究 Ⅳ．①G647.24

中国版本图书馆 CIP 数据核字(2021)第 006633 号

**高校档案管理创新与实践**
胡 苗 著
策划编辑:鲁 黎

责任编辑:夏 宇 版式设计:鲁 黎
责任校对:王 倩 责任印制:张 策

\*

重庆大学出版社出版发行
出版人:饶帮华
社址:重庆市沙坪坝区大学城西路 21 号
邮编:401331
电话:(023)88617190 88617185(中小学)
传真:(023)88617186 88617166
网址:http://www.cqup.com.cn
邮箱:fxk@ cqup.com.cn（营销中心）
全国新华书店经销
重庆圣立印务有限公司印刷

\*

开本:787mm×1092mm 1/16 印张:11 字数:259 千
2020 年 11 月第 1 版 2020 年 11 月第 1 次印刷
ISBN 978-7-5689-2512-9 定价:40.00 元

# 前　言

　　高校档案是高校在招生、教学、科研和管理等活动中形成的历史记录，是国家档案的重要组成部分，关系到高校建设、人才培养、科学研究和管理水平，对高校及其师生员工乃至社会，都有凭证、参考、教育、存查的价值。因此，国家、高校都十分重视高校档案工作，《高等学校档案管理办法》规定，高校档案工作是高等学校重要的基础性工作，学校应当加强管理，将之纳入学校整体发展规划，设置机构、配备人员，创造良好的安保条件，切实加强管理。但是，在一些高校也存在抓而不紧、治而不严、有法不依、有章不循的现象。

　　当前，信息技术的迅速发展，给档案管理工作带来了新的发展契机。如何在信息化时代创新高校档案管理工作，已成为档案工作者必须研究的课题。本书通过分析当前高校档案管理的现状，从多个角度论述了信息化时代高校档案管理工作的重点内容，并提出了相应对策。

　　由于作者水平有限，本书不足之处在所难免，恳请读者批评指正。

胡　苗

2020 年 5 月

# 目　录

# 第一章 档案与档案工作

## 第一节 档案的起源与发展

### 一、档案的起源

档案是人类社会发展到一定阶段的文明产物，是人类社会实践活动的原始记录。在蒙昧时代和野蛮时代的漫长岁月，人类还没有创造出一种表达和交流人们意图的文化记录工具。远古人只能靠语言和动作表达思想，凭大脑记忆贮存信息。但是，语言和动作的传达受到时空的极大限制，不能直接远传；靠大脑记忆也难免遗忘失真，更无法存贮备用、传给后人。为了克服和弥补这些缺陷，人类逐步创造了载录信息的文化记录工具，产生了历史记录，也就产生了档案。至于何时有了档案意义上的历史记录，我国档案界一直有争议，难以统一。这是因为现代人对远古时代的许多情况并不清楚，而且人们对这一问题的认识往往采用不同的标准。迄今为止，就档案起源的观点大致可归纳为三种：结绳说、刻契说；文字说；国家说。

#### （一）结绳说、刻契说

持这种观点的学者认为，档案起源于文字未产生之前的"结绳、刻契"时代。当人们第一次有意识地在绳子上打不同的结、在木头等物体上刻画不同的痕迹，并以此记录相应的信息时，这些打了结的绳子和刻画了痕迹的物体就成为最早的历史记录和档案。但是，由于结绳和刻契还不是一般意义上的历史记录和档案，因此被称为史前时期的档案。

#### （二）文字说

持这种观点的学者认为，档案与文字同时产生。当人们第一次用文字来记录和交流信息时,档案也就出现了。根据人们今天对档案定义的认识,文字说与档案的定义最为接近,因此可以认为档案起源于文字的产生与使用。档案与文字同时产生的观点还得到了考古界的强有力支持。

### (三)国家说

持这种观点的学者认为,档案起源于国家出现之后。当国家第一次用以进行阶级统治和国家管理的文件被有意识地保存起来时,档案就出现了。他们常引用斯大林在《马克思主义与语言学问题》中的一段话作为主要依据:"生产往前发展,出现了阶级,出现了文字,出现了国家的萌芽,国家进行管理工作需要比较有条理的文书;商业发展更需要有条理的来往书信。"这种观点在一些论著中较具普遍性。国家形成之后,为了进行国家管理,需要有条理、系统性地文书记录和传递各种信息,这些文书记录又被比较系统地保存起来,形成了数量可观的古代王朝档案。

1899 年在河南安阳小屯村殷墟发现的甲骨文,记载了商王朝的许多事迹,反映了王令、臣仆、巡游、征战、犁田、渔猎、天象、医药等方面的情况。这些甲骨文大多比较集中地保存于宗庙旧址,有的按朝代排列,有的把龟甲与牛胛骨分别保存,有的甲骨还穿孔编制成册,可以推断出它们是有意识被保存起来的档案。

## 二、我国档案形式和名称的演变与沿革

历史、现实与未来总是有着内在的割舍不断的联系。对于我国档案管理体制的研究来说也是如此,一方面,我们要正视过去,回溯历史,以求得对现实档案管理体制更为真切的理解;另一方面,我们要面向未来,探寻今后档案管理体制更为合理的发展道路,使我国的档案事业蒸蒸日上。

我国档案管理体制作为国家行政管理体制的重要组成部分,是伴随着社会发展进程,经历了漫长的历史演变而逐渐形成和确定的。在不同的历史时期,档案管理体制的发生、发展呈现出不同的特点。

我国自从进入文明社会以来,档案文献浩瀚瑰丽,陶文甲骨、金石铁券、纸墨文书、声像光盘等,内容日益丰富,档案的形式和名称也在不断发展、变化。

### (一)我国档案形式的演变与沿革

#### 1.陶文档案

新石器时代晚期的档案距今 5000 年左右,从考古发现来看,有黄河中游一带仰韶文化遗址的陶器记事符号,有山东等地龙山文化遗址的陶片文字和记录,考古界将后者称为陶文,人们称其为陶文档案。

2. 甲骨档案

商周时期的档案距今 3000 余年,从出土实物和可靠的记载来看,甲骨档案主要集中于商代。从商代甲骨档案的载体材料和记录方式来看,当时社会已有比较发达的古代文明。

3. 金石档案

金文也称钟鼎文,是指铸造在殷商与周朝青铜器上的铭文。有铭文的青铜器始于商代,但数量少,金文字数也不多。钟鼎彝器中作为记事和凭信的金文,无疑具有古代档案的性质,所以在档案学上称为金文档案。

由于金属工具以实用性为主,在我国古代曾有一段石刻比较流行的时期,其中有些可称为石刻档案。据有关资料记载,殷代有少数刻石,东周以后逐渐增多,秦汉以后石刻碑碣大量出现,直至明清、民国时期仍有所见。几千年来,石刻档案保留了许多难得的历史资料。

4. 简牍档案

金石档案虽然坚固耐久,但其载体比较笨重,制造铭刻也比较费工,且不便传递,所以自商周至东晋时期,特别是从周代到汉代的 1000 余年间,古人多用竹片、木板撰写文书。写在竹片上的称为竹简,写在木板上的称为木牍,统称为简牍档案。简牍编连在一起称为册,所以又称简册档案。

5. 缣帛档案

缣书、帛书几乎与简牍同时产生。据有关专家推测,帛书可能与典册一样,在殷商时期已经有之,但迄今未见实物。现代保存下来的缣帛档案有长沙楚墓出土的帛书,属于战国时代的古文书。

6. 纸质档案

由于纸张的发明和社会生产力的发展,文件的书写材料逐渐为纸张所替代,形成了大量的纸质档案。纸张的广泛运用不仅促进了汉字的演变,而且促进了文化的交流和发展,也对文书、档案工作产生了巨大的影响。我国虽然从汉代就发明了纸张,但比较普遍地以纸书取代简帛文书,却经历了很长一段时间。从汉到晋的数百年间,处于简、帛、纸并用的过渡时期。此后,纸张逐渐取代缣帛,成为档案的主要载体材料。

7. 现代载体档案

随着现代科学技术的发展,档案的形式也发生了一些新的变化。除了传统的纸质档案外,还产生了许多以感光介质和磁性介质材料为载体的照片档案、录音录像档案、光盘档案和机读档案等,档案的内容更丰富,形式更多样。

### （二）我国档案名称的演变与沿革

按现有的资料来说，我国对文书和档案最早的称呼为"册""典"。甲骨文中就有"册"字和"典"字，在周代，又有"中"字的叫法。根据许多材料分析，周代所说的"中"近乎是对文书和档案的一种概括性称呼。

自商周简牍档案和缣帛档案产生以来，"简""牍""简策""简牍""简书""帛书""缣书""竹帛"等称呼皆指文书、档案和书籍。现已传为成语的"名垂竹帛""罄竹难书"等也反映了当时文书、档案的成分及其称呼。用缣帛书写的文书可以舒卷，所以也称"卷""卷轴"，又因办理公文多在案几上进行，所以汉唐以后，公文和档案又称"文案""案牍"，有时也用"文牍""文书""簿书"来表示。

"档案"一词，初见于清代。现存清代档案康熙十九年（1680年）的《康熙起居注》（汉文正本）中就有"部中无档案"之语。约成书于康熙四十六年（1707年）的杨宾《柳边纪略》中说："边外文字，多书于木，往来传递者曰'牌子'，以削木片若牌故也；存贮多年者曰'档案'，曰'档子'，以积累多、贯皮条挂壁若档故也。然今文字之书于纸者，亦呼之谓'牌子'、'档子'矣。"这也是对档案词源的一种解释。"档"字在《康熙字典》里的解释为"横木框档"，就是木架框格的意思。"案"在《说文解字》释作"几属"，就是像小桌子一类的桌几。由此引申，又把处理一桩事件的有关文件叫作一案，并通称收存的官方文件为"案"或"案卷"等。"档"和"案"连用，就是存入档架的文案和案卷，而且把放置档案的架子称作档架，把一格称为一档。

## 三、我国古代档案管理制度

文书档案管理是机关管理的重要组成部分，也是国家和各级政府进行行政管理的重要工具和手段。在国家和人类社会活动中，相互进行联系是必要的和不可缺少的，文书档案则是这种联系的枢纽和"贮水池"。所以，自文书档案产生后，就成了人类社会实践的必要条件。

文书档案是社会发展到一定阶段的必然产物，它从诞生那天起，就与政治有着天然密切的关系，成为统治者治国、兴邦、理民的手段和依据。收藏保管文书档案的目的在于"藏牒所以定民""定民所以事国"。

### （一）古代文书档案机关的出现与沿革

我国最早的奴隶制国家夏朝，已有了最初的国家机构，其中"准事宅"是掌管政务和司法的官吏，这时还没有专门保管文书档案的官吏。随着文字的使用和国家管理机构的发展，殷商时期设立了文书档案管理的官吏，如巫、吏、祝等，这些都是当时的宗教事务官，既是文书的制作者，又是文书的保管者，安阳小屯村殷墟出土的"甲骨卜辞"可以充分证明这一点。

西周、战国时期,国家机关已大大发展,行政管理分工明确,公文管理机关从公文的制作与保管的统一体中分离开来。西周在六官之下,设有起草、保管、记录公文的事务机关,其中在掌管礼制的"春官"机构中专设大史、内史、外史及其属官皆职掌起草文书、策,整理收藏国家文献典籍。其中,御史又称中史、柱下史,是专门保管文书档案的。此外,还有"掌官契以治藏"的"府"吏,官契即官文书,治藏就是保管的意思。春秋战国时期,各诸侯国的文书档案管理机关大多参考周王室的档案管理机关。

从西周开始,史官和档案管理者便合而为一,密不可分。史官既负责记录君王的言行和国家各个方面的活动,又负责保存各种档案,有时还将档案的主要内容加以整理编纂。史官"亲掌国籍",便于作史,这是十分可取的。《史记》的作者司马迁,其祖先世代为史官,兼管档案。我国第一部断代史《汉书》的作者班固,也是在东汉时的国家档案馆兰台任令史之职。文书与修史密切结合,可以说是我国自古以来的传统。

秦汉唐宋时期的文书档案管理随着国家行政管理的不断发展和完善而得到加强,同时,由于文化和科学的进步,也使其在制度、法律和物质上得到保障。

秦和西汉的副丞相御史大夫,因负责机要公文的处理和保管,所以还管理国籍档案、符节玉玺等。历史记载,刘邦进军咸阳,萧何在战火中首先要办的事就是从秦丞相府中抢救接收秦朝的中央档案,为刘邦夺取天下提供了必要的资料。萧何为相后,专门建造了天禄阁、石渠阁等档案库,作为收藏"典籍之所",妥善保管朝廷的文书档案。

东汉时,设尚书令1人,尚书6人,侍郎36人,文书管理机构日趋完善,同时,皇帝在内庭又设有中书一职,专为皇帝保管文具,掌殿内文书档案图籍。

魏晋南北朝的文书档案管理也进入一个新的时期。两汉以前,还没有独立的档案管理机构,魏晋时,秘书监已由官职变为官署。晋惠帝专置秘书寺,梁朝武帝时称秘书省,成为中央政府的独立机构,相当于现在国家图书馆及档案馆。秘书省的地位可与尚书、门下、内史相提并论。

如果说秦汉以前是我国古代档案管理的奠基时期,那么,隋、唐、宋则是古代档案管理的发展时期,这个时期档案管理有了重大变化。

第一,档案管理机构健全并独立工作。自魏晋将秘书省作为中央政府的独立机构后,隋、唐、宋均沿袭不变,并有所加强。隋代设秘书监1人,正三品。隋炀帝时增少监1人,其他属官有秘书郎、正字、录事等。唐代大体同隋代,只是增添了上百人的档案工作人员和服务人员,如典书、楷书手、掌固、熟纸匠、装潢匠及笔匠等。宋代亦如此。

第二,朝廷十分重视档案收集工作。收集整理图书档案是秘书省的一项重要工作。由于长期战乱,如南北朝的征战、安史之乱、五代十国的封建割据及金辽入侵,使这一时期的政府藏书和档案库都遭到严重破坏,因此统一全国后的封建皇帝十分重视搜集整理散失的档案。开皇三年(583年),隋文帝向全国发出"每进书一卷,赏绢一匹"的诏令。开皇九年(589年),秘书省将收集来的图书加以编次、整理与复制,藏于皇宫和秘书省的内外阁,共达30000余卷。唐代秘书监"掌邦国经籍图书之事",下设著作、太史二局。《旧唐书·经籍志》云:"隋世简编,最为博洽。及大业之季,丧失者多。贞观中,令狐德棻、魏征相次为秘书监,上言经籍亡逸,请行购募,并奏引学士校定,群书大备。"安史之乱时,两都覆没,旧籍亡散殆尽,肃宗"屡诏购募",搜访遗文,日令添写。赵匡胤灭周建宋后,也多次下诏收集先代的旧章遗训。

第三,加强了档案的整理和分类。隋炀帝时,除开展大规模的撰史之外,还将长安嘉则殿所藏 37000 卷书复制成 50 种副本,分别藏于长安和东都洛阳。时以甲、乙、丙、丁为目,经、史、子、集为类,并对东都洛阳观文殿的图书进行了整理,殿的东厢藏甲、乙,西厢藏丙、丁,使藏书开始了条目化、规范化。

唐代也十分注意档案的校定分类。在校定方面,唐太宗曾任颜师古为秘书少监,专典利正。颜师古利用秘书省所藏的大量经籍图书,以晋、宋以来古今本为依据,对奇书难字悉心考校,曲尽其源,做了一次大清理。魏征任秘书监时,对经籍艺文做了认真的校勘分类,确定了"经、史、子、集"图书编目的四部体制。在分类上,唐代以甲、乙、丙、丁为部,每部又分正本、副本、贮本,以经、史、子、集分库收藏,谓之"四库",库内分类有:"经库类十,史库类十三,子库类十四,集库类三。"开元时,四库书卷达到 125960 卷,可见储量之大。此外,唐代还创立了一套比较严密的登记、核查管理制度和借阅手续。开成元年(836 年)以后,又创立簿籍,据阙添写,卷数每月报御史台。秘书省所藏之书,一般官员均可借阅。

宋代的文书档案管理大体沿用唐制,秘书阁(秘书省)设在崇文院,与昭文馆、史馆、集贤院合称四馆,并藏三馆真本书籍及内出古画、真迹。元丰元年(1078 年)废崇文院为秘书监,专司档案管理、修史、制诏撰诏等事。宋代大学士不少兼任行政领导,参与国政,历届皇帝皆设有殿阁,如龙图(太宗)、天章(真宗)、宝文(仁宗)、显漠(神宗)以及南宋的焕章(高宗)、华文(孝宗)等诸阁,收藏历代御书御集等圣旨、公文,并设有学士、直学士、待制等职。

明清时期虽有内阁,但无实权,其主要职能仍然是负责文书管理。内阁是皇帝的秘书机构,协助皇帝处理公文章奏,其职能除草拟诏令、办理章奏外,主要职责就是汇存保管文书档案,即凡办理过的题本、列朝实录、圣训、起居注等都归内阁大库存档。

此外,明清各部院内部还设有文书档案管理机构。如清代六部有专门的文书档案机构库房、本房、司务厅、当月处等,其中吏部设清档房,专掌吏部档案;礼部精缮清吏司下设南库,掌乡试试卷和有关档案、文册;户部设南档房,掌管全国户籍等档案。同时,这些机构还收受处理外单位文件,草拟本部文书。各部院设有员外郎、主事等司官为公文管理工作的领导者,之下有大量的书吏担任公文的抄录、保管等文书事务。

## (二)古代公文档案的种类

作为文书档案的重要保存对象,量大而繁杂的是公文,因此探讨古代公文的种类对于文书档案工作来说是必不可少的。

### 1. 皇帝诏令类公文

在封建专制国家中,皇帝通过调令进行行政管理,皇帝的诏令、圣旨便是国家最重要的公文。在等级森严的封建社会,皇帝的诏令名目繁多,且历代又有所变化。

秦汉时,皇帝的调令称为"制""诏"。制书是帝王颁布的重大制度,诏书是政务文告。"制"比"诏"高一等,典礼与重大国务活动、重要制度用"制书"。"诏"多用于对臣僚的训示及章奏的批复。"策"是汉代皇帝用来册封或罢免诸侯王、三公时的命令性文书。"戒"也称"敕",是对刺史、太守及三边营官进行教训的文书。

唐代,"制书"用于重大制度、大赦、典礼,"慰劳制书"用于重大的奖励赏赐。"册书"指册立或册封皇后、太子、王、大臣。"敕书"是指日常政务活动文书,分为四种:"发日敕"指增减官员、废置州县、征发兵马、除免官爵等文书;"敕旨"指奏事请施行者;"论事敕"用于慰谕公卿诚约臣下;"敕牒"用于随事承旨,如中书门下政事堂奉旨决议的事项须呈皇帝御览批准施行的叫作敕牒,而对臣下请示报告草拟的皇帝旨意则称敕旨。

宋代又增加了"诰命""敕牓""御札""德音"等皇帝公文。"诰命"用于封赠官员;"敕牓"用于训诫晓谕官员百姓;"御札"也称"御笔",是北宋敬宗亲笔拟写的手诏,史称"变乱旧章,出于法令之外";"德音"也是皇帝亲发的指示。

明清皇帝的公文与前代大体相同,诏令有"制书""诏书""诰命""敕命""敕谕""朱谕""上谕""寄信""电寄"等形式。"制""诏""诰""敕"用于宣布重大的政令和封赏,其他均为日常政务所用,其中,皇帝亲笔写的谕旨称为"朱谕""寄信",也称"字寄""廷寄",为清代独创的诏令类公文,是专给某地某官的机密谕旨。"电寄"是清朝末期电报开通后的谕旨。

### 2. 臣僚上奏类公文

此类公文是臣僚向皇帝奏报的上行公文,为中央各部院、省、台、三公九卿,以至宰相、地方上的封疆大吏,如州牧、郡守、总督、巡抚、节度使、经略使、将军、镇守等朝廷命官所用,其形式分礼仪性章奏和政务性章奏。

礼仪性章奏形式有"章""奏""表""笺"等。凡节日庆典、圣寿、登基、册封皇后太子、庆功献俘、敬献"祥瑞"(发现所谓有吉兆的珍奇物品和自然景象)等,臣下要上表庆贺。此类章奏四六骈体、典雅华丽,几乎全是为皇帝歌功颂德,粉饰太平,表示效忠。清代还有一种"请安折",专用于外省大臣向皇帝请安致敬,如"恭请圣安"之类。

政务性章奏公文在臣僚向皇帝上书言事中多称"奏"。《文心雕龙·奏启》中解释道:"陈政事,献典仪,上急变,劾愆谬,总谓之奏。"秦汉时的章奏称为"上书""上疏",文书首称"臣昧死敢言",文末称"臣诚惶诚恐,顿首顿首,死罪死罪"。臣下抒发政见的谏议叫作"议"或"驳议",向皇帝上书弹劾大臣的章奏叫作"参"。魏晋时将章称作"启",文的首尾分别称"启闻"和"谨后"。隋唐时上书言事也称"表""状",奏报边务军情用"露布"。宋代大臣上书也称"札子",这种名称的使用与纸的广泛使用有关。唐宋时,纸成为书写公文的主要材料,公文也从过去的简牍成册、绢帛成卷,改为用纸折叠,成为"折"状,故上书奏言称"札子"。公文折成一本,也就有了"本"的称谓,明代上奏公文分为"题本"和"奏本"。凡政务公事称"题本",一切"私事",如乞恩、认罪、缴敕、谢恩以及军、民、人等陈情、建言、申诉等项,俱用"奏本"。清代乾隆年间废"奏本",一律改为"题本"。此外,康熙年间又兴起一种"奏折"文书,只有皇帝亲信才能使用此种文书,机密性较强,传递迅速,均涉及军政要务、政权安危,直接密奏皇帝,由皇帝亲自拆批。

### 3.官府行移类公文

此类公文为中央和地方官府之间的往来文书,分上行、下行、平行三种。

上行公文是指下级机关给上级机关的报告文书,如呈、申、敕、状、牒、详、禀等。历代所用上行公文略有不同,如有牒上、呈状、申状、咨呈等变化。秦简《封诊式》中的"爰书"虽为判案的法律文书,在许多情况下也是上级的公文。清代常用的有禀文,内容较为单一,属于报告、请示类文书。申文、呈文也是向上级的请示报告,多用在申报地方刑案、钱粮、户籍等方面。详文、详册是使用很广泛的上行公文。单件的汇报详文汇集起来是详册,详文(册)常配合申呈文一起使用,申呈文为正式报告,详文则是附件。

下行公文是指上级对下级机关的指示、批复、告诫等文书。秦汉时的下行文书目前所见的有"语书",即教诫的文告,下级机关必须执行。唐代有"符""贴",元代有"故牒""指挥",明代有"照会""札付""下贴",清代有"札文""牒文""札付""牌票""牌檄"等下行公文。

平级机关或不相隶属的机关相互往来的公文称为平行公文,有咨、移、关、敕、牒、票、会等。平行公文是会商事项,用语较为谦和。咨文在明清时主要用于各省督抚和中央各部院之间,明代还特别注明"平咨"。揭贴是明清题本的副件,但不是独立文件。关文、移文是将不属于自己职权范围的公务移转给应管辖机关的文书。与平级的或不相隶属的机关商办某项公务用关文,知会、知照是清代的平行公文。知会即向平级机关通知某一事项;照会是合同照阅的意见,请求互相商议。清末,照会又成为一种外交文书。

总之,我国是一个历史悠久的文明古国,档案管理工作在我国古代文明史上留下了闪光的一页,积累了许多宝贵的历史资料和科学经验,对今天的档案管理工作有不少可供借鉴之处。

## (三)古代文书档案管理制度

从巩固封建政权统治的需要出发,古代帝王对文书档案的管理制度十分重视,并随着社会科学文化的发展,不断建立、完善有关档案管理制度。

### 1.档案的集中保管制度

古代文书档案机构对君王的言行记录、策命诏文、重大政务公文等,在处理之后,都要集中存放于中央档案库。历代也都有专门保管文书档案的机构,并设有档案库房,分类集中存放。商代的"甲骨卜辞"就集中在安阳殷墟,其他地方未见,说明商代文书档案就开始集中存放。古代文书档案保管分三个层次:一是国家档案机构,多设在丞相府、御史府、秘书监(寺)、内阁、内务府等;二是中央政府各部院也有自己的档案库房,如明清的六部皆有文书档案机构和人员;三是地方各级政府也相应设有档案库房,尽管有些地方政府档案保管时有缺失,但大多设有专人负责。

### 2. 档案的编年、标识制度

从殷商起,公文便有年月日的时间记载,档案的保管也按"年秩月次"排放。特别是两汉以后,各代均按档案的形成时间,用编年的方法逐年逐月按顺序排放。

古代档案人员在档案入库后,不仅按时序依次排放,而且"标识昭明",即对所有的卷案和存放卷案的柜架都贴上可供识别的标志,使人一看便明白某个柜架上存放的是某年至某年的档案,某个档案是某年某月的什么案卷,非常便于寻找和使用。

### 3. 档案的立卷编目及索检制度

古人有"征索有汇"的说法,即将档案立卷的条目分类汇聚,便于存放、保管和查找。

我国古代档案管理在西汉中期已产生了初步的档案编目工作,明确实行文书立卷制度,不少案卷还写有标题,立卷方法有两种:一个案件装订为卷;同类文书按时间顺序装订立卷,标题名称为"某某案"或"某某书卷",如"阳朔二年正月尽十二月吏病及视事书卷",可以说这是我国将官方文书称之为"案卷"的较早起源。唐代文书处理及档案管理工作施行一套完整而严格的程序,如大量使用的牒式文种,其处理包括长官署名、受付、判案、执行、钩稽、抄目等六个环节。抄目即拟立的案卷标题,并使用登记簿,将案卷标题、进库时间、用印等内容写入。

两宋更加明确地采用档案目录制度,如各库档案有"置籍",即档案登记簿,并立上号数。"以千字文为号,月壹架阁",以时间顺序(以月为度)的档案编排法,具有初步的档案分类意义,同时具有检索功能。由于印刷术的发明使用、官制复杂、科举发达、民族关系紧张等因素,档案立卷分类更为详细。两宋还设有通进司、银台司,专门掌受"所领天下章奏案牍""掌受中书、枢密院宣敕"的事目。清代军机处还置有随手簿,"凡收发文稿、登记档案及奉寄旨并饬封存之件,皆章京亲自料简"。此簿不仅利于档案保管,而且有利于查找复核,可作为检索目录。

### 4. 档案库房的出入制度

"启闭有节"是古代档案库簿出入制度的概说。有节就是有所控制,不能随便任意进出,库房门窗的开闭、库内空气的通风调节等都有具体的时间规定。外人不得随便进入的严格规定,可以防止档案文书被人损坏或篡改。清代雍正时期还曾规定库房管理人员不得离库,其生活由专人供侍,这种严格的保密规定是前所未有的。

### 5. 档案库房的防火制度

古代国家对文书档案库房的防火要求也很严格,库房建筑附近不得有民房和一般性建筑,不准任何火源接近库房;库房前放置多口水缸,用于消防,以备不测。

从上述可以看出,我国古代档案管理制度是逐步完善和明确的,符合历朝历代在当时的历史条件下对档案工作的要求。古代帝王很擅长利用档案为其统治服务,将档案作为施政和管理活动的工具,因此十分重视档案管理制度的制定和实行。

# 四、我国当代档案管理制度

我国当前的档案管理体制是在中华人民共和国成立后,在党和政府的关心和支持下,通过各级档案行政管理主体的确立形成的,又经过多次改革调整得以发展。

## (一)当代档案管理体制的形成过程

1949 年 10 月至 1959 年,虽然国家要求档案实行"集中统一管理",但实际上党的领导机关、国家行政机关、军队系统各机关在档案管理体制上是自成系统的,各自制定规章制度,分别进行业务指导和监督,这一时期被称为"分系统管理阶段"。

中华人民共和国成立后,在中国共产党的重视、支持与领导下,一方面,由中共中央办公厅秘书处材料科继续保存党中央的档案,在各级机关设立临时接收机关,保管旧政权档案。另一方面,中共中央办公厅对党中央各部门、各系统提出建立自己的文书工作和档案工作的要求。1951 年 3 月 20 日,中共中央办公厅秘书处处长曾三主持召开了中央一级党、政、军、群各机关档案工作第一次座谈会,原则决定全国党、政、军三大系统的档案实行分工管理,各自建立机关档案室,分别集中统一保管本机关形成的档案。同年 4 月,政务院召开全国第一次秘书长会议,通过《保守国家机密暂行条例》,该条例规定:"党、政、军档案应分别管理;党的历史档案要集中管理;各机关档案应以集中管理为原则。"9 月,该条例颁布后,中央许多主管部门、各大区行政委员会、各省人民政府,陆续建立了档案室(处、科)。可见,当时党的机关和政府机关虽然都要求档案工作在各机关内实行集中管理,实际上却分属不同的系统。

1954 年 9 月,第一届全国人民代表大会第一次会议召开,改政务院为国务院,习仲勋任国务院秘书长,他支持中共中央办公厅秘书处处长曾三等提出的关于在国务院设立国家档案局的建议,并得到了周总理的支持,在 10 月 31 日召开的国务院第二次全体会议上,通过了向全国人民代表大会常务委员会提请审议该建议的报告。1954 年 11 月 25 日,第一届全国人民代表大会常务委员会第二次会议通过了关于国务院直属机构设置议案的决议,批准设立国家档案局,任命曾三为国家档案局第一任局长。

1955 年 1 月 17 日,中共中央政治局批准了第一次全国档案工作会议通过的《中国共产党中央和省(市)级机关文书处理工作和档案工作暂行条例》,并在批示中指出:"这一《暂行条例》的原则,对国家机关和军事机关也是基本上适用的,国家机关和军事各部门可仿照这些原则来建立和改革自己的文书处理和档案工作。"该条例规定档案工作的基本原则是"集中统一地管理机关档案,维护档案的完整与安全,便利机关工作,反对分散保存"。这样,就把省以上党的机关的文书处理工作和档案工作的基本做法统一起来。

1955 年 4 月 5 日至 12 日,中共中央办公厅召开党的第二次全国档案工作会议,着重研究加强县级党的机关文书处理工作和档案工作问题,11 月 27 日,经中共中央办公厅讨论修正,发布了《中国共产党县级机关文书处理工作和档案工作暂行办法》和《1956—1962 年党

(团)的全国档案工作规划》等文件。这样,以党的第一次全国档案工作会议为起点,全国县以上各级党委机关的档案工作机构迅速建立和健全起来。继1951年7月中共中央发布《关于收集党史资料的通知》后,1955年4月10日,中共中央办公厅又发出《关于收集党的历史档案的通知》,主要在党内各机关开展档案管理工作。

1955年11月19日,国务院常务会议批准的《国家档案局组织简则》(以下简称《简则》)中明确提出了统一管理国家档案工作的原则。《简则》规定:"第一条 国家档案局在国务院直接领导下,掌管国家档案事务。第二条 国家档案局的任务如下:(一)在统一管理国家档案工作的原则下,建立国家档案制度,指导和监督各级国家机关和人民团体的档案工作;(二)负责全国国家档案馆网的规划,并筹建和领导国家档案馆;(三)研究和审查国家档案文件材料的保存价值、保管期限标准,并监督和审议有关国家档案文件材料的销毁问题;(四)草拟有关国家档案工作的法规性的文件;(五)办理国务院交办的其他有关国家档案事务。"

《简则》还规定:"国家档案局同各级国家机关和人民团体建立档案业务上的联系,并给予指导。"值得注意的是,该《简则》主要是针对"各级国家机关和人民团体"档案事务进行规范,并未包括党的档案工作方面,只是说明在国家档案局成立的同时,中共中央办公厅设立了档案管理处,中央军委办公厅也设立了档案处,分别对党和军事机关的档案工作进行统一领导。

1955年12月26日,故宫博物院明清档案馆移交国家档案局接管,成立中国第一历史档案馆。1956年4月16日,国务院发布《关于加强国家档案工作的决定》(以下简称《决定》),首次对我国档案管理体制提出明确要求,指出:"档案工作的基本原则是集中统一地管理国家档案,维护档案的完整与安全,便于国家各项工作的利用。全国档案工作,都应该由国家档案管理机关统一地、分层负责地进行指导和监督。各级机关的档案材料(包括机关的收发文电、内部文书、会议记录、电话记录、技术文件、出版物原稿、印模、照片、影片、录音等),应该由机关的档案业务机构——档案室——集中管理,不得由承办单位或个人分散保存;各机关的档案和代管的档案,非依规定的批准手续,不得任意转移、分散或销毁,其中需要永久保存的部分,应当按照统一的规定,分别集中到国家的中央档案馆或地方档案馆保管。"《决定》还指出,要"加强各级档案工作机构。国务院各部、各委员会和各直属机构应该在办公厅(室)之下设立和加强档案室,负责管理本机关的档案;有的部门为了指导和监督本机关档案室的工作和所属系统的档案工作,可以设立档案管理处(或局)。各省、自治区、直辖市人民委员会应该在办公厅下迅速设立档案管理处,负责指导和监督各厅、局和省、自治区、直辖市以下各级国家机关的档案工作;各厅、局应该设立档案室,负责管理本机关的档案。专、县级机关和各级企业单位、事业单位和人民团体也应该设立档案室或配备专职干部管理档案。国家档案局应该全面规划,逐步地在首都和各省区建立中央的和地方的国家档案馆。各级档案工作机构,都应该按照工作需要和精简原则,由各级编制委员会迅速确定编制,由人事部门配备工作人员;凡是缺少领导骨干的,必须配备或充实骨干力量"。

国务院颁布的《关于加强国家档案工作的决定》,是我国首次发布的具有重要指导意义的档案行政法规,具有深远的影响,确立了国家档案工作的基本原则和任务,对加强各级档案工作机构建设、建立统一的立卷归档制度、迅速收集和整理历史档案、加紧培养专业干部、加强档案学理论研究等方面作出了规定。1956 年 4 月 21 日,《人民日报》全文刊登了该决定,并随后专门刊发了题为《加强国家档案工作》的社论。在中国档案事业的发展史上,一般以该决定的发布作为当代中国档案管理体制成立的重要标志。

《决定》公布之后,全国各级档案部门都积极贯彻《决定》精神,结合本地区、本单位的实际情况,提出许多改善和加强档案工作的具体意见和实施办法。各省、自治区、直辖市先后成立了档案管理机构,一些中央机关也设立了档案管理处(科),中华人民共和国档案馆、中共中央档案馆以及各省档案馆开始陆续筹备和兴建起来。1956 年 12 月 5 日,中共中央办公厅和国家档案局共同发出《关于收集革命历史档案的办法的通知》,规定文化机关(博物馆、图书馆、烈士馆、纪念馆等)保存的革命历史档案"都应登记目录,报送当地党委办公厅","凡属革命烈士档案收集范围内的材料,都应由党的档案馆集中保存"。

1956 年 12 月 18 日至 22 日,国家档案局召开了政府系统第一次全国档案工作会议,讨论并通过了《国家机关文书立卷工作和档案室工作暂行通则》和《关于国家机关一般档案材料保管期限的暂行规定》。这次会议明确了国家机关档案工作的任务,统一了国家机关档案工作的一些做法,推动了国家机关档案工作的完善和发展。1957 年 7 月 16 日,国务院批转了国家档案局关于检查部分省、市档案工作的报告,批示要求国务院各部门和省、自治区、直辖市人民委员会,按照报告所提意见,加强对档案工作的领导,建立健全档案业务管理机构、健全机关档案工作、建立档案馆筹备机构,尽快把档案工作建立起来。

1957 年 4 月 15 日至 20 日,中共中央办公厅召开部分省(市)参加的档案工作座谈会,集中讨论关于党的档案馆筹建问题。

可见,尽管《决定》的发布使国家档案在集中统一管理方面有所加强,但各系统分别管理档案的状况仍未从根本上得到改变。中国共产党各级组织、国家机关和军队系统的档案工作还是由中共中央办公厅秘书局、国家档案局和军委办公厅档案处分别负责管理。这是我国档案管理体制生成之初分散管理的实际状况。这种自成体系、各行其是的体制,容易造成指导力量不集中,方法不统一,人、财、物等管理资源的浪费和管理效率的低下,难以有效地达到政令统一、规划统一和规范统一的要求。随着国家政权的不断巩固和经济建设的迅速发展,党和国家领导人以及档案管理者逐步认识到,我国党政档案在内容、形式、形成等方面都有着密切的联系,在档案管理业务上也没有很大的区别,而把各级党组织、国家机关的档案工作结合起来,一方面可以为工作提供便利,有利于档案的科学管理;另一方面也可以建立统一的档案馆,符合机构精简与高效原则。于是,我国档案管理体制面临第一次改革的必然。

### (二)当代档案管理体制的发展及主要改革历程

1958 年 6 月,周恩来提议党政档案实行统一管理,中共中央办公厅秘书局和国家档案局党组经过讨论后,于 11 月 7 日向中共中央办公厅主任杨尚昆和国务院秘书长习仲勋报送了

《关于党政档案工作统一管理的请示报告》。1959 年 1 月 7 日，中共中央批准了这个报告，并正式发布了《关于统一管理党、政档案工作的通知》。该通知指出："党的档案和政府、军队、群众团体以及各企业、事业单位的档案都有不可分割的联系，而且各机关的档案都必须以党的方针政策为纲才好整理，因此，把党的档案工作和政府的档案工作统一起来是完全必要的。在档案工作统一管理之后，各级档案管理机构既是党的机构，又是政府机构；为加强党对档案工作的领导，应规定各级档案管理机构在中央由中央办公厅主任直接领导，在地方由各级党委秘书长直接领导（不设秘书长的县委由办公厅主任直接领导）。"在中央批复中共中央办公厅秘书局和国家档案局的报告时还同意建立党政统一的档案馆，但根据中央指示，必须明确党政档案集中保管时要以党的档案为重点。1959 年 3 月，中共中央办公厅秘书局中央档案馆筹备处和国家档案局国家档案馆筹备处合并成一个档案馆筹备处，准备统一筹建中央档案馆。6 月 24 日，经中共中央、国务院批准，正式成立中央档案馆，作为中共中央、国务院的直属事业单位，既保管党的档案，又保管国家的档案。10 月 8 日，中央档案馆开馆，在杨尚昆、曾三的邀请和陪同下，朱德、董必武、林伯渠、徐特立、吴玉章、谢觉哉等中央领导参加了这一重大活动，并题字、题词、谈话，祝贺中央档案馆开馆。

党政档案工作统一管理之后，中共中央秘书局档案处的业务指导工作与国家档案局合并。从 1960 年开始，国家档案局的业务和行政工作均由中共中央办公厅领导，建制仍属国务院。至此，国家档案局成为统一掌管全国党和政府系统档案工作的最高档案行政管理部门。地方各省、市、县的档案管理机关依此做了相应调整。这是我国档案管理体制的第一次重大改革，开始真正实行集中统一的档案管理体制，在世界档案史上独创了党政双重领导档案工作的新型管理模式，成为我国档案事业的一大特色。

20 世纪 60 年代，随着我国经济建设发展的客观需要，中共中央、国务院在整顿工业企业、城市基本建设和自然科学研究工作的过程中，对档案工作提出了新的要求。1960 年 2 月 29 日发布《技术档案室工作暂行通则》；3 月 18 日发行《县档案馆工作暂行通则》《省档案馆工作暂行通则》；1961 年 12 月 31 日发布《机关档案室工作通则》，同时还根据当时档案工作关系中主体要素的不同，制定和颁布了关于区分革命历史档案、旧政权档案，加强工业、企业技术档案工作，加强城市基本建设档案管理等方面的规定。到 1962 年，全国已建成省级档案馆 18 个、省级档案馆筹备处 6 个、县档案馆 1590 余个，并普遍建立了统一管理党政档案的档案室，配备了统一管理党政档案的工作人员。1964 年 4 月，中国科学院历史研究所南京史料整理处改隶国家档案局领导，并更名为中国第二历史档案馆，成为收藏民国时期档案的国家档案馆。1964 年，中共中央、国务院还批转了国家档案局《关于进一步加强技术档案工作的报告》，确立了按专业统一管理科技档案工作的体制，指出："各工业、交通和科学技术主管机关应当切实加强对科学技术档案工作的领导。由于技术档案的重要特点是专业性强、数量大，与生产、建设和科学技术研究工作的关系很紧密，因此必须实行按专业统一管理的办法。"但由于 20 世纪 60 年代后期"文化大革命"的破坏，这一体制并未得到有效贯彻。在"文化大革命"中，中共中央办公厅及其领导的国家档案局受到冲击，遭到严重破坏，档案管理体制被全面打乱。1969 年 1 月，国家档案局被迫撤销，随后，各省、自治区、市的档案局及地、县级档案管理机构也先后被撤销。原属国家档案局领导的中国第一历史档案馆和中国第二历史档案馆分别划归故宫博物院和江苏省领导。成立于 1960 年 7 月 7 日并作为国家级档案馆的东北档案馆未经中央批准即被撤销。1970 年,中央档案馆改名为中共中央档案馆,该馆国家档案部被令停止工作;明清档案部重新划归故宫博物院。全国档案工作陷入瘫痪混乱之中。

1978 年 12 月,党的十一届三中全会召开以后,档案工作开始步入恢复整顿和改革开放时期。1979 年 2 月,中共中央、国务院正式批准恢复国家档案局和中央档案馆,重申了各级档案工作机构既是党的机构又是政府机构,应由各级党委直接领导的档案管理体制。8 月,全国档案工作会议上提出了"恢复、整顿、总结、提高"的任务,各机关档案室得到迅速恢复和发展。1980 年 2 月 14 日,《中共中央、国务院批转国家档案局关于全国档案工作会议的报告》中进一步明确了我国档案管理体制和原则:在管理体制上,各级档案机构既是党的机构又是政府机构。国家档案局既是党中央的一个工作部门,又是国务院的直属局,对全国档案工作进行指导、监督和检查。地方各级档案管理机构都是同级党委和人民政府的直属机构。为加强党对档案工作的领导,规定各级档案管理机构在中央由中共中央办公厅主任直接领导,在地方由各级党委秘书长直接领导,不设秘书长的县委由办公室主任直接领导。1980 年 12 月 27 日,国家经委、建委、科委和国家档案局联合发布《科学技术档案工作条例》,规定:"国家档案局和各级档案管理机关应当加强对科技档案工作的指导、监督和检查。""科技档案工作必须实行统一管理。国务院所属的各专业主管机关和省、自治区、直辖市人民政府所属的各专业主管机关,应当建立相应的档案机构,加强对所属企业、事业单位科技档案工作的领导。"

1982 年,国务院为了改变部门林立、机构臃肿的状况,进行了改革开放以来第一次规模较大的机构改革,撤并重叠的机构,减少管理层次,削减人员编制,提高机关干部的年轻化、知识化程度。

1983 年 4 月 28 日,中共中央办公厅、国务院办公厅印发《机关档案工作条例》,指出:"中央和地方专业主管机关的档案部门,应根据本专业的管理体制,负责对本系统和直属单位的档案工作进行指导、监督与检查。""各级机关档案部门的业务工作受同级和上级档案业务管理机关的指导、监督与检查。对驻在地方的上级直属单位的档案工作,实行以专业主管机关为主、地方档案管理机关为辅的管理体制。"至此,我国开始全面实行"条块结合,以条为主"的档案管理体制。

为了同国家机构改革、农村改革、经济体制改革等同步进行,1984 年 5 月,国家档案局召开了省、自治区、直辖市档案局负责人座谈会,提出了档案管理体制改革的问题,认为党政档案工作统一管理、由党委直接领导的体制,是由 20 世纪 50 年代档案工作状况确定下来的,在当时的历史条件下比较合理,起到了推动全国档案事业发展的重大作用。

但是,在改革开放的新的历史时期,全国档案工作的情况发生了很大的变化,已经大大超出了当时党政档案工作的范围,形成了以机关、团体、企事业单位档案工作为基础,以各级各类档案馆工作为主体的具有国家规模的档案事业体系。档案工作中的一些实际问题,如经费、编制、人员培训、库房建设、外事活动等,都要与政府的许多部门沟通协商解决,大量的档案业务工作需要政府去组织实施。因此,会议认为必须改革现有的档案管理体制,以适应档案事业发展的客观需要。1985 年 2 月 8 日,中共中央、国务院同意了中共中央办公厅和国务院办公厅《关于调整我国档案工作领导体制的请示》,在发出的《批转〈关于调整我国档案工作领导体制的请示〉的通知》中明确指出:"档案工作是维护党和国家历史真实面貌的重要事业,是党和国家各项建设事业必不可少的环节。目前全国档案工作还不能适应社会主义各项事业发展的需要,希望各级党委和人民政府进一步加强对档案工作的领导,把档案工作作为一项事业列入国民经济和社会发展规划,解决档案部门存在的一些实际问题,逐步实现档案管理的现代化,大力开发档案信息资源,使档案工作更好地为党的总任务、总目标服务,为建设社会主义物质文明和精神文明服务。"这是中华人民共和国成立后进行的第二次档案管理体制改革。改革的主要内容包括:一是仍然实行党政档案工作统一管理的原则,规定各级档案机构既是党的机构,又是政府机构,列入政府编制序列。二是国家档案局由中共中央办公厅领导改归国务院领导,作为国务院直属局,日常工作由国务院秘书长领导并统一掌管全国档案事务。中国第一历史档案馆、中国第二历史档案馆,归国家档案局管理;中央档案馆仍是中共中央和国务院直属的事业单位,日常工作仍由中共中央办公厅直接领导,在业务上受国家档案局指导。三是地方各级档案局作为地方各级人民政府直属局,其领导关系是否作相应调整,由省、自治区、直辖市党委和人民政府根据实际情况确定;地方各级档案馆归各级档案局管理。1987 年 9 月 5 日,第六届全国人大常务委员会第二十二次会议通过了《中华人民共和国档案法》(以下简称《档案法》),将我国的档案管理体制用法律形式固定下来,纳入法治轨道。1988 年 1 月 1 日,《档案法》正式施行,确立了"统一领导,分级管理"的档案管理体制。

1993 年,党的十四届三中全会后,社会主义市场经济体制在我国逐步得到确立,为推进经济体制改革,国务院开始了中华人民共和国成立以来规模最大、涉及面最广、力度最强的行政管理体制改革。1993 年 10 月 17 日,中共中央办公厅、国务院办公厅发出经中央机构编制委员会办公室审核,由党中央、国务院领导批准的《关于印发中央档案馆、国家档案局职能配置、内设机构、人员编制方案的通知》,决定"中央档案馆与国家档案局合并,一个机构挂中央档案馆和国家档案局两块牌子,履行档案保管、利用和全国档案事业管理两种职能,为党中央和国务院直属机构,副部级单位,由中央办公厅管理"。这是中华人民共和国成立后档案管理体制的第三次重大改革,这次改革的一个重大变化就是职能转变。正如国家档案局原局长、中央档案馆馆长王刚在 1994 年 3 月 28 日全国档案工作会议上的报告中所指出的,"实行局馆合并,一个机构履行两种职能,这是一种新型的组织形式。如何行使好两种职能,这是需要认真对待的问题。""局馆合并后,档案工作统一领导、分组管理的原则没有变;维护档案的完整与安全,便于社会各方面利用的宗旨没有变;档案行政部门执法监督的职责没有变。我们要在总结经验的基础上,根据变化了的情况,进一步调整、理顺、完善档案工作的管理体制,以保证档案工作的健康发展,更有效地为社会主义两个文明建设服务。"

综上所述,我国已基本建立起以各机关、企事业单位档案工作为基础,以各级各类档案馆为主体,在行政管理方面以档案法制工作、档案科技工作、档案教育工作、档案宣传出版工作、档案外事及国际交流工作、档案学术理论研究工作等为主要内容,在文体管理方面以对全国各种载体、各种类型档案及有关资料进行收集、保管、整理、编目、鉴定、统计、修复、复制、编研和多种形式的开发利用,有效地为社会主义各项事业服务为主要内容的体制。但是应当承认,一成不变、永远适用的管理体制是不存在的,随着我国市场经济的持续发展和政治体制改革的不断深入,现行档案管理体制在新的社会转型期遇到的新问题,还要通过不断调整与改革加以解决。

### (三)当代档案管理体制的主要内容及特点

从上述我国档案管理体制的发展历程可见,基于中华民族深厚的文化积淀和档案管理的传统延续,我国的档案管理体制一向是建立在集中模式基础上的。《档案法》确立的"统一领导、分级管理"原则,既是我国档案工作的基本原则,也是建设我国档案管理体制最根本的组织制度,具有中央统一领导、地方分级管理的灵活、科学、民主的现代特色。

#### 1.集中统一的档案管理体制及其特点

我国集中统一的档案管理体制实际上是在国家档案局成立后,党和国家为了改善国家机关的工作,建立合理的档案管理制度,根据既有利于加强中央的统一领导,又能适应地方实际工作需要而制定的,其主要内容包括:一是国家档案行政管理部门主管全国档案事业,县级以上地方各级人民政府的档案行政管理部门主管本行政区域内的档案事业;二是各级综合档案馆负责集中统一管理同级党、政、群(包括党委、人大、政府、人民法院、人民检察院和政协委员会、共青团、妇联等)及其直属机构形成的需要永久保存的档案资料,并负责提供利用;三是机关、团体、企事业单位和其他组织的档案机构应统一管理本单位的档案,负责建立健全本单位档案工作的规章制度,指导本单位档案资料的形成、积累和归档工作,监督指导所属机构的档案工作;四是中央和地方各级党委及政府档案工作机构,既是政府机构,又是党的机构。

该体制体现了我党的民主集中制原则,是国家实行管理活动和机构正常运转的重要保证。从1954年至1993年,不论我国档案管理的领导关系是由国务院直接领导,还是由中共中央办公厅直接领导,始终坚持了集中统一的管理体制,体现了无比巨大的生命力。作为国家最高档案行政管理部门,中共中央、国务院的直属机构,国家档案局的设立、撤销或者合并,符合《中华人民共和国国务院组织法》的规定,国务院可以根据工作需要和精简的原则,设立若干直属机构主管各项专门业务,设立若干办事机构协助总理办理专门事项,并按照《档案法》的规定,对全国的档案事业实行统筹规划、组织协调、统一制度、监督和指导,也就是说,法律赋予了国家档案局行政主体的资格,在档案行政管理活动中享有国家行政权力,能以自己的名义实施行政行为,并独立承担由此产生的法律责任。这种体制,对克服档案分散保存和避免政出多门的弊端以及减少行政层级、精简机构和提高档案部门的行政效率都是十分必要的,并且也有利于维护国家历史文化财富的完整与安全,便于社会各方面利用。

与此同时,地方档案行政管理部门实行的是在地方人民政府领导下的分级管理的具体模式。《中华人民共和国地方各级人民代表大会和地方各级人民政府组织法》(2015 年修订)第六十六条规定,"省、自治区、直辖市的人民政府的各工作部门受人民政府统一领导,并且依照法律或者行政法规的规定受国务院主管部门的业务指导或者领导"。也就是说,地方档案行政管理部门接受国家档案局统一管理,主管本行政区域内的档案事业,并对本行政区域内机关、团体、企事业单位和其他组织的档案工作实行监督和指导。《档案法》规定:县级以上地方各级人民政府的档案行政管理部门主管本行政区域内的档案事业,并对本行政区域内机关、团体、企事业单位和其他组织的档案工作实行监督和指导;乡、民族乡、镇人民政府应当指定人员负责保管本机关的档案,并对所属单位的档案工作实行监督和指导;机关、团体、企事业单位和其他组织的档案机构或者档案工作人员负责保管本单位的档案,并对所属机构的档案工作实行监督和指导。这种分级负责的管理体制,是党中央、国务院领导下的分权分责制度在档案事业管理上的具体化,既符合我国的政体和国情,又体现了党中央群众路线的工作方法,有利于档案工作的全面开展。需要指出的是,部分地方人民政府的档案行政管理部门并没有单独设立,而是与其他部门如与党史办公室或地方志办公室合并的,则不再是行政主体;有的地方档案行政管理部门为事业编制,其行政主体资格也受到质疑。

### 2. 条块结合的档案管理体制及其特点

所谓"条"是指有关专业工作系统(如民航、邮电、冶金、煤炭、铁路系统等)。按"条"管理就是按专业工作系统的隶属关系,由专业主管机关对所属系统内各单位的档案工作实施管理。所谓"块"是指各级行政区域,如省、市、县等。按"块"管理就是地方档案行政管理部门按各级行政区域划分的界限,对本行政区域内机关、团体、企事业单位的档案工作进行指导、监督与检查。"条""块"结合的档案管理体制,就是把"条"与"块"分别管理的制度或方式有机地结合起来,扬长避短,形成档案工作纵横管理网络,具有鲜明的中国特色。

这里的按"条"管理,实际上就是一种纵向的分权分责,打破了区域限制,把各级各类机关、单位的档案工作联系起来,进行同系统、同行业、同专业的管理。这种管理有着自然的联系,一是从行政领导关系上讲,有着上下级"领导"与"被领导"的关系;二是从行业、专业上讲,有着相同、相似的工作性质,形成和利用的文件、档案有着类似性。因此,在档案管理上也容易形成互相都能接受的方式方法,探讨问题时也会有更多的共同语言。

按"条"管理体制源于 1959 年技术档案工作大连现场会议上初步提出的按专业统一管理企业科技档案工作的体制,在 1963 年 3 月 3 日中共中央、国务院批转国家档案局《关于进一步加强技术档案工作的报告》中得以确立,1980 年《科学技术档案工作条例》重申,《档案法》及其实施办法以法律法规的形式进一步确认。1983 年,中共中央办公厅、国务院办公厅印发的《机关档案工作条例》指出,中央和地方专业主管机关的档案部门,应根据本专业的管理体制,负责对本系统和直属单位的档案工作进行指导、监督与检查。按"条"管理实际上是"统一领导"下"分级管理"的另一种形式。而按"块"管理体制,实际上是一种横向地从上到下划分行政区域和领导关系的管理模式,每个行政区域就是一块。每个划定的行政区域内的档案工作由该区域的档案行政管理部门管理,也是一种分级负责的管理手段。

在"条""块"管理的结合方面,《机关档案工作条例》规定:各机关档案部门的业务工作受同级和上级档案业务管理机关的指导、监督与检查;对驻在地方的上级直属单位的档案工作,实行以专业主管机关为主、以地方档案管理机关为辅的管理体制。《中国人民解放军档案工作条例》也规定:科技档案和专门档案工作,按专业工作系统,由总部和军区、军兵种、国防科工委专业主管机关负责管理,并接受同级档案工作主管部门的指导、监督和检查。也就是实行以条为主、条块结合的档案管理体制。其主要内容包括:①国家档案局和各级档案管理机关应当加强对科技档案工作的指导、监督和检查;②科技档案工作必须按专业实行统一管理,国务院所属各专业主管机关和省、自治区、直辖市人民政府所属各专业主管机关,应当建立相应的档案机构,加强对所属企业、事业单位科技档案工作的领导,国务院所属各专业主管机关根据需要建立专业档案馆,收集和保管本专业需要长期和永久保存的科技档案;③大中型企业、事业单位要设立直属的科技档案机构,小型企业、事业单位可以设立单独的科技档案室,也可以设立文书档案和科技档案统一管理的档案室,或者配备专(兼)职人员管理。

条块结合的档案管理体制主要适用于计划经济时代大型工矿企业和科技事业单位归政府部门直接管理的情况。由于我国企业的数量十分庞大,面对如此面广量大的科技档案工作,仅靠档案行政管理部门直接进行业务指导,既管不了,也管不好,但也不能没有档案行政管理部门的统一指导和监督,因此,它在一定程度上继承并体现了集中统一管理原则的精神,是在新的历史条件下对集中统一管理体制的一种发展。我国的经济领导体制是按专业(行业)系统自上而下进行管理的,这在客观上为科技档案工作执行"条块"结合,以"条"为主的管理体制提供了天然的组织基础。从科技档案自身具有的专业性强、与生产实际联系紧密的特点来看,其开发利用也主要是在本系统内进行,实行按专业系统管理,符合科技档案的运动规律,因此实行条块结合的管理体制无疑是当时科技档案管理体制的最佳抉择。1999 年,国家机构改革,国务院组成部委由原来的 40 个变成 29 个,按条管理随之分化,一部分被强化,一部分被合并或不复存在。对不复存在的纵向管理,按照"统一领导,分级管理"的原则,由地方档案行政管理部门承担,仍由垂直管理职能的中央、国家机关或大型国有企业集团和总公司保留行使行政职能的机构和人员,实行内部分级管理,并逐步实行"条块结合,以块为主,加强属地管理"的体制。

# 第二节　档案的概念、特点和作用

档案的本质属性是原始记录性,一般属性是知识性和信息性。

## 一、原始记录性

档案的原始记录属性表现在内容和形式两个方面。从内容来看,档案是其形成者在自己的社会活动中直接形成的,原始地记录和反映着形成者从事某一社会实践活动的实际内容和客观过程;从形式来看,档案是其形成者当时使用的原始文件的直接转化物,原样地保留着形成者当时的手迹或签名以及当时形象的照片、录像或原声录音,是形成者的原稿、原作、原声、原貌。所以,档案是历史活动最真实可信的原始记录,是后人查考历史事实最确凿可靠的原始凭证。

## 二、知识性

档案是人类认识和改造世界的历史记录,是知识存储和传播的一种载体。档案不仅以原始记录的品格反映着从古至今人们从事社会经济、政治、军事、外交、科学技术、文化教育、艺术、宗教等各方面活动的真实情况和发展轨迹,而且记录着大量有知识价值的事实、数据、成功或失败的经验、科学技术成果和理论学说,是深邃广博、取之不竭的知识宝库。所以,档案是人们获得知识的重要途径之一,也是后人进行精神再生产和物质再生产的一种重要的智力资源。

## 三、信息性

档案是借助纸张、磁带、胶片等物质载体,用文字、图表、声像等形式记录下来的信息,是国家信息资源的重要组成部分。档案信息可以收集、存储、检索、整理、传递、交换和利用,供人们分享且不会磨损和丢失,具有一般信息所共有的可扩充性、可压缩性、可替代性、可传输性和可分享性。同时,档案信息还具有自身独有的特性,主要表现在:①具有原生性,即档案是人类社会活动中直接形成的历史记录,是没有经过处理的原始信息,可以作为其他社会信息的原材料,经过加工产生出情报、图书、资料等派生性信息;②具有凭证性,即档案信息原始地、具体地记录了历史活动中人、事、物的真实面貌,是历史真迹,具有凭证作用;③具有广泛性,即档案信息内容丰富,形式多样,数量浩瀚,随着人类社会实践的延续,档案信息也与日俱增,是取之不尽、用之不竭的信息资源。档案工作者应充分认识档案的信息属性,努力拓宽利用途径,加快档案信息开发,积极主动地为社会主义物质文明和精神文明建设服务。

## 四、凭证价值

档案是原始记录,是历史的真凭实据。这是因为:①从档案形成的特点来看,它是从形成者当时、当地、当事直接使用的文件材料转化而来的,是未经任何改动的原稿或原本,所以它原始地、客观地记录了人们当时的思想和活动,是令人信服的历史证据;②从档案本身的特点来看,它记录着形成者留下的历史真迹,如手迹、印信和当时形象的照片、录像以及原声录音等,因此它是确凿无疑的原始文件和历史信物,可以成为查考、研究、争辩和处理问题的依据,具有无可置疑的凭证价值。

## 五、参考价值或情报价值

档案不仅记录了历史活动的事实和经过,而且记录了人们在各种社会实践活动中的思想发展轨迹,反映了人类改造自然和社会的认识过程、创造成果以及正反两方面的经验,可以为后人提供广泛的借鉴。所以,档案对人们查考既往情况,研究有关事物的发展过程及其客观规律,批判地继承历史遗产,总结和吸取历史的经验教训,继续新的研究和创造,开创社会主义各项事业的新局面,是必须参考的第一手材料,具有广泛的情报价值。由于档案是人类在社会实践活动中直接形成的历史材料,其参考价值或情报价值也具有原始性和可靠性,这是其他文献资料所不及的。

# 第三节　档案工作的特点、原则和要求

《档案法》规定:"档案工作实行统一领导、分级管理的原则,维护档案完整与安全,便于社会各方面的利用。"这是国家用法律形式确定下来的我国档案工作的基本原则。这一原则既是我国档案工作长期以来行之有效的经验总结,也是我国档案工作的突出特点。其基本思想包括以下三个部分:

## 一、统一领导、分级管理档案工作

这是我国档案工作的组织原则和管理体制。国家全部档案分别由各级各类档案保管机构集中管理;全部档案工作在各级政府的领导下,由各级档案行政管理部门统一、分级、分专业进行管理;实行党政档案和党政档案工作的统一管理。

## 二、维护档案的完整与安全

这是档案工作的最基本要求,也是保证档案工作顺利进行的物质基础。

维护档案完整,包含质量和数量两个方面的要求:在数量上,要保证档案的齐全,保证应该集中和实际保存的档案不致残缺短少;在质量上,也就是从系统性方面,要维护档案的有机联系,不能人为地割裂分散,或者零乱堆砌。

维护档案安全有两方面的含义:一方面,采取有效措施,尽量延长档案的寿命,尽量减少自然因素和人为因素对档案的损坏,保证档案的物质安全;另一方面,采取保密措施,使档案机密不被盗窃,不泄露,保证档案的政治安全。

## 三、便于社会各方面的利用

这是档案工作的根本目的和出发点,也是检验档案工作的主要标准。

上述三个方面的内容,是互相联系、互相作用的辩证统一的有机整体。实行统一领导、分级管理,是维护档案完整与安全,便于社会各方面利用的组织保证;而维护档案完整与安全,便于社会各方面的利用,又是统一领导、分级管理所要达到的目的。

# 第二章 高校档案管理概述

## 第一节 高校档案管理的历史沿革

从我国现存明清档案的有关记载来看，只有清代嘉庆年间由清政府内阁典籍厅对东大库9万件档案进行整理期间，在编制《清理东大库分类目录》时，才有"文殿试类、武殿试类、考试类"档案列入25大类档案的记录。鸦片战争后，随着社会各方面的发展和变化，在文化教育、财政金融等各种专业领域都形成了各具特点的专业档案。也就是说，到清代末年我国已经形成了近代教育档案的概念，但由于历史局限性，还没有专设教育机构，更没有关于学校档案管理方面的记载。从辛亥革命至中华人民共和国成立之前，由于我国处于半殖民地半封建社会的历史背景，尽管1912年成立的南京临时政府一开始就设置了专管教育的机构，后来也出现了像北京大学、清华大学等高校的爱国师生抢救明清档案的事迹，但就全国范围而言，不论是北洋政府统治时期还是民国时期，当时的高校都没有建立档案统一管理制度，高校档案的流失、损坏现象极为普遍。

中华人民共和国成立初期，继国家档案局成立后，全国各省、自治区、直辖市相继设立档案管理机构，高校档案管理也同机关、团体、部队、企业、事业单位的档案管理一样，开始纳入党和政府集中统一管理范围。1956年1月，周恩来总理在党中央召开的关于知识分子问题的会议上所做的报告中指出："为了实现向科学进军的计划，我们必须为发展科学研究准备一切必要的条件。在这里，具有首要意义的是要使科学家得到必要的图书、档案资料、技术资料和其他工作条件。"针对新中国成立初期存在的档案管理体制、管理方法不够完善以及接管的旧政权档案和现行机关积存零散文件不便管理等问题，国务院于1956年4月16日发布了《关于加强国家档案工作的决定》，这是中华人民共和国成立以来国家关于档案工作的第一个法规性文件。因为高校是科研人才汇集、出成果比较多和快的地方，各高校根据周恩来总理的指示和国务院的决定精神着手建立档案管理机构并配备档案工作人员，开展档案工作。但在20世纪50年代中后期开展的反右派和"反右倾"运动，尤其是"文化大革命"

期间,高校档案管理工作受到很大冲击,基本处于瘫痪状态。直到"文化大革命"结束,高校档案管理工作才逐步恢复正常。1988年1月,《档案法》实施,1989年10月,国家教委(现教育部)制定了《普通高等学校档案管理办法》,1993年11月国家教委又颁布了《高等学校档案工作规范》《高等学校档案实体分类法》,这些法律法规文件的实施,为高校档案管理工作逐步走向法治化、标准化和规范化铺平了道路。

随着信息技术和高等教育事业的迅速发展,高校的招生规模、教学和科研水平都得到了空前的发展,相比之下,高校档案管理工作的发展速度却相对滞后,一些传统的管理方式面临着新的挑战。针对我国高校档案管理现状和存在的问题,为使高校档案管理与现代高等教育事业同步发展、与时俱进,保障高校档案工作可持续发展,2008年8月,教育部及时组织修订了《普通高等学校档案管理办法》,并与国家档案局联合发布了《高等学校档案管理办法》。实践证明,经过修订颁布的《高等学校档案管理办法》,能使高校档案管理工作进一步沿着规范化、标准化和科学化的道路向前发展。现在不少高校正根据颁布的《高等学校档案管理办法》对照检查档案管理情况,总结以往档案管理方面的经验,纠正偏差,吸取教训,修改或制定适合本校的有关管理制度。正如有的学者所说,作为指导新时期新阶段高校档案工作科学发展的重要法规性文献,《高等学校档案管理办法》的颁布实施有利于加快推进现代大学档案管理制度建设,深化高校档案工作改革,提高档案服务于高等教育与社会经济发展的能力和水平,是我国高校档案工作发展史上的重要里程碑。

# 第二节　高校档案管理工作简述

## 一、高校档案的定义

高等学校是培养现代化建设人才的摇篮,是科学研究的基地,历史赋予高校的责任决定了它与国家的兴衰有着不可分割的联系。高校档案是高校各项工作的真实历史记录,是广大教职员工在教学、科研、管理、生产等各项活动中形成的宝贵财富,全面、准确地反映了高校工作的面貌和特色,也从侧面反映了我国教育事业的发展情况。无论在总结教育工作的经验教训,探索、掌握教育工作的规律方面,还是在编写学校发展历史,维护学校和教学、科技人员的合法权益方面,高校档案都发挥着重要作用。

高校各项工作的顺利进行离不开档案,档案是学校各项管理工作的组成部分。高校档案的含义包括形成范围、形成特性、形态特征等三个方面。

## （一）形成范围

形成范围主要是指高校在从事招生、教学、科研、管理等活动中形成的档案。值得注意的是，这里所指的档案与一般文件材料的概念不同，一般的文件不一定都能成为档案，只有按规定由高校所属各部门（或单位）将属于高校归档范围和对学生、学校、社会具有保存价值的文件材料，经过立卷归档后才能称为档案。高校档案是由高校文件材料转化而来的，因此高校文件材料是高校档案的来源和基础，但高校文件材料并不等同于高校档案。

## （二）形成特性

"直接形成的"历史记录是档案的特性，也是高校档案的特性，是高校档案这一事物区别于其他事物的主要标志。高校只有在从事招生、教学、科研、管理等活动中直接形成的具有原始性的历史记录（文件材料）才能成为档案。非直接形成的或不属原始记录性的文件材料、参考资料可以称文献或资料，但不能称为档案。具体地说，高校在从事招生、教学、科研、管理等活动过程中，为了与学校各部门和校际乃至国际之间进行交流与联系，一般都要收集或收到不属于本校直接形成也不反映本校工作活动的文件材料，这类文件材料不属于本校归档范围，也就不能转化为本校档案。

## （三）形态特征

文字、图表、声像等不同载体是档案的形态特征，高校档案也同其他档案一样，具有纸质和非纸质的各种不同载体形态，如纸质载体和照片、影片、录像录音磁带、光盘等。经过立卷归档整理程序以后，高校档案又具有了卷、册、袋、盒等形态。

高校从事招生、教学、科研、管理等活动形成的文件材料转化为档案的具体条件是：①办理完毕的文件材料才能转化为档案，办理完毕就是完成文书处理程序，即招生、教学、科研、基建、生产技术、财会等文件材料形成或处理告一段落后才能转化为档案；②对学生、学校和社会具有保存价值的文件材料才能转化为档案，凡不属于本校归档范围或没有保存价值的文件材料都不能转化为档案；③经过立卷整理的文件材料才称为档案，即按照国家主管部门制定的有关规定，遵循一定的原则和方法，将零散的文件材料分类组成卷、册、袋、盒等形式的保管单位，才具备档案特征。

# 二、高校档案的特点

## （一）高校档案的社会性较强

出人才、出成果是高校的本职，历史使命决定高校档案与社会的联系。高校培养的科技人才来自社会，进行两年（大专）、四至五年（大本）或更高层次（硕士博士研究生）的学习，又走向社会。他们在数年的学习生活中积累了培养造就人才过程的档案材料，反映了学业、学历、文体生活和思想修养、政治素质等情况。另外,学校还收集了学生的培养质量和人才使用情况的反馈材料等。高校的科学研究课题、生产产品设计对象都是选自社会,研究成果也是服务于社会,高校保存了科研项目和产品研究试验、试制全过程以及成果鉴定和技术转让等档案材料。正因为高校保存了以往的档案材料,决定了高校与社会密切联系的客观事实,所以社会利用高校档案也是必然结果。

### (二)高校档案的综合性和广泛性

高校在人才培育中,有开展教学活动的第一课堂,有实验工厂、研究所(室)、实验室,还有参加社会实践活动的校外场所、科研基地。改革开放以来,高等学校加强了与外界的联系,开阔了教职工、学生的视野。高等学校为完成国家赋予的光荣使命,设立了适应各种职能的机构,各个职能部门、群体均在各自的职责范围内形成和积累了大量的档案材料,包括人才培养过程中的全部材料;开展生产、科研过程中取得的应用成果、理论成果材料;学校领导进行决策采取的各种措施和制定的各种规章制度;开展国际、国内科研交流和社会活动形成的文字和其他载体的材料以及附属工厂研制的生产产品,产、供、销过程中的各种材料。《普通高等学校档案管理办法》规定,高校档案可分为党政管理类、科研类、教学类、基建类、设备类、生产产品类、外事类、出版物类、财会类。此外,为适应社会发展的需要,有的高校还建立了音像档案、名人档案等。总体来看,高等学校档案材料范围广、门类多,因此高校档案具有综合性和广泛性的特点。

### (三)高校档案的系统性和完整性

高等学校内部机构虽然庞杂,形成档案门类多,数量大,但由于学校体制比较健全,层次清楚,运转协调,日常工作有章可循,所以形成的档案信息较为系统、完整。比如,每当上级部门有新的指示和要求下达,从开始分配任务到工作圆满结束都是在学校范围内进行,形成了一个完整的运转体系,因而所形成的档案材料也是比较系统完整的。

高校档案的社会性强,说明高校档案和社会有着密切的联系,除为本校服务外,还应竭诚为社会服务;高校档案门类的广泛性,反映了高校档案的面广、数量大,说明高校档案的管理任务较重,所以对高校档案工作必须重视,要强化科学化管理;高校档案系统、完整,说明高校档案具备良好的发展条件。

## 三、高校档案的作用

高校档案在高校招生、教学、科研、管理、编史修志以及为社会提供信息等方面都有着重要作用。

### (一)在高校招生和向社会输送人才方面的作用

高校在开展招生工作时,除了必须查阅并利用本校历年招生工作档案作为依据和参考外,还需要通过对招收对象个人档案的查阅利用,全面了解学生情况,以决定是否录用。新生入学后,高校必须以学生的高中档案为基础建立学生高校阶段的档案。学生档案全面系统地记录了学生在校期间的各种表现,在学生就业时可以为用人单位提供依据。

### (二)在教学工作中的作用

高校教学质量的保障和提高,离不开教学实践、教学研究和教学管理。在教学实践、教学研究和教学管理等工作中,都离不开对档案的利用。教师一般会通过对以往教学档案的利用,不断总结经验,从而使教学质量得到保证和提高。此外,教学档案也是学校和教育系统进行教学评估的重要依据。

### (三)在科研工作中的作用

每项科研课题从立项审批到结题,都要利用相关的档案作为依据或参考,尤其是在以往科研中形成的相关课题档案更是新的研究课题利用的重点。从科学技术交流的角度看,高校科研档案不仅供本校师生利用,已公布的档案也供社会各界科研人员利用。也就是说,高校科研档案是开展新课题研究的依据,不仅在校内科研中发挥了作用,也对校际乃至国际科学技术领域的开拓创新提供了参考。

### (四)在学校基本建设中的作用

高校各项建筑工程的兴建、扩建和改建以及工程维护管理,如果没有基建档案作为依据,就可能造成重大损失。完整、准确、系统的基建档案,是高校各种建筑物兴建、扩建、改建以及工程维护管理顺利进行的可靠保证。

### (五)在维护仪器设备和产品生产中的作用

高校购进的价值在10万元以上的精密、贵重、稀缺仪器设备在使用和维护中必须利用设备档案;在进行产学研(即生产、教学、科研三结合)的过程中,一般要利用产品样品或样品照片和录像等档案材料。

### (六)在学校管理工作中的作用

高校在党群、行政、学生、教学、科研、基本建设、设备设施、外事、出版、财会等各项管理工作中,不论是制定或执行哪方面的规章制度,不论是印证或处理何种历史问题、现实问题,都必须承前启后、继往开来,必须以史为鉴、以历史记录为凭。因此,利用学校各类档案就成了必然要求。学校档案尤其是管理方面的档案,在学校各项管理工作中起着举足轻重的作用。

### (七)在编史修志工作中的作用

定期、适时编写大事记、组织沿革、人物传记和校史校志等编史修志工作,是高校的一项重要任务,为了保证编史修志工作的顺利进行,必须充分利用和依据高校各类档案及相关参考资料。

概括地说,高校档案的作用主要体现在两个方面:一是凭证作用,二是参考作用。凭证作用也称证据作用,是档案的第一价值。从法律的角度看,档案被视为一种重要证据,具有法律效力。高校教职人员在履行职责的过程中,为了借鉴历史、总结经验、辨别是非曲直、分析判断和解决某些疑难问题,常常利用相关档案作为依据,以发挥档案的凭证作用。档案的凭证作用是由档案的形成特性决定的,因为档案真实地记录和反映了事物的本来面目,真实地记录和反映了档案形成者的思想行为,同时留存档案形成者的手迹、声像,能反映历史的真相,因此档案在对内对外的各种工作活动中都能起着真凭实据的作用。参考作用也称第二价值,是指档案的情报性价值。高校教职人员从事招生、教学、科研和管理等活动时,常常需要利用档案中记载的某些内容作为参考,也就是发挥档案信息的参考作用。

高校档案的凭证作用与参考作用既有区别又有联系,区别在于,同样的档案内容,利用的目的和要求不同,所起的作用也就不同;联系在于,不论用于什么目的和要求,档案都能作为说明问题和印证历史的依据。因此有学者认为:许多档案既有凭证作用又有参考作用,利用人员不同,需要处理的问题不同,则档案所起的作用就会不同,各种档案的凭证作用和参考作用的大小也是有区别的,并且会随着岁月的推移而改变。

## 四、高校档案部门的基本任务

(1)贯彻执行国家关于档案工作的法令、政策和规定,规划全校档案工作。

(2)制定本校关于档案工作的规章制度,并负责监督、指导和检查执行情况。

(3)负责接收(征集)、整理、分类、鉴定、统计、保管全校的各类档案及有关资料。

(4)开展档案的开放或利用工作。

(5)负责编辑档案参考资料,编制检索工具,积极开发档案信息资源。

(6)参加档案信息工作的整体化建设,开展多方面协作,进行档案信息交流。

(7)负责对全校档案工作人员的业务培训。

(8)开展档案宣传工作和利用者教育活动。

(9)开展档案学术研究和交流活动。

# 第三节　高校档案的基本内容

高校档案管理工作要实现规范化和标准化,必须把不断完善和健全科学管理体制放在重要位置上。

## 一、高校档案管理体制

为了完善和健全高校档案管理体制,《高等学校档案管理办法》第四条规定:"国务院教育行政部门主管全国高校档案工作。省、自治区、直辖市人民政府教育行政部门主管本行政区域内高校档案工作。国家档案行政部门和省、自治区、直辖市人民政府档案行政部门在职责范围内负责对高校档案工作的业务指导、监督和检查。"这一规定有两层含义,一是高校档案工作由国务院教育行政部门和各省、自治区、直辖市人民政府教育行政部门主管;二是高校档案工作由国家档案行政部门和各省、自治区、直辖市人民政府档案行政部门按职责范围进行业务指导、监督和检查。正如有的学者所说,以往的有关规定,只提出"高校档案工作由各级教育行政管理部门和有关业务主管部门领导"的要求,比较模糊,比较松散,《高等学校档案管理办法》的这条规定对完善和健全高校档案管理体制则更加明确和更加具体。

《高等学校档案管理办法》第五条规定:"高校档案工作由高等学校校长领导,其主要职责是:(一)贯彻执行国家关于档案管理的法律法规和方针政策,批准学校档案工作规章制度;(二)将档案工作纳入学校整体发展规划,促进档案信息化建设与学校其他工作同步发展;(三)建立健全与办学规模相适应的高校档案机构,落实人员编制、档案库房、发展档案事业所需设备以及经费;(四)研究决定高校档案工作中的重要奖惩和其他重大问题。分管档案工作的校领导协助校长负责档案工作。"

实践证明,无论哪所高校,档案管理是否能沿着规范化和标准化的方向发展,是否能满足学校各项工作和社会开发利用高校档案信息资源的需要,高校领导起着决定性的作用。高校也同其他国家机关、团体、企业、事业等单位一样,如果领导没有将档案管理纳入自己的工作范围,如果不按档案法律法规建立健全管理机制,配备与档案管理相适应的档案工作人员,或者说即使有机构有人员,如果得不到单位领导的支持,档案工作人员的积极性再高、素质再好,工作也很难开展。就高校而言,只有校长和学校其他领导具有强烈的档案意识和管好档案的责任感,将档案工作列入自己的管辖范围,能按规定满足档案工作在人、财、物等方面的要求,能充分调动档案工作人员的积极性和创造性,才能促使档案信息化建设与学校其他工作同步发展,真正实现高校档案的规范化管理。由于高校档案管理涉及面广,具体事务烦琐,《高等学校档案管理办法》在规定校长作为第一责任人负责领导高校档案工作的同时,还明确规定由"分管档案工作的校领导协助校长负责档案工作"。即在校长的统一领导下,分管档案工作的校领导协助校长负责档案工作,这样就能克服因校长工作繁忙而出现顾此失彼的现象,以保证高校档案管理工作的正常运转。

这种由国务院教育行政部门和省、自治区、直辖市人民政府教育行政部门主管高校档案工作,由国家档案行政部门和省、自治区、直辖市人民政府档案行政部门在职责范围内负责对高校档案工作的业务指导、监督和检查,高校校长具体负责领导的高校档案管理体制,是新时期高校档案管理工作与时俱进、健康持续发展的重要保证。

## 二、高校档案机构设置、管理职责及人员配备

《高等学校档案管理办法》第六条规定:"高校档案机构包括档案馆和综合档案室。具备下列条件之一的高等学校应当设立档案馆:(一)建校历史在50年以上;(二)全日制在校生规模在1万人以上;(三)已集中保管的档案、资料在3万卷(长度300延长米)以上。未设立档案馆的高等学校应当设立综合档案室。"

《高等学校档案管理办法》第七条规定:"高校档案机构是保存和提供利用学校档案的专门机构,应当具备符合要求的档案库房和管理设施。需要特殊条件保管或者利用频繁且具有一定独立性的档案,可以根据实际需要设立分室单独保管。分室是高校档案机构的分支机构。"

《高等学校档案管理办法》第八条规定:"高校档案机构的管理职责是:(一)贯彻执行国家有关档案工作的法律法规和方针政策,综合规划学校档案工作;(二)拟订学校档案工作规章制度,并负责贯彻落实;(三)负责接收(征集)、整理、鉴定、统计、保管学校的各类档案及有关资料;(四)编制检索工具,编研、出版档案史料,开发档案信息资源;(五)组织实施档案信息化建设和电子文件归档工作;(六)开展档案的开放和利用工作;(七)开展学校档案工作人员的业务培训;(八)利用档案开展多种形式的宣传教育活动,充分发挥档案的文化教育功能;(九)开展国内外档案学术研究和交流活动。有条件的高校档案机构,可以申请创设爱国主义教育基地。"

《高等学校档案管理办法》第九条规定:"高校档案馆设馆长一名,根据需要可以设副馆长一至二名。综合档案室设主任一名,根据需要可以设副主任一至二名。馆长、副馆长和综合档案室主任(馆长和综合档案室主任,以下简称为高校档案机构负责人),应当具备以下条件:(一)热心档案事业,具有高级以上专业技术职务任职经历;(二)有组织管理能力,具有开拓创新意识和精神;(三)年富力强,身体健康。"

《高等学校档案管理办法》对高校档案机构专职人员的配备和要求也做了明确规定。第十条规定:"高等学校应当为高校档案机构配备专职档案工作人员。高校专职档案工作人员列入学校事业编制。其编制人数由学校根据本校档案机构的档案数量和工作任务确定。"第十一条规定:"高校档案工作人员应当遵纪守法,爱岗敬业,忠于职守,具备档案业务知识和相应的科学文化知识以及现代化管理技能。"第十二条规定:"高校档案机构中的专职档案工作人员,实行专业技术职务聘任制或者职员职级制,享受学校教学、科研和管理人员同等待遇。"第十三条规定:"高等学校对长期接触有毒有害物质的档案工作人员,应当按照法律法规的有关规定采取有效的防护措施防止职业中毒事故的发生,保障其依法享有工伤社会保险待遇以及其他有关待遇,并可以按照有关规定予以补助。"第十四条规定:"高等学校应当建立、健全档案工作的检查、考核与评估制度,定期布置、检查、总结、验收档案工作,明确岗位职责,强化责任意识,提高学校档案管理水平。"

以上规定涵盖了高校档案管理体制、管理机构、管理人员等几个方面,使权责主体明确、

清晰,是完善和健全高校档案管理体制的依据,也是衡量和检验各高校档案管理体制是否完善、是否规范的重要尺度。回顾以往,较长时期以来,尽管国家教委在 1989 年发布的《普通高等学校档案管理办法》中也曾有过"高校档案工作由各级教育行政管理部门和有关业务主管部门领导"等方面的规定,但由于概念比较模糊,没有具体落实到高校校长、校领导和高校档案工作人员,权责界限不够清晰,执行起来仍然是"有章难循",管理体制仍然处于松散状态。由于管理体制松散,相当一部分高校领导缺乏档案管理意识,没有将档案管理工作摆在应有的位置,更没有将档案工作列入自己的职责范围,仅由下属有关部门管理档案工作;开展档案工作所必须具备的合格人才、经费和设施很难落实,有的高校甚至把档案机构当成"安置性"或"照顾性"的部门,认为只要有人"看庙守摊",不问工作开展好坏。在这种情况下,即使有机构、有人员,也不可能按照规范要求开展档案工作,致使档案工作冷冷清清,成了部分人心目中名副其实的"冷门"。往往出现两种不正常的现象:一是有的档案工作人员把档案部门当作"休闲养生"或"打发时光"的地方,"做一天和尚撞一天钟";二是有的接受过专业培训、具有一定专业知识和技能而又年富力强的档案工作人员,由于自认为身处"冷门"得不到领导重视而不安心工作,一旦有机会就要求改行去投靠"热门",造成专业人才不稳定。出现这种情况对高校档案管理所造成的不良后果是显而易见的,这种不良状况只有通过严格执行《高等学校档案管理办法》等档案法律法规、总结以往是非得失、摆正档案管理工作位置才能真正扭转过来,使"冷门"转变成"热门"。

实践告诉我们,在档案意识不强、法纪观念比较淡薄的情况下,要全面贯彻落实档案法律法规并不容易。也就是说,《高等学校档案管理办法》等档案法律法规要贯彻落实到每所高校,需要突破各种思想障碍,还需要通过教育主管部门和档案业务主管部门互相配合、采取各种有效措施严格执法才能见效。

## 三、高校二级学院档案管理模式

高校二级学院档案管理有两种情况:一是由几所不同专业的院校合并到某大学办学时形成的档案管理体制,原学院设置的档案馆或综合档案室随即撤销或仍保持不变,成为合并后的高校档案馆(室)的分支机构,由合并后的高校档案机构统一领导、分级管理;二是随着高等教育事业的发展,部分高校新组建的二级学院,其档案仍由所属高校集中管理,这种管理方式逐渐暴露出权责不清晰、不便管理和影响利用等问题。

针对二级学院存在的问题,有学者提出:"近年来,我国高等院校本着增强办学活力、提高办学效益的目的,实行了学校宏观调控、二级学院自主办学的校院二级管理模式。二级学院的档案工作是二级学院管理建设的有机组成部分,鉴于高校体制的变革,高校档案工作内外环境均发生了变化,高校需要重新审视其角色的转换以应对二级管理模式下二级学院建立相应的档案管理模式。"学者们认为,二级学院的档案管理工作可参照高校档案管理规范,但应根据二级学院的职能和特点做好档案的收集、整理与保管、检索与利用工作。根据高校二级学院档案管理模式存在的问题,主张"二级学院档案应实行分级管理的原则和提供基础保障"。

### （一）合理分权、充分授权是分级管理的基本原则

高校档案实行集中统一管理,这与其他单位的档案管理形式一致,但高校与其他单位的不同之处在于它是由学科和事业单位组成的矩阵结构,兼学术性与行政性于一体,更倾向于知识管理和学术管理。随着高校办学规模的不断扩大,以传统校级单位为主体的高校结构逐渐向二级管理转移,原高校所承担的教学和行政职能也相应地向二级学院转移,高校内教师、学生对校级的依赖程度下降,对所在二级学院的依赖程度上升。二级学院的基层党组织建设、学生工作建设、教学与科研队伍建设、教学改革与发展建设、基础设施建设等形成的各种档案材料涵盖了高校发展的各个方面,高校档案材料主要来自下属各部门和二级学院。在高校档案管理过程中,为了体现高校的专业知识、学科体系的科学性和权威性,应分权给二级学院。即按照《高等学校档案管理办法》第七条关于"需要特殊条件保管或者利用频繁且具有一定独立性的档案,可以根据实际需要设立分室单独保管。分室是高校档案机构的分支机构"的规定,使二级学院成为集归档收集、整理、保管、鉴定、统计、开发利用于一体的档案分支机构,以体现职责明确、方便利用的特点。

### （二）更新理念、创新机制是分级管理的基础保障

二级学院档案实行分级管理,首先需要转变思想观念,以"一切有利于提高办学效益,有利于提高教学质量,有利于提高管理效能"为目的,清晰划分学院与学校两个层次之间的责权范围,使学校与二级学院各尽其责。学校档案馆(室)的档案工作,主要负责收集保管各职能部门的档案和二级学院产生的具有永久保存价值的档案,工作重点放在档案信息的开发利用和提高业务建设的现代化管理水平上;同时承担对二级学院档案管理的监督和指导,指导的过程既是帮助学院开展规范管理、保持良性运转的过程,也是将学校的办学思路和管理理念融入二级学院的档案管理工作的过程。从档案工作人员到中层领导都要改变以往那种"档案工作是'看庙守摊'的工作"或"档案与我无关"的观念,充分认识档案工作的意义,充分认识档案的价值以及自身工作对学校档案积累、开发利用的责任。通过思想境界的提升和价值观的调整,真正提高全体教职员工的档案意识,为开展档案工作打下基础。其次,高校要建立二级学院档案分级管理的创新机制,将二级学院的档案工作纳入高校发展规划与工作计划,纳入高校教学管理水平评估工作,建立、健全档案管理制度,加强档案队伍建设,从组织上、制度上保证二级学院档案队伍的稳定性和素质提高,为二级学院档案管理工作健康持续发展创造条件。

### （三）目标管理是分级管理的重要措施

二级学院实行档案分级管理的重要措施是实行目标管理。目标管理将量化观念、管理体制、责任观念、效益观念等在二级学院管理工作中有机结合起来,以充分发挥人的积极性。它要求一切与档案质量有关的人员都必须参与档案管理活动,形成一个既有明确的任务、责任范围,又能相互配合、相互促进的有机整体。

档案目标管理的要点：①从档案形成部门的源头抓起，对二级学院档案工作的现状进行调查研究，针对实际情况与存在的问题制定档案管理计划，提出管理对策；②按计划下达工作任务，以学校名义向二级学院提出具体要求，以期达到预定目标，做到责任到人，各尽其职，各负其责；③学校对学院目标管理执行情况进行监督、检查，加强对考核结果的定性分析，并及时反馈到二级学院的管理工作中，不断完善量化考核办法，使之成为有效的激励机制。通过二级学院档案工作的目标管理，促使高校整体档案工作的规范化和标准化水平跃上一个新的台阶。

# 第四节　高校档案管理的现状与问题

社会现代化的发展，办公自动化、无纸化等新兴事物的出现，使档案的生成方式发生了很大变化。在档案管理系统中，诸如文件的起草、签发、催办、归档等运作过程在计算机和通信线路中进行，这样档案的前身必须以机读文件为主要形态，那么档案也自然以机读形式存在，这些档案的利用方式与纸质载体档案的利用方式有很大差异。这种变化预示着档案工作人员将面对更多的以磁盘为载体的机读形式档案。广大利用者关心的是信息的内容，这些信息可能来自不同的机读形式的档案。把这些档案信息综合系统地提供出来是档案工作人员义不容辞的责任。提供有价值的档案信息必须有一个精选的过程，这也使得机读形式的档案信息具有系统性、真实性、有价值性，用户才能获得更为完善的服务。由此看来，档案信息电子化是档案利用工作发展的必然趋势。

## 一、领导重视程度依然不够

领导的重视程度仍然是影响档案事业发展的瓶颈。各级领导对档案工作是否重视，一是思想意识问题，二是管理机制问题。实际上，领导重视程度不够不仅直接影响各项工作的顺利开展，更是关系到档案数字化管理能否顺利有效实施，从某种意义上讲，领导重视程度不够正是制约高校档案数字化发展的首要原因，主要体现为以下两个方面。

### （一）领导的思想重视程度不够

高校档案历来被视为高校人事决策的重要凭证，也是关乎社会主义教育事业兴旺发达的大事，理应受到领导的充分重视。然而，对于档案数字化管理的重要性，部分领导的认识却严重不足，究其原因在于他们仍然延续着传统的"管控"思维，试图通过档案管理来控制高校人才流动，而不是试图通过档案的数字化管理来更好地服务于人力资源的优化配置以及高校人事部门的科学决策。从某种意义上讲,领导的重视程度不够核心在于其思想观念转变不及时,未能顺应大数据时代高校档案数字化管理的发展趋势,未能及时调整和积极树立"数据意识""服务意识",仍然延续传统的"管控"思维,而这正是问题的症结所在。领导的思想重视程度不够,给高校档案数字化管理带来了一系列的影响。例如,由于领导的重视程度不够,档案管理团队建设一直以来都未能引起足够的重视,档案工作人员岗位历来被用于安置高校工作中的"家属""关系户",而很少根据专业信息技能、科学文化素质、政治思想素质、档案管理技能、年龄结构搭配等多元要求进行精心设计。

### (二)领导的管理约束机制不健全

领导的管理约束机制不健全主要是指对领导的考核机制不健全、约束机制乏力。由于对领导的考核指标过于模糊,其对档案所承担的责任约束就相对乏力,对档案数字化管理的重视就在于道德高尚者的自觉,而缺乏富有成效的监督约束机制。在这样的背景下,领导对高校档案数字化管理的重视程度偏低便不足为奇,然而,这在客观上给高校档案数字化管理造成诸多困境。例如,由于领导重视程度不够,高校档案数字化管理过程中更多的是信息技术的引入,而相关的制度建设却十分滞后,高校档案数字化管理不规范、不科学的现象较为突出。又如,领导重视程度不够,未能将档案数字化发展和数据库建设列为高校经费预算的重点支持项目,致使高校档案数字化管理的经费投入不足,进而引发档案数字化管理的基础设施建设滞后等一系列问题。因此,如何健全领导的管理机制,提高和保障领导对档案管理的重视程度,是高校档案数字化管理实践中的重要任务。

## 二、管理经费的投入力度十分有限

管理经费投入是高校档案数字化管理顺利开展的物质基础,管理经费专项支持力度不够、管理经费投入力度不足,是制约当前高校档案数字化管理的重要原因。在大数据时代背景下,诸多高校开始了以"数字化"为方向的高校档案管理实践探索,然而有限的经费投入已经对高校档案数字化管理的顺利开展带来了多方面的不利影响。

### (一)管理经费投入有限是基础设施建设滞后的深层次原因

充足的管理经费投入是基础设施建设有序开展的物质保障,需要学校的专项资金支持,这样管理经费的投入才能有稳固的保障。"新时期高校档案工作的要求不断提高,对基础设施建设也提出了新的更高要求,现代化的管理工作更需要较大的资金投入,无论是软硬件设备购置,还是档案信息数字化,都要有必要的资金支持。"一方面,由于缺乏相关的专项经费支持,高校在档案管理过程中无力进行相关的基础设施更新,导致很多高校计算机设备陈旧,扫描仪功能不强,数字档案室专业化程度较低,难以适应数字化管理所需的硬件要求。另一方面,由于缺乏相关的专项经费,很多高校在购买数字化应用软件时只能选择较为便宜但功能单一的运行系统,给数字化运行管理带来不便,此外,经费投入力度有限使学校档案数字化管理的网络设施建设不足,并进一步导致网络带宽偏低、网络传输速度有限,严重影响了档案的数字化实现程度。

### (二)管理经费投入有限是档案数据库存在安全性风险的重要原因

充足的经费投入既是加强档案数据库安全性建设的基础条件,又是深化档案数据库安全性研究的重要前提。一方面,加强档案数据库安全性建设有赖于大量的管理经费投入,而经费投入力度有限成为制约档案数据库安全性建设的重要瓶颈。档案数据库安全性建设既包括引进和购买性能更为优越的管理运行系统,又包括引入和革新效果更为优良的管理技术,还包括对档案数据库管理人员的技能培训,而这一切都依赖大量的经费投入,没有充足的经费投入又想要获得高安全性的档案数据库是很难实现的。另一方面,深化档案数据库安全性研究,不断实现档案数据库安全性的技术突破,是加强档案数据库安全性建设的应有之义,然而,经费投入力度的有限性严重制约了档案数据库安全性的理论研究和技术突破。加大管理经费的专项投入,才能为深入进行档案数据库安全性研究添置所需的良好技术设备、聘请高素质的技术人才、改善研究所需的办公场所。因此,管理经费的投入力度有限,毫无疑问会严重制约档案数据库安全性的理论研究,进而限制与档案数据库安全性相关的技术发展。

## 三、管理团队的建设相对不足

管理团队建设主要包括:加强档案工作人员的专业化、专职化建设,组建专业化人才队伍;加强档案工作人员的综合培训,培育复合型人才队伍;加强档案工作人员的梯队建设,形成梯队合理分布的管理团队。加强管理团队建设是破解高校档案数字化管理团队中人员素质偏低等困境的根本措施,而管理团队建设不足也是制约高校档案数字化管理团队中人员素质提升的关键因素。

档案工作人员的专业化、专职化建设不足,导致高校档案数字化管理团队的人员专业化素质和技能偏低。而在高校档案数字化管理过程中,档案工作人员的专业技能十分关键,是否具备扎实的专业技能是其能否顺利完成档案数字化管理任务的前提条件。一方面,在高校档案数字化管理过程中,档案工作人员的专业化、专职化建设严重滞后,很多高校把档案工作人员当作安排家属的"闲职",对其专业化水平重视程度不够;另一方面,在招聘相关工作人员时,往往认为招聘管理学、档案学等相关专业人员即可,而对档案数字化技术性人才的招聘条件限制不严格,档案工作人员的实际专业技能依旧十分欠缺,难以胜任高校档案数字化对档案工作人员的专业技能要求。可见,档案工作人员的专业化、专职化建设不足,是高校档案数字化管理团队的人员专业化素质技能偏低的重要原因,而加强档案工作人员专业化、专职化建设是破解高校档案数字化管理人员专业技能偏低问题的重要举措。

在高校档案数字化管理过程中,由于对档案工作人员的综合培训十分欠缺,其中大都只具备某项专业基础、能够完成某些专项任务,导致高校档案数字化管理团队中复合型人才偏少,管理理念陈旧。然而,在大数据时代背景下,档案数字化管理对复合型人才的需求越来越强烈,过于专门化的管理人才越来越难以适应现代复杂管理任务的要求。由于综合培训的缺乏,档案工作人员的管理理念长期得不到更新,导致其"数字化"意识淡薄、"服务"意识不强,仍然延续着传统纸质档案管理时期的"管控"思维模式。可见,对档案工作人员综合培训的欠缺,已经制约了高校档案数字化管理人员管理理念的更新与发展、管理技能的丰富和提升。而加强对档案工作人员的综合技能培训,不断更新其管理理念与技能,是当前高校档案管理队伍建设的关键所在。

档案工作人员的梯队建设不足,导致高校档案数字化管理团队的人员配备不尽合理。高校档案数字化管理团队人员的梯队建设既是管理团队建设的重要内容,也是破解高校档案数字化管理团队人员配备不合理这一难题的重要措施。在大数据时代背景下,高校档案数字化管理越来越需要老、中、青档案工作人员的梯队建设与不同层次的知识结构、性别比例的良性搭配。然而,在高校档案数字化管理过程中,档案工作人员结构比较复杂,水平参差不齐,知识结构不合理。在档案工作中已经明显地表现出档案工作者知识老化,人力资源没有形成梯次开发,复合型人才严重匮乏。管理团队的梯队建设不足,不仅极大地制约了当前高校档案数字化管理的实际效果,而且给今后高校档案数字化管理的可持续发展带来严峻的挑战,高校档案数字化管理的可持续发展面临着人才建设不足的困境。因此,着力加强高校档案数字化管理团队的梯队建设,合理配备管理人员,既是加强管理团队建设的重要任务,也是破解当前高校档案数字化管理人才发展困境的现实要求。

## 四、信息技术的利用程度依然不高

信息技术的利用程度不仅直接关系到高校档案数字化管理的实现程度,更是关系到档案数据库的完善度和安全性。在我国当前的高校档案数字化管理过程中,对信息技术的利用程度仍然比较低,这不仅制约了高校档案数据库的发展,而且制约了高校档案数字化管理的健康发展。

信息技术在高校档案数字化管理过程中的应用程度偏低,导致高校档案数字化管理程度不高。究其原因,需要跳出单纯的技术思维,在宏观背景下通盘考虑综合因素。可以说,信息技术应用偏低既有领导者和实际管理者对信息技术时代数字化管理技术理念更新缓慢以及思想认识不到位的原因,又有经费投入有限、专业技术人才欠缺等多种因素的影响。此外,信息技术的应用程度偏低还与信息技术转化为实际可应用的程度有关,由于市场上专门从事高校档案数字化管理的系统软件还相对欠缺,信息技术的研发成果未能及时转化为可实践应用的科技成果,从而限制了信息技术的实际应用程度。在信息技术应用程度偏低的情况下,高校档案数字化管理的实现程度就受到了很大影响,可以说,现代信息技术仅仅应用于档案的收集、存储及调阅,并未广泛地应用于多样化的呈现方式和差异化地服务于高校档案管理与人力资源需求。

在高校档案数字化管理过程中,除了信息技术应用程度偏低外,还面临着信息技术应用不规范的情况,导致高校档案数据库完善度和安全性问题突出。一方面,作为信息技术重要载体的摄像机、计算机、扫描仪等硬件设备在高校使用的规格不一样,导致存储格式的不同和存储质量的差异,而档案数字化管理也有自身的格式要求。两者之间的差距不仅会影响到实际的数字化转换速度,更会直接影响数字化转换的质量,进而影响到高校档案数据库的完善度。另一方面,由于信息技术管理制度的欠缺,导致其不规范应用层出不穷,数字化档案的收集、鉴定、储存、应用等各环节都需要有相应的技术手段和物质载体。而相关管理制度的欠缺,使得高校档案数据库在完善过程中不规范情形经常发生。信息技术的不规范应用,不仅会给高校档案数据库的完整性带来挑战,更会对高校人事数据库的安全性产生冲击。

## 五、高校档案工作取得的成绩

高校档案工作按照《干部人事档案工作条例》的要求,经过多年的发展已经取得了很多成绩,为组织人事部门选人用人和推动学校教育事业发展都发挥了一定的作用。特别是在中组部《关于进一步开展干部人事档案审核工作的通知》(组厅字〔2006〕5 号)文件下发后,各高校坚持"以查促改,以查促建"的工作原则,积极认真地开展自查整改工作。同时,各高校还不断探索高校干部档案工作的长效机制,在档案设施达标、档案管理人员专业化、完善档案管理制度、鉴定整理、收集归档规范化、档案信息化建设等方面做出了一些成绩。这些成绩主要体现在:

### (一)档案设施达标化

档案设施是干部档案保管工作中最重要的物质条件,是档案保护技术中长期起作用的因素。为此,各高校都相应加大了对档案设施的投入,努力改善档案保护条件。凡是 1000 卷以上档案的高校,都按要求设置了专门的档案库房,且做到档案库房、阅览室和办公室"三室分离"。配齐档案办公设备,如电脑、扫描仪、装订机等,同时档案库房按照防火、防潮、防蛀、防盗、防光、防高温的"六防"要求,配置铁门、铁窗、铁柜、空调机、除湿机、温湿度记录仪等设施。

### (二)档案管理人员专业化

长期以来,由于部分分管档案管理工作的高校领导在思想上不够重视,档案管理人员配备不合理、流动性大或者素质不高是高校档案管理的普遍现状。按照要求,凡 1000 卷以上档案的高校,至少要配备 1 名专职在编管理人员。档案管理人员要求具有较高的政治素养、文化水平、业务技能和计算机水平,工作勤勉、认真、细心、负责。同时,高校还应加强对档案管理人员的继续教育培训。档案记载的是历史的真实面貌,有其时代的特点。管档人员的新旧更迭,会造成查阅档案的困难,提供的数据也会有误差。因此,通过对档案管理知识的系统培训来提高档案管理人员的管理水平和工作能力。

### （三）档案管理工作制度化

各高校都进一步完善了干部档案管理工作体制,例如,档案查(借)阅、鉴定归档、档案收集补充、档案保管保密、档案整理、档案转递、档案销毁、档案检查核对等规定。部分条件成熟的高校形成了组织和人事部门立卷、学院与相关部门参与、档案馆统一集中管理的运行状态。有的高校还进一步强调了干部档案工作责任制,其中,干部本人负有填报个人材料的义务和责任,学院与相关部门承担干部档案材料的甄别、收集和转送责任,组织和人事部门承担干部档案立卷责任,档案馆具有收集、整理、保管、利用和服务的责任。这些制度的建立和完善使得高校干部档案工作有章可循,进一步提高了档案工作的制度化和规范化水平。

### （四）档案鉴定整理、收集归档规范化

从 2006 年 5 月起,很多高校按照中组部《关于进一步开展干部人事档案审核工作的通知》(组厅字〔2006〕5 号)文件要求,对学校干部档案进行清理自查及整改。一是全面排查、登记缺误,按干部档案审核工作要求和标准,对有缺漏、差误的干部档案材料,按干部履历、职称材料、工资表类等 4 大类 20 个项目逐一分类登记造表,对审核工作规定不能补充的材料予以说明。二是对缺漏、差误的档案材料经组织部、人事处审查确认后由档案形成部门按审核工作要求处理,合格材料整理后装入档案。三是二下二上、全面审核,建立校、院两级工作体系,将全面排查出有缺漏、差误的材料按干部所在单位列表发送相关部门和通知干部本人,要求定期催收。档案形成部门对收回材料进行审核,合格的由档案馆整理后按类别装入档案,对不合要求的材料,统计列表后再次按材料标准要求发通知催收。

### （五）档案管理服务信息化

高校档案信息化管理是对传统档案管理模式的改革和创新,是高校档案工作发展的必然趋势。部分高校在数字化校园平台基础上开发了人力资源管理信息系统及其相应的档案信息系统。高校中分管人事的校领导往往亲自负责信息化建设工作,做好统筹协调,避免了信息孤岛和重复建设,统一思想,提高认识,努力把档案信息化管理作为人事制度改革的一项重要内容,逐步构建起档案信息平台,提高人事管理工作的水平和工作效率,更好地为高校师资队伍建设和组织部门服务。

## 六、高校档案工作中存在的问题

随着高校合并的进行和人事制度改革的深入开展,高校档案管理工作也随之出现了一些问题:

### （一）高校档案基础工作差异很大

随着合并浪潮,全国高校基本上扭转了长期以来部门和地方条块分割、重复办学、教育

资源浪费严重的局面,同时,高校合并与调整也给档案工作带来了变化。

对于合并组建的高校,合并前各校学科不同,办学层次不同,档案管理工作不统一,合并后档案实行集中统一管理,档案卷数猛增了好几倍,档案工作也出现了不少问题。首先,合并前的学校往往有一套自己的管理办法,例如人名索引中,有的按姓氏拼音排序,有的按姓氏笔画排序,有的按学院排序,合并后就要打破原有方式,重新划分标准,制定统一的检索工具。另外,有的校区已经实现了干部档案目标管理,评定了等级,有的校区还没有完成档案装订工作,有的校区部分材料还没归档,档案基础工作参差不齐,不利于实现档案工作标准化、规范化管理。档案数量的激增也对库房建设提出了更高的要求,很多合并院校办公用房紧张,库房空间比较局促,对照每千卷档案占地 20 平方米的标准,难以满足空间要求,"库房、阅览室、办公室"三室分离更是难以实现,不利于档案保密工作。同时,猛增的档案数量也加大了档案工作人员的劳动强度,很多高校的档案工作人员都是超负荷工作,对照每千卷档案配备一名档案工作人员的比例,人力配备上严重短缺,高强度的管理工作难以保证档案工作质量和工作效率。

## (二)档案材料质量不高

### 1.档案材料不完整,前后不衔接

档案完整体现在形式和内容两方面。形式上,手续不齐全,无单位印章,缺少个人签名,用圆珠笔、铅笔填写或复写,或用复印件代替等,都不符合档案材料完整的要求,如干部任免表缺少主管部门审批意见,干部履历表无组织公章,年度考核表上本人签字处空白,有损档案的严肃性,影响了档案的有效使用。内容上,各个类别的内容、时间、来源记载清楚,能够全面地反映个人的经历、工作业绩、能力特长、健康状况;反映同一问题的一套材料能够有本有末地再现事实的来龙去脉,不缺张少页,材料没有破损,而多数档案材料都达不到完整要求。教职工职称评聘是高校教师档案中的重要内容,但在实际工作中发现这部分材料短缺的不在少数,有的没有初聘表,有的缺少讲师评审表,直接从初级职称跳到高级职称,中间出现了断层,工资调整和年度考核部分也常有此类情况,不能完整地连续地反映出本人职称晋升、工资涨级和每年的工作考核情况。特别是对于刚合并的学校,由于合并前有些材料未能及时归档,合并后又未及时补行归档,再加上新材料不断产生,就容易把未归档材料搁置下来,不能及时入档甚至造成遗失,这是在交接过程中容易出现的问题。有些高校则因为造表滞后,档案交接工作完成后才又补造表格造成归档材料堆积,来不及实时装入档案,例如,2006 年工资套改时需要核实大量翔实的个人信息,这项工作还没完成又赶上 2007 年、2008 年的工资调整,有的部门就是在 2008 年工资变动时才一并补造 2006 年、2007 年和 2008 年的工资变动审批表,一人一次产生 3 份工资表,致使材料混乱,极易造成张冠李戴。

同一人的档案材料分散保管于学校几个部门也是造成档案不完整的因素。高校教务、科研等部门也会生成教职工档案材料,但由于各部门要求和管理方式不同,为了本部门利用方便,常常将教职工的教学和科研方面的档案材料留存于本处室,造成人事部门收集档案材料不齐全,个人档案材料不完整。例如,反映政治经历的材料存放在人事档案里;反映教学任务完成情况、教学效果评价的材料放在教务处的教学档案中;而教师的科研成果和论文专著登记则存放在科研机构的档案柜里。各类档案的存放相互之间缺少联系,就形成了"一人多档"的局面,若要了解一个人的综合情况,就必须到几个部门去查询、统计。这种分散管理方式往往会造成多个部门重复归档或推诿、遗漏档案材料的情况。特别是在人员调动时,个人档案难以集中,往往造成只寄出人事档案,而其他教学、科研等材料弃之一旁的情形,既影响了用人单位及时、全面地了解调动人员的综合情况,也容易造成无头档案材料的产生。这种分散管理难以保证各方面材料的一致性、准确性和全面性,影响了高校人才队伍建设和人才的合理流动。

档案材料不完整,除了给提供利用工作带来困扰外,还会给个别人有意制造虚假材料提供可乘之机。有些人为了达到个人目的,会故意填错出生年月、参加工作时间、职称评聘时间等个人信息,导致在一份档案中出现前后不一致的记载,给档案鉴定工作和组织认定工作埋下了隐患。

### 2.档案内容不全面

高校档案重政治轻业务,千人一面,流于形式,反映不出教职工的个性特点。受传统档案工作的影响,高校档案注重记载教职工政治思想、政治历史方面的内容,较多表现个人政治历史、家庭社会关系等方面的材料,主要是为组织上考察了解教职工提供依据,而关于教职工教学工作、科研成就和个人专业特点的内容比较少。在评价教职工政治态度、思想表现时,基本上都是一些政治性的套话,诸如"拥护党的领导""希望继续努力,争取更大进步"等,千篇一律,完全不能反映个人特点。尤其是年龄较大的教职工档案,当年推荐上学的政治历史证明材料就有几十份,连同历次政治运动的鉴定材料就占了档案的三分之二,而近期的论文专著、工作获奖情况的记载却很少。有的教职工在教学工作中受到多次表彰,但存档材料却寥寥无几。事实上,这样的档案并不能全面客观地反映教职工一生的政绩和业绩。

按照一般干部档案分类标准,高校档案分为十大类,然而这十大类中大多记述了教职工的基本情况,缺少能反映其个性特点的材料,基本都是履历表、考核表、学历和职称晋升及工资调整等几大项,差别不大,同一人在不同时期的干部履历表内容都相差无几,就是一个人求学、工作直至退休的流水账,显示不出个人每一时期的重点和亮点,调阅不同卷的档案看不出谁的教学能力更强,谁更适合搞管理,即使有奖励记录,也多为结论性材料,比较不出个性特点。尤其是一些考评材料,定性结论多,定量描述少,评价套语多,没有针对性,不能准确地反映每一个教职工的个性,或者避重就轻,以希望代缺点,不能全面地反映个人水平。由于对教职工的工作业绩缺乏连续性的记载,往往在变动职务、调整级别、提高工资时,简要地写上几笔定性的评语,致使组织人事部门在考察、选择人才过程中,经常是"不看档案不放心,看了档案不省心",这使档案在"知人善任"方面失去了重要的依据作用。

### 3.档案分类不适应当今高校档案工作的发展

我国档案工作按照《档案法》《干部人事档案工作条例》等法律法规的规定,制定了具体的管理办法和细则,高校档案工作基本也照此执行。按照一般档案管理办法,高校档案分为十大类:①履历材料;②自传;③鉴定考核材料;④职称评聘、学籍学历和进修材料;⑤政治历史证明;⑥党团材料;⑦奖励材料;⑧处分材料;⑨工资、职务任免、出国出境和各种代表会登记材料;⑩其他材料。这十大类基本涵盖了教职工个人学习和工作状况,但不足以系统准确地概括出高校教职工这一人群的特点。高校教职工以人才培养、学术研究和服务社会为职责,是一种"双栖"职业,跨学科专业和教育专业两个领域。高校里有许多教育家和学问家并重的双料"名师",按照现有档案分类,已不能完整全面地揭示出教职工具有较高价值的信息内容。

在第四类中,简单按时间排序打乱了成套学籍材料的完整性。学历、进修、职称评聘材料是高校档案的重要组成部分,高校对员工学历水平要求比较高,高校教职工也重视职称评聘工作。按照整理要求,此类材料以时间顺序排列即可,但实际上这样排序容易混乱。很多教职工的职称材料和学籍材料是交叉产生的,例如,读在职硕士学位期间评上了讲师,那么在报考研究生登记表和硕士学位证书之间就夹杂着讲师评审表,不利于保持一套材料的连续性和完整性。有的教职工报考研究生登记表的时间早于其本科毕业生登记表的时间,若单纯按时间先后排序,则在研究生学籍材料中夹杂有本科毕业生登记表,相互之间的穿插打乱了成套的学籍材料。

另外,产生于同一事件的一套材料分属不同类别不利于保持档案的完整性。比如,一套完整的党员材料包括入党申请书、转正申请书、入党志愿书和政审证明,按照现有分类办法,这些材料分别放在第六类和第五类,即政审证明从其他入党材料中被分离出来,单独放在第五类,日后查阅时就需从第五类各种证明中遴选出所需内容,人为地制造了障碍。学籍材料中也存在类似情况,学生登记表归于第一类,学生报考登记表、成绩单、毕业生登记表则属于第四类,同一时期形成的学籍材料分散开来,不利于档案的整理和日后提供利用服务。

高校档案管理工作在学校建设与发展中起着重要作用,随着我国高校事业的迅速发展,档案工作也面临新的挑战,旧的档案管理方法已经不能适应现实发展的需要,改革档案分类体系就成为高校档案工作改革的应有之义。

### 4.档案信息开发利用程度不高

高校教师在专业领域或教学岗位上大都取得了相当不错的业绩成果,对推动社会文化事业和经济建设可持续发展具有积极的作用。档案记录了这些知识拥有者丰富而真实的人才信息,是一笔宝贵的社会资源,应该为社会发展和人类文明进步发挥作用。但高校档案信息开发利用程度并不高,大多停留在提供教职工基础信息层面,对更深层次的人力资源研究则帮助不大。这既是对高校已有人才资源的浪费,也降低了档案管理部门的社会地位,档案人员似乎只是"看堆守摊"的。随着科学技术的发展,近几年档案信息管理系统已在全社会普遍推广,档案信息化管理水平正在逐步提高,但是有些先进的技术手段还未被充分利用,尤其是计算机技术在高校档案管理中还未明显发挥效用。大多数高校只是把个人信息、档案目录输入计算机,信息查询等工作仍习惯沿用手工操作,无纸化阅档尚未完全实现,这样既降低了人事工作效率,又制约了档案信息研发。据调研,许多高校仍采用手工查档方式,面对庞大的教工人数,在极短的时间内,手工查阅几千份甚至上万份档案材料,排查成千上万条人事信息,档案人员不仅工作任务十分繁重,而且查全率和查准率较低。如果档案管理部门建立起完整、齐全的档案信息数据库,不仅获取个人信息更加简便、快速,而且能提高档案信息的准确度和系统性,从而提高查档工作效率。

档案信息化建设存在的最大问题是数据格式不统一,缺乏通用性,给数据迁移、信息共享造成很大的障碍,制约了信息化建设进程,先进的管理设备成了档案管理达标和升级考核的摆设,没有充分利用其科学管理的功能。造成这个问题的原因是多方面的:

(1)观念落后。高校领导现代档案意识淡薄,没有将档案作为一种信息资源加以重视,仍用传统的眼光看待人力资本社会中的档案管理,不重视档案工作,在分配人力、财力方面没有给予足够的支持,档案的开发和利用缺乏物质条件;档案管理人员自身因循守旧,长期受封闭式档案管理工作环境的影响,重管理轻利用,大多满足于看好不丢失,缺乏创新和服务意识,对人才信息的开发和利用缺乏主动性。

(2)档案管理手段落后。许多高校都配备了计算机设备,也安装了档案管理软件,但并未实现档案的现代化管理。档案管理人员对计算机技术不够精通,只是录入了基础数据,难以实现数据的分析和整合,档案信息开发缺少技术支持。

(3)档案管理人员囿于繁忙的装订整理工作,没有充足的时间和精力开展档案信息研究工作。档案的整理不同于文书档案,文书档案经过整理后,其整理体系和结果就要保持长期的稳定性,不允许轻易打乱重整,而档案整理后,却不能保持稳定不变动,因为档案材料是随着当事人经历的变化而不断变化的,这种变化的存在决定了档案整理工作总是动态性的,特别是高校教师的学历、职称不断提高,就会有新的档案材料不断补充进来,必须进行加工整理。高校教职工档案材料产生比较频繁且数量较多,如干部轮岗、交流及提拔所产生的考核、考察材料,教师学习培训材料,职称晋升评审材料,学术带头人材料,每年年终的考评考核材料,工资调升材料等,这些都是教职工档案的重要组成部分,每年都必须装入个人档案,需要把原已装订好的案卷重新拆卷、装订,如此反复,没有终结。而高校档案管理人员的编制很少,一般只有一两人,所管档案数量成千上万卷,每年产生的档案材料成千上万份,档案人员既要对这些材料进行鉴定、分类,又要剪裁托裱、编页抄目,人手少、任务重,使得档案管理人员整天忙于手工劳动,耗费了时间和精力,不能专注于研究档案信息开发利用的方式和方法,限制了档案作用的发挥,延缓了高校档案工作的快速发展。

综上所述,高校档案工作中存在的这些问题不仅影响了档案工作本身的发展前景,而且也会影响到高校人才队伍的建设和稳定,影响高校教育事业的发展。因此,高校档案工作改革势在必行。

# 第三章 高校档案管理的发展创新

## 第一节 高校档案管理的发展

### 一、当前的档案管理总体形势

2011—2015 年,国际形势复杂多变,国内改革发展稳定,任务繁重艰巨,在这样的大背景下,以"为国守史、为党管档、为民服务"为己任的档案部门也承担了更重的责任。党的十八大以来,档案事业得到党中央、国务院的高度重视,中央领导同志多次对档案工作做出重要批示,并协调解决档案工作中遇到的问题。2014 年,中共中央办公厅、国务院办公厅印发《关于加强和改进新形势下档案工作的意见》,为做好新形势下档案工作提供了重要依据。档案的保护整理工作列入了《国民经济和社会发展第十二个五年规划纲要》,中西部地区县级综合档案馆建设列入国家发展改革委的专项规划。中央财政安排专项资金用于国家重点档案抢救与保护项目。这些重要举措的推进,从根本上改善了国家重点档案馆和县级综合档案馆的现状,为档案事业的可持续发展提供了有力保障。

党和国家对档案工作的重视,给予全国档案工作者极大的鼓舞,在大家的共同努力下,档案的作用也更加凸显。

(1)服务党和国家中心工作成效显著。围绕中央对国际国内某些重大问题的决策需求,档案部门为中央领导提供参阅材料,发挥了档案为中央决策服务的作用。围绕中国人民抗日战争暨世界反法西斯战争胜利 70 周年等重要纪念活动以及党的群众路线教育实践活动和"三严三实"专题教育,各级档案部门通过积极举办展览、出版史料、拍摄电视文献专题片等多种形式,使档案服务产生了积极的社会影响。

(2)服务经济社会发展扎实有力。通过促进企业档案工作向科学规范管理发展、完成国家重大建设项目档案工作验收、巡回检查建设项目档案、加强对新领域和新类型项目档案的检查指导等工作服务经济建设。通过与民政部、农业农村部等部门合作,使新农村建设档案工作进一步规范化,维护了农民的合法权益,服务新农村建设取得了显著效果。国家档案局还与水利部联合制定管理办法,完成了第一次全国水利普查档案的检查验收。

(3)档案法治建设日趋完善。通过制定《国家档案法规体系方案》等规范规章、颁布实施 12 项档案行业标准、开展档案行政执法检查或专项督查等方式,使全国依法治档的局面基本形成,档案治理能力得到进一步提升。

(4)档案馆基础业务建设稳步推进。截至 2014 年年底,基本形成了覆盖全国人民群众的档案资源体系,国家重点档案的抢救工作基本完成,机关、企事业单位档案基础业务得到加强。国家档案局还通过对非公企业、新机构、新组织、新领域建档、管档、用档的指导,进一步拓展了档案工作范围和空间。

(5)档案安全保障能力大幅提升。纸质档案与电子文件登记备份、异地异质备份和外包工作的持续开展,使档案安全建设进一步规范化、标准化。档案安全督查力度得到进一步加强,特别是在天津港"8·12"重大火灾爆炸事故后,各地档案部门开展了一次全面系统的安全检查,及时发现问题,排除安全隐患,确保档案实体和档案信息的绝对安全。

(6)档案信息化建设快速推进。全国副省级以上档案行政管理部门完成了"三网一库"建设工作,档案信息化建设不断向纵深发展。各级档案馆(室)实现了由传统管理向现代化管理的转型升级,持续推进档案馆与数字档案馆的一体化建设,档案信息共享建设也正在稳步实施。

此外,档案宣传工作也有了新突破。国务院新闻办第一次组织了 50 家中外媒体 70 余位记者集体采访中央档案馆;国家档案局第一次将"国际档案日"确定为全国档案部门的宣传活动日;国务院新闻办第一次为国家档案局举办专场新闻发布会,介绍日本战犯笔供档案的公布情况,这也是迄今为止历史上档案宣传力度最大、规格最高、持续时间最长、影响范围最广的一次宣传活动,充分体现了档案工作有效服务大局的作用。这些宣传活动在国内外引起强烈反响,取得了广泛的社会宣传效果,增强了档案工作的影响力和辐射力。

"十二五"期间档案事业取得的成绩,是党中央、国务院和各级领导亲切关怀和大力支持的结果,是社会各界关心支持的结果,是全国广大档案工作者共同努力的结果。

党的十八届五中全会审议通过的《中共中央关于制定国民经济和社会发展第十三个五年规划的建议》,对今后五年的发展做出了全面部署,明确提出了实现"十三五"期间的发展目标,其中,创新、协调、绿色、开放、共享"五个发展"的全新理念,为国家做好"十三五"期间的档案工作指明了方向。对标该建议,国家档案局认真分析了档案事业发展形势,精心谋划档案事业发展大局,在深入调查研究和广泛征求意见的基础上,形成了《全国档案事业发展"十三五"规划纲要》(以下简称《纲要》),并在全国档案工作暨表彰先进会议上进行了审议。为使《纲要》更加科学、更趋完善,更好地指导全国档案事业的发展,与会代表建言献策,认真审议修改。2016 年 4 月 1 日,国家档案局正式印发《纲要》,提出到 2020 年,初步实现以信息化为核心的档案管理现代化,基本建成与全面建成小康社会相适应、有效服务国家治理和"五位一体"建设的档案事业发展体系。《纲要》的提出,为我国的档案事业提供了更明确的发展方向。

各地档案部门在制定本地区档案事业"十三五"规划时,指导思想要全面贯彻党的十八大和十八届三中、四中、五中全会精神,深入学习贯彻习近平总书记系列重要讲话精神,以邓小平理论、"三个代表"重要思想、科学发展观为指导,紧紧围绕协调推进"四个全面"战略布局,按照创新、协调、绿色、开放、共享的发展理念,坚持档案事业依法管理、走向开放、走向现代化。要深化落实两办《关于加强和改进新形势下档案工作的意见》,继续实施"以人为本、服务为先、安全第一"战略,深入推进"三个体系"建设,加快完善档案治理体系,提升档案治理能力,为争取全面建成小康社会决胜阶段的伟大胜利做出应有的贡献。同时,还要坚持把牢方向、着眼大局,以人为本、服务为先,夯实基础、筑牢根基,安全第一、守牢底线,创新驱动、开放带动的新时期档案事业发展的基本原则。

科学编制档案事业发展"十三五"规划是一项复杂的系统工程。在具体起草过程中,国家既要贯彻落实党的十八大和十八届三中、四中、五中全会精神,又要系统体现两办《关于加强和改进新形势下档案工作的意见》的要求;既要全面考虑档案工作当前面临的紧迫形势和未来的发展趋势,又要充分响应人民群众对档案工作的期待和经济社会发展的需要。

《纲要》有以下几个特点:

(1)把档案信息化作为档案管理现代化的核心内容。档案信息化是当前面临的最大挑战,因此,关于档案信息化的发展要求也体现在《纲要》的各个层面。

(2)更加重视档案在经济社会发展中的基础作用。一方面,《纲要》提出档案的业务指导、监督监管、移交接收要面向更宽广的领域延伸拓展;另一方面,《纲要》把档案的开放开发放在了更加突出的位置,对档案服务能力也提出了新的更高要求。

(3)在档案安全建设方面强调补齐短板。继续开展馆库建设、加强信息系统安全、推进异地异质备份等工作,这些都是前一阶段工作的延续和深化,最终目的是要确保档案安全万无一失。

## 二、我国档案信息化发展进程

我国的档案信息化是随着国家信息化的发展而发展起来的,其过程大致分为萌芽起步、快速推进和系统发展三个阶段。

### (一)萌芽起步阶段(20世纪70年代末至90年代初)

档案信息化的起步以计算机技术的发展为基础。20世纪70年代末,随着计算机的引入,我国档案界开始尝试运用计算机管理档案。从1979年起,国家档案局档案科学技术研究所,四川、辽宁、江西等省档案科学技术研究所,中央档案馆,中国人民解放军档案馆等陆续购置计算机设备,进行档案管理自动化课题的研究和实验,编制出一些简单的档案检索程序,初步积累了计算机辅助档案管理的一些经验,在此基础上培养了部分技术人员。

20世纪80年代初,绝大多数档案部门尚不具备配置计算机的条件。资料显示,至1985

年底,全国总共只有 20 多个档案馆配置了比较先进的计算机设备,但开发并成功运行计算机档案管理系统的仅限中央档案馆、中国第一历史档案馆、中国第二历史档案馆、中国人民解放军档案馆、中国照片档案馆等少数实力雄厚的国家级档案馆。这些实验性应用系统尝试使用数据库来管理档案目录,多数只是建立了一个简单的目录数据库,自行开发应用软件,档案系统的功能仅限于用计算机来辅助档案编目与检索。

为适应计算机辅助档案检索的需要,档案学界自 20 世纪 80 年代中期开始着手制定档案著录标引的国家标准,陆续出台了一系列档案编目和机读档案目录制作方面的规范,主要有国家标准《档案著录规则》(1985 年制定,1999 年重新修订);《中国档案分类法》(国家档案局 1987 年编制);《中国档案主题词表》(国家档案局 1988 年编制,1995 年修订再版)等。这些规范、标准的制定,为建立全国统一的档案目录检索体系奠定了基础,推动了我国档案机读目录数据库建设的发展。

1985 年召开的全国档案工作会议对省级以上档案馆有计划地实施计算机档案检索提出了"积极、稳妥、注重实效"的发展要求。此后,各地的档案目录数据库建设有了一定的起色,但受设备和人员不足的限制,数据量的积累速度较缓慢,每个单位每年的平均建库量不足 5 万条记录,只有少数单位达到年平均 10 万条记录,数据库容量有限,录入数据以案卷级为主,多数档案管理应用系统处于数据量不足的状态。此后,随着机读档案目录数量的增加,一批实用效果较明显的应用系统问世,许多档案馆在档案目录数据库建设方面取得了不俗的成绩,如地质矿产部资料馆已开始运行计算机进行地质资料目录存储、检索、编目、制卡、统计分析等工作;中国电影资料馆已将 4000 部影片目录输入计算机,可按片名、影片种类、影片题材内容、影片获奖情况等进行分类检索。计算机档案管理应用效果的逐步体现,极大地鼓舞了档案工作者的热情,使档案界对计算机档案管理的认识产生了质的飞跃。

随着计算机软硬件技术的进一步发展和档案界对档案管理自动化研究的深入,计算机辅助档案管理的范围开始从检索、统计向各个环节扩展,计算机档案管理系统由实验性向实用性转变。

20 世纪 90 年代初,我国档案管理信息化的标准进一步完善,1992—1995 年颁布的数据交换国家标准、行业标准多达 11 项。在标准化的基础上,北京超星等个别专业软件公司开始介入档案管理软件的开发和推广,随着功能较全、通用性较强的商业性档案管理软件的问世,计算机档案管理开始走向普及阶段。

## (二)快速推进阶段(20 世纪 90 年代中期至 21 世纪初)

20 世纪 90 年代初,国家实施经济信息化战略,"三金"工程的启动加快了整个社会的信息化进程,计算机应用成为普遍的工作方式。随着办公自动化(OA)、计算机辅助设计(CAD)、计算机辅助制造(CAM)的应用发展,电子文件的类型和数量迅速增加,对档案管理提出了严峻的挑战,如何保证数字档案的原始性、真实性、完整性和可靠性,成为档案界面临的巨大挑战。

在此背景下,国家档案局于 1996 年成立了电子归档研究领导小组,开展了对电子文件归档管理方法及标准的研究。1997 年,由国家科委(现科学技术部)牵头的有关部门对 CAD、CAM 中形成的各种电子文件的归档及其归档后形成的电子档案的管理进行了研究,并列入"九五"攻关项目。在一系列研究和实践的基础上,1999 年,国家档案局发布了《电子文件归档及电子档案管理方法》(国家标准报批稿),对公文类电子文件和电子档案的收集、整理、归档、保管、利用等做出了规定,同年发布了国家标准《CAD 电子文件光盘存储、归档与档案管理要求》(GB/T 17678. 1—1999),对 CAD 电子文件的光盘存储和保管进行了规范。电子文件的大量问世,使电子文件的归档与管理成为档案信息化过程中的核心问题。

在计算机档案管理系统方面,随着技术支持的社会化,档案管理软件日渐丰富,市场上曾一度多达上千种。由于档案管理软件质量参差不齐、规格功能不一,在提高计算机管理档案普及率的同时,也带来了数据交换和系统集成方面的困难。为此,国家档案局从 1996 年开始对国内计算机档案管理软件进行测评和筛选,1997 年公布了首批推荐软件,使档案管理软件的质量得到了保证,也为档案部门以较少的投入获得较好应用效果提供了指导。技术的进步和市场竞争的作用,使档案管理软件系统不断升级,功能更加完善,从基于机读目录的编目、联机检索系统发展到基于外部存储的档案全文信息系统,从一般的档案管理到文档一体化管理,从封闭的单机系统到基于局域网的档案网络管理系统,档案管理软件的标准化、通用性程度不断提高。但总体上看,这一阶段的计算机档案管理系统仍以单机系统为主,档案数据库也以目录管理为主。

为进一步提高档案管理软件的标准化程度,确保档案数据的安全和有效利用,国家档案局、中央档案馆于 2001 年 6 月发布了《档案管理软件功能要求暂行规定》,对档案管理软件的开发研制和安装使用进行了严格规范。随后,江苏、福建、天津等省、市对文档一体化管理系统中文件目录结构和数据交换格式提出了更为具体的技术规范。

这一阶段档案目录数据库发展迅速,达到了相当大的规模,省级以上档案馆的数据条目总量开始以百万计,地、市综合档案馆的机读档案条目数量也开始接近百万,一些档案馆甚至完成了全部或大部分馆藏档案的案卷级和文件级目录建库工作。2002 年,青岛市档案馆档案目录数据总量已达到 550 万条。随着新的《归档文件整理规则》的施行,机读案卷目录逐步淡出,机读文件级目录和专题目录成为档案目录数据库的主要内容。

档案网站建设从无到有,快速发展是这一阶段档案信息化建设的一个重要特征。资料显示,我国档案网站随着互联网的普及自 20 世纪 90 年代末开始问世。1999 年底,国内(主要是大陆地区)在互联网上可以查询到的档案网站仅 12 个,2001 年 7 月发展到 60 余个,至 2002 年底则迅速增加到 267 个,这些网站分属不同省份,涉及国家、省、市和区四个级别的综合档案馆、高校档案馆、专门档案馆和企业档案馆,内容主要包括档案法规、局馆介绍、档案目录信息和档案工作信息。

这一阶段,在信息化整体战略的推动下,国家和地方政府对档案信息化建设的投入有较大程度的增加,档案部门配置的设备也越来越高,档案信息化建设的相关法规也得到了进一步完善,除上述关于电子文件归档管理的标准、规范外,档案学界还先后颁布了 5 部行业标准,同时,档案从业人员的计算机应用能力迅速提高,档案信息化建设进入快速发展时期。

### （三）系统发展阶段（21 世纪初至今）

进入 21 世纪后，随着网络信息技术的广泛应用，特别是电子政务的快速发展为档案信息化建设注入了新的活力，国家档案局正式部署并全力推进全国档案信息化工作。加强档案信息化建设成为"十五"期间档案事业的基本目标之一，在《全国档案事业发展"十五"计划》的工作任务中，第五条专门列举了档案信息化建设的五项内容：吸收、采纳、转化有关电子文件归档和电子档案管理的各类标准并制定相应的办法与标准，实现电子文件即时归档；加强对电子文件积累、著录、归档等工作的监督、指导，保证有保存价值的电子文件齐全、完整、有效；探索档案馆电子档案接收、保管、利用的方法；组织力量研究解决电子文件归档管理技术方法、电子档案科学保管技术方法、电子档案远程利用技术方法、电子档案原始凭证作用等课题；加快现有档案的数字化进程，建设完善一批内部局域网，实现馆藏开放档案目录的网上查询和浏览服务等。

2002 年 11 月，国家档案局进一步发布了我国档案工作迄今为止唯一的专项规划《全国档案信息化建设实施纲要》（档发〔2002〕8 号），对"十五"期间档案信息化建设的指导思想、目标任务做了专门部署，明确了档案信息化建设的基本内容和建设要求，对全国档案信息化建设产生了积极、重大的影响，是我国档案信息化过程中里程碑式的文件。2005 年 6 月，为提高档案信息资源开发利用工作水平，贯彻落实《关于加强信息资源开发利用工作的若干意见》精神，国家档案局和国务院信息化工作办公室在上海联合举办了"中国档案信息化发展战略论坛"，邀请国内外专家就加强档案信息资源开发利用工作展开深入研讨，会议对档案信息化建设适应国家信息化发展战略的转型，进一步发挥档案信息资源的作用，建立档案信息化发展长效机制起到了积极的推动作用。

2005 年 12 月，在北京召开的全国档案局长馆长会议审议通过了《档案事业发展"十一五"规划》，"国家数字档案建设与服务工程"（简称"金档工程"）作为"十一五"重大建设项目正式启动，其总体目标是：以 3127 个国家综合档案馆为建设对象，以分布式档案数据库建设为核心，重点建设涵盖全部馆藏档案的全国性、超大型、分布式、规范化、可共享的档案目录数据库、纸质档案全文数据库和多媒体档案数据库；建立适应国家经济建设和社会发展需要的档案信息资源共享体系；建立适应各级党委政府电子政务建设需要的电子文件归档管理和电子档案接收管理系统。"国家数字档案建设与服务工程"的实施为各级档案部门的信息化建设确立了目标，提供了政策和资源上的支持。

这一阶段档案信息化建设成就斐然，主要表现在以下几个方面：

（1）档案信息化已经被纳入信息化建设的总体框架中，并与电子政务建设紧密结合，成为国家信息化战略的重要组成部分，北京、辽宁、上海等省、市档案局被列为地方信息化领导小组成员单位。

（2）档案信息化建设由局部走向整体，在宏观框架下进行全面规划和组织实施。国家档案局成立了全国档案信息化工作领导小组，出台了《全国档案信息化建设实施纲要》。各地也相继出台了本地区档案信息化建设方面的规划和规章，全国大多数省、自治区、直辖市档案局成立了由主要负责人任组长的档案信息化领导小组。

（3）一些重大档案信息化项目得到立项，如广东省政府系统政务信息化建设项目、天津档案信息资源建设、上海市电子档案工程、浙江省数字档案馆建设工程、江苏省电子文件管理中心工程、安徽省档案信息化建设项目、福建省分布式档案基础数据库建设项目（一、二期）、湖北省基于政务网的电子档案系统项目、四川省文件服务中心建设项目、青岛数字档案馆项目、大连数字档案馆项目、深圳数字档案馆项目、杭州市网上档案馆建设项目等，特别是"国家数字档案建设与服务工程"的立项实施，迅速扩展了档案信息化方面的投入规模，全面提升了档案信息化建设水平。

（4）电子文件的归档管理得到更多的重视，一批有关电子文件管理的标准、规范相继出台。

（5）各级档案部门在档案机读目录数据库建设、馆藏档案数字化、档案网站建设、数字档案馆建设等方面均取得了很大进展，档案网站逾千个，档案信息化建设全面、有序、系统推进。

# 三、档案管理学术交流状况

近年来，我国档案信息化学术水平逐步提高，在国际档案信息化领域占有重要地位。通过主动参与国际学术交流，不断提升中国档案工作的地位和影响力。我国组织或参与的国际档案前沿学术交流活动频繁，涉及档案信息化的内容日趋广泛和深入。

## （一）中韩档案管理研讨会

2007年5月和2008年12月，分别在首尔和北京召开了第一届和第二届中韩档案管理研讨会，会议围绕"电子文件管理和文档数字化业务"和"以管理电子文件为背景的档案标准与法规建设"展开讨论。中国代表以"电子档案长久保存与利用——低成本高效率高效益的长春模式""电子文件管理的相关法规建设""电子文件系统管理面临主要问题的解决方案"等学术报告与韩国同行进行了深入的交流和探讨。

## （二）"电子文件管理国家战略"和"电子文件国际前沿管理成果"国际学术研讨会

2009年6月和2010年4月，中国人民大学先后组织了国际电子文件学术研讨会，会议邀请了美国、荷兰、加拿大、澳大利亚等国家的知名档案专家学者，与来自国家档案局、省市档案局、企事业档案部门的领导和骨干、高校师生，共同探讨电子文件管理领域的热点话题。

## （三）海峡两岸档案暨缩微学术交流会

每年一次的海峡两岸学术交流活动已经延续了20余年。2016年7月在台北召开的海峡两岸档案暨缩微学术研讨会,来自海峡两岸的百余位档案馆、图书馆和文献影像技术工作者参加了会议。多位专家分别就电子文件生命周期管理与保存、数字档案馆和数字图书馆、档案数字化应用、缩微品数字化与资源共享等方面进行了有益的研讨。

### (四)亚太地区档案教育研讨会

2016 年 9 月 5 日,第四届亚太地区档案教育研讨会在韩国首尔非营利组织中心召开,会议主题为"档案教育国际化:挑战、机遇与成就",主要内容包括全球档案教育的发展和交流、档案教育的国际合作、国际化档案课程设计、档案课程的多样化、档案教育的社会化应对等。中国代表的发言分别为《中国档案学本科专业课程建设现状与学生专业课程满意度研究》《社交媒体——档案教育新平台》《档案教育与机构实践的互动和提高——中国案例研究与经验》《机遇与挑战——从学生视角看档案教育国际化》。

### (五)国际档案大会

2016 年,在第十八届国际档案大会上,来自 114 个国家的 2049 名档案工作者和研究者齐聚一堂,共议档案大事。本次会议的主题是"档案、和谐、友谊",意喻在全球化的世界中加强档案在文化敏感、社会正义和内外合作方面的作用,会议下设 8 个分主题,分别为数字时代的档案文件管理;档案行业内外的合作;利用档案文件维护公正、宣传正义、实现和解;全球档案界的和谐与友谊;档案文化和社会多样性与和谐;韩国档案文件管理工作;新入行的档案工作者;2012 年以来国际档案理事会取得的成就。会议设置开闭幕式、主题演讲、全体演讲、工作小组会议、平行学术会议、专业参观等多个板块。

## 四、高校档案数字化管理过程中的发展成效

### (一)初步形成了高校档案数字化管理与纸质档案管理相结合的局面

高校档案管理方式的创新,并非对传统管理方式的摒弃,而是数字化管理与纸质档案管理相结合的方式。可喜的是,高校档案管理通过近年来在信息化、数字化方面的实践探索,已初步探索出一条数字化管理与纸质档案管理相结合的创新管理之路,主要表现为:

(1)不断加强高校档案的数字化建设,不断优化和改革纸质档案内容建设,从而逐步丰富和完善高校档案的多种形式。在高校档案数字化管理实践中,档案的数字化建设成为高校档案管理创新的首要任务。为此,高校档案管理部门开始了以数字化为目标的高校档案建设实践。一方面,大批的现代信息技术手段被应用到档案建设中,并且取得了一定的实践效果。例如,扫描技术、视频音频解析技术的运用丰富了档案的信息搜集内容,多媒体技术的运用拓展了档案的呈现方式,网站数据资源的发布进一步延伸了档案的数字化实践领域。另一方面,现代计算机存储设备的引入、存储工具的更新,又使得档案的数字化存储保管得以实现。伴随着计算机硬件设备的更新和完善,U 盘存量的扩展和性能的优化,巨大的虚拟

存储空间已经远远超越传统档案室,使得高校档案的数字化存储和应用变为现实,并为开展档案的数字化服务奠定了坚实的基础。

与此同时,高校档案管理部门也对传统的纸质档案管理方式进行了进一步的优化和完善,主要表现为:一方面,注重加强纸质档案数据信息的可靠性。档案数据的真实性既关系到高校工作人员的切身利益,又关系到高校人事组织部门的人事行政决策,还关乎社会主义教育事业的持续健康发展。在加强高校档案数字化管理的同时,高校档案管理部门也对传统的纸质档案进行了核实与考察,并对部分人员的数据信息进行了一定程度的完善和更新。另一方面,高校档案管理部门还对纸质档案的内容进行了扩充。管理流程的优化、管理内容的扩展,带来了管理效果的改善。高校纸质档案管理即通过简化纸质档案信息搜集的基本程序,扩展纸质档案信息搜集的内容,从而加强高校档案建设,使纸质档案管理方式更为便捷、高效。

(2)不断拓展高校档案的数字化管理方式,不断改进高校档案的纸质管理方式,积极谋求高校档案的数字化管理与纸质管理方式的契合。在大数据时代背景下,高校档案管理应当以数字化管理为目标,不断丰富和拓展高校档案数字化管理的应用领域,积极实现高校档案的数字化管理与纸质管理方式的良性互动和密切配合。具体而言,在高校档案数字化管理过程中,高校档案管理部门应以档案数字化管理为目标,积极探索档案数字化管理的实践领域和实现机制。一方面,高校档案管理部门以是否触及个人隐私为标准,将并未涉及高校教职工个人隐私的基础信息进行数字化管理,并且在学校网站上刊登其履历等信息,以便师生查阅。而涉及个人隐私的一些私密信息,则以纸质管理方式为主。这种分类处理的方式,是高校档案数字化管理的一个基本要求,同时也是高校档案数字化管理在实践中总结的重要经验。另一方面,高校档案数字化管理以是否能够保证信息安全为前提,将一些技术成熟的数字化管理方式运用到高校档案数字化管理过程中,而对技术保障条件欠缺的继续延用纸质管理方式,待技术安全性能提高后再予以跟踪完善。现代信息技术的运用,并不代表现代信息绝对安全,实际上数据安全性一直以来都是大数据时代背景下学者、大众关心的焦点所在。在现有技术条件有限的情况下,保证数据安全性应当成为高校档案数字化管理建设的重点所在。

与此同时,在高校档案实施数字化管理的过程中,仍然要加强传统纸质档案管理方式的建设,并对其进行适当的优化升级。例如,传统纸质档案收集到的图片质量不够清晰,文字印刷也有局限,现代信息技术的革新使得纸质档案在管理过程中可以配备一些较为清晰的图片,采用更为先进的印刷技术,从而延长档案的保存周期。另一方面,传统纸质档案管理方式流程烦琐,档案管理人员疲于应对信息采集、数据核实、档案保存、档案处理、档案调转运用等环节,在大数据时代背景下,大批的现代信息技术可以用来优化整合纸质档案管理流程中的某些环节,从而为高校档案管理提供更为优质的服务。

## (二)初步推进了档案数据库的功能开发和变更登记

档案数据库是高校档案数字化管理的关键环节和重要内容。在高校档案数据库建设方面,高校档案管理部门也进行了积极探索,并且取得了一定的实践成果,主要表现为档案数据库的功能开发和变更登记取得了一定的进步。具体而言:

(1)逐步拓展了高校档案数据库的功能开发与实践探索。档案数据库主要服务于高校档案管理部门、高校组织人事部门,并在一定程度上对个人开放。为了实现上述服务目标,各高校开始逐步探索档案数据库的功能开发,例如,建立全校范围内通用的人事信息数据库,主要为人事信息的查询和统计服务。为了实现这些功能,就必须对档案数据库进行适当的开发设计,增添档案数据库的身份管理、信息检索、数据打印等多项功能,并在实践过程中进行适当的功能拓展。除此之外,为了适应高校档案管理部门的发展变化,还应当配备档案数据库的信息更新机制。为此,在高校档案数字化管理过程中,高校档案数据库建设还应当将信息更新作为重要内容,以便根据高校工作人员的变化及时更新高校档案数据库的信息,即新增部分档案信息,并对现有的档案信息进行适当的修改调整。

(2)逐渐加强高校档案数据库的变更登记和备案记录。在档案数据库的建设过程中,除了适当的功能开发和功能完善外,更为重要的是对高校档案数据库变更的登记管理和备案记录。这是高校档案数据库不断完善的凭证,也是高校教职工履历变更的重要记录。只有加强和完善高校档案数据库的变更登记管理和备案记录工作,才能更为可靠地确保档案数据信息的真实有效以及档案变更的快速及时。通过人事信息变动报送、变动情况登记、数据修改等相关制度,明确规定人事信息出现变化后的报送期限、报送程序和修改程序等。管理者不仅可以查询最新信息,还可以清楚了解到每次变动的日期、原因及内容。从某种意义上讲,这种变更登记和备案记录就是对高校档案管理部门工作的监督和考核,高校档案管理部门和高校组织人事部门通过查询档案的变更登记和备案记录,就可以了解该校人事变动和教职工职务变迁情况,从而降低监控成本,提高管理服务效率。

### (三)初步搭建了档案管理的网络数字化服务平台

在高校档案管理过程中,网络数字化服务平台的搭建实现是数字化管理的重要载体和关键环节,在完成对档案信息整合后,可以将档案管理平台划分为基础数据、人力资源数据、实体存储三个工作模块。这一观点为我们认识档案管理的网络数字化服务平台提供了思路,并且对实际的档案数字化管理同样具有指导意义。高校档案管理在实践中已经初步搭建了档案管理的网络数字化服务平台,主要表现为:

#### 1.档案的基础数据逐步完善

越来越多的高校开始将档案数据库建设作为高校档案数字化管理的重点环节,逐步完善了档案数据收集、档案数据储存保管、档案数据查阅登记等方面的数据记录,对高校档案数据的管理正趋于规范化。例如,一般而言,高校在教职工入职的时候,会有针对教职工学历、户籍、政治面貌、健康状况、科研成果等方面的全面检查和登记记录,在实施档案数字化管理的高校更是将其转换为数字档案,以便今后查阅和管理。档案基础数据的不断完善,为组织决策部门提供了较为扎实的数据支撑,有利于人事组织决策的科学化。

2. 高校人力资源数据库日渐丰富

在完善档案基础数据的基础上,不少学校开始了人力资源数据库建设,尝试将高校教职工的各方面档案实现网络一体化管理,使得高校人力资源数据库日渐丰富。例如,防灾科技学院开始了高校人力资源数据库建设,大力整合网络资源,积极探索"人事档案、教学档案、科研档案与健康档案的网络一体化管理,力图实现网络资源共享"。通过这些建设,高校教职员工不仅可以查询自己的学历信息、职务职称、工资等基础信息,还可以查询到自己的课堂教学及科研成果,甚至还可以查询到自己的体检报告等健康信息,全面的数字化档案记录,日渐丰富了高校人力资源数据库的基本内容。

3. 高校档案的实体存储取得了一定的进步

在实施数字化管理的高校,高校档案管理部门还注意加强计算机存储建设,例如,不少学校为支持高校档案数字化管理专门配备了用于存储的计算机,并且开发了专门的查询平台。信息检索的范围涉及档案存储的基础信息,对于较为个体化的服务信息仍然需要依靠传统的纸质管理方式进行手动检索。高校档案的实体存储既关系到档案的存储与保管,更关系到档案的查询与利用,为此,在今后的实践中,优化升级高校档案数字化管理的实体存储,充分保障数字化档案的安全性和服务便捷性,成为高校档案数字化管理的重点。

# 五、高校档案数字化管理过程中存在的突出问题

## （一）管理团队的人员素质尚不匹配

在实施高校档案数字化管理过程中,管理团队的人员素质、技能难以适应档案数字化管理对管理人员素质、技能的基本要求。在档案数字化管理实践过程中,一个合格的管理团队应当由一批思想觉悟高、文化素质强、专业技能突出,并且遵循一定性别、年龄构成比例的人员组成。然而,目前高校档案数字化管理过程中,管理团队的人员素质显然难以满足这些素质、技能的要求,并给档案数字化管理工作带来了一定的现实困难。当前管理团队素质和技能不高主要表现为以下几个方面:

1. 高校档案工作人员数字化管理意识不强

不少档案工作人员习惯于传统的纸质管理方式,认为档案数字化管理仅仅是把纸质档案扫描、转化为数字化档案并保存起来,既没有深刻理解到数字化管理过程中对档案数据资源的重视程度,也没有意识到要以多样化的方式收集和展示档案,更没有及时根据高校教职员工的人事信息变动情况更新数字档案。他们认为,"档案主要是供领导和人事部门使用的,很多时候都把档案作为一种'工具'来看待,对将其作为一种管理的手段、作为一种社会资源开发利用的认识不够"。可以说,档案工作人员的数字化管理意识不强已经给高校档案

数字化管理实践带来了一定的障碍,并给档案信息的安全保密工作带来一定的风险,因而不利于高校档案事业的发展。

### 2.高校档案工作人员的数字化管理技能有欠缺

在档案数字化管理过程中,高校档案的收集范围不能仅限于传统的文本统计与纸质表格填写等基础工作,还应当拓展到视频、音频、图片、传记等形式丰富、多样的数据类别,数据类别的扩大对高校档案工作人员的科学文化素质的要求也与日俱增。然而,由于部分档案工作人员并非专业出身,他们的科学文化素质也比较低,特别是专业技术分析能力十分欠缺,难以充分利用现代信息技术所带来的一系列便利条件。他们或许可以将纸质文本扫描转化为电子档案,但是在更为深入的技术分析和处理方面便捉襟见肘。事实上,高校档案工作人员常常由以下两种人员组成:一是学校难以安排的人员,二是按各种政策需要学校照顾的人员。由于自身专业技能的欠缺,他们既不能熟练掌握现代信息技术的核心要义,也不能将这些现代信息技术所带来的巨大便利转化为实际工作中的现实成果。

### 3.高校档案管理团队的人员配备亟待优化

在档案数字化管理的背景下,档案管理团队的人员素质要求逐渐提高,不仅需要具备图书、情报、档案学的专业知识,还需要具备广博的知识、现代信息技术应用能力、信息加工处理能力、计算机网络日常使用及管理维护等方面的知识。这就要求在高校档案数字化管理实践中应合理搭配档案工作人员,然而,大多数高校只是引入了现代信息技术和计算机设备,并未合理配备素质较高、结构合理、梯队分明的管理团队。例如,在高校档案数字化管理团队中,就专业出身而言,社科管理类专业居多,信息技术类专业偏少;就年龄结构而言,年龄偏大者居多,年富力强者偏少;就性别结构而言,女性居多,男性偏少;等等。由于缺乏良性搭配、紧密配合的管理团队,高校在档案数字化管理过程中面临着管理人才奇缺的现实困难。

## (二)数字化管理的基础设施建设严重滞后

高校在实施档案数字化管理的过程中,还面临着硬件设备落后、软件系统欠缺以及档案数字化管理办公设施缺乏等问题,数字化管理赖以为系的基础设施仍然相当薄弱,这些困境使得高校档案数字化管理缺乏良好的外部环境。加强高校档案数字化管理的基础设施建设,逐步升级档案数字化管理所需的硬件设备和软件系统,配备相关的办公场所及设施设备,是高校档案数字化管理的现实需要。

### 1.高校档案数字化管理所需的硬件设备仍然相当滞后

在高校档案数字化管理过程中,需要包括计算机、摄像机、扫描仪、照相机等硬件设备的支持和维护。然而在高校档案的实际管理过程中,这些设备并非都是配备齐全的,事实上,不少高校的计算机设备仍然相当落后,计算机硬件设备难以适应软件的更新速度,其他数字档案分析所需的硬件设备也十分欠缺,这既有领导重视程度不够的因素,也有经费投入有限的原因。硬件设备的欠缺使得高校档案数字化管理的实现程度十分有限。除此之外,包括U盘、移动硬盘、光盘在内的数据存储载体,也是高校档案数字化管理的硬件设备,U盘、移动硬盘、光盘等存储设备既有严格的保管环境要求,又有自身的生命周期,这又使得高校档案管理面临数据存储的风险。

### 2.高校档案数字化管理所需的软件设备也相当欠缺

档案信息数字化管理的重要基础是其所依赖的配套设备、应用软件、操作系统等,这也是档案信息在读出和检索等方面的技术基础。在高校档案管理过程中,管理人员自身的专业技能有限,导致他们难以充分利用数字化管理所需的软件设备。同时,目前市场上专门面向高校档案数字化管理的软件仍然相对欠缺,加上软件系统自身也存在一定的缺陷。例如,山东省旗帜软件公司面向高校档案研发的一款软件在应用过程中虽然提供了较大程度的便捷服务,但仍然面临着系统自动关闭、一旦删除将永久删除等问题。在高校档案的实际管理过程中,更是经常出现硬件设备与软件系统不兼容的现象,导致高校档案数据库存在数据崩溃的危险。除此之外,互联网与局域网建设也是高校档案数字化管理的重要内容。由于经费投入的有限性,互联网与局域网建设仍然相对滞后,难以满足高校档案数字化管理的需要。

### 3.高校档案数字化管理所需的办公设施仍然十分匮乏

在高校档案管理实践过程中,还有一个必不可少的要素,那就是办公场所的问题。目前,仍有不少高校的档案室至今未能满足"阅览室、办公室与库房"三者相分离的标准,档案库房与办公室相分离的比重也不高,更谈不上安装空调、风扇等其他配套的硬件设备。有的档案管理条件更为糟糕,档案库房、办公室、阅览室拥挤在一间小小的办公室内,有的仅有木柜存放档案。这一方面说明有些高校对档案数字化管理的重视程度不够,另一方面也反映高校对档案数字化管理经费的支持有限。办公场所的匮乏,使得高校档案数字化管理处于一种提在口号里、落在纸面上,却在实践中遭遇阻力的尴尬状态。

## (三)档案数据库安全性存在隐患

档案数据库的安全性问题是学术界和高校档案管理部门共同关注和担忧的问题,档案数据库的安全性不仅涉及高校档案当事人的个人权益,关系到高校组织人事部门的用人决策,还是关乎社会主义教育事业发展的大事。此外,档案数据库是否安全,更是直接关乎高校档案数字化管理的成败。然而,在高校档案数字化管理过程中,档案数据库仍然存在着安全性隐患,主要体现为以下几个方面:

(1)在高校档案数字化管理过程中,人为操作风险的存在使得档案数据库面临严峻的安全性挑战。在高校档案数字化管理过程中,人为操作风险主要是指档案工作人员由于操作不当造成信息损毁或信息缺失的现象。一方面,在高校档案从纸质文件向数字化文档转变的过程中,由于档案工作人员操作不当而损毁、丢失纸质文件,或者由于安全意识不强,不慎将管理密码泄露导致档案数据库泄密等情况,都可以算作人为操作风险给高校档案数字化管理带来的数据库安全风险问题。另一方面,由于高校档案工作人员自身的专业技能不强、文化素质偏低,更是极大地提高了人为操作风险发生的概率。因此,如何培训高校档案管理人员,尽量规避或降低人为操作风险的发生,是维护高校档案数据库安全性的重要任务。

(2)在高校档案数字化管理过程中,数据库自身的功能缺陷使得档案数据库安全性问题日益突出。在高校档案数字化管理中,数据库建设还存在功能缺陷等问题。例如,由于高校使用的软件存在差别,数字化档案存储的具体格式也有所不同,导致档案数据库的功能相对单一,难以完成较为复杂的综合数据分析,此外,由于数据库存储风格的差异,高校教职工流动过程中的档案调动,会使档案数据库出现数据不兼容的问题,也会给数据库的安全性带来一定的挑战。因此,如何完善高校档案数据库的功能设置,规范数据库的管理和建设,是维护高校档案数据库安全性必须考虑的问题。

(3)在高校档案数字化管理过程中,硬件与软件设备的自身故障使得档案数据库的安全性风险增大。在高校档案数字化管理过程中,除了人为操作风险的存在以及数据库自身的功能缺陷外,硬件与软件设备自身的故障也会给档案数据库的安全性带来挑战。一方面,档案数据库的存储设备包括计算机、U 盘、移动硬盘、光盘等都有保管环境的要求和生命周期问题,在档案数据库存储、转移的过程中,也有可能导致数据信息的泄露以及个人隐私的受损。另一方面,软件系统的自身故障,例如自动关闭、永久删除等软件设计过程中的缺陷,也会使档案数据库的运行产生潜在风险。因此,如何确保档案数据库的安全运行是摆在高校档案管理部门面前的重要课题。

(4)高校档案数据库的管理技术落后,也是档案数据库安全性问题的重要因素。档案数据库的管理技术先进与否,不仅关乎档案数据库的内容建设,更是关系到档案数据库的安全性建设。在高校档案数字化管理过程中,档案数据库面临着管理技术落后的发展现状,主要表现为数据库的用户认证、访问授权、数据加密、数据备份等信息技术仍然相对落后。这些数据库管理技术的落后不仅影响档案数据库的功能发挥,更是直接影响到档案数据库的安全性能。因此,优化升级高校档案数据库的管理技术,提高档案数据库的安全性成为高校档案数据库安全性建设的可行路径。

### (四)档案数字化管理制度不配套

高校档案数字化管理制度是高校档案数字化管理有效实施的制度保障。研究和加强高校档案数字化管理制度建设,有利于实现高校档案数字化管理的规范化、科学化。相反,档案数字化管理制度的落后,使得档案数字化管理过程中不规范情形时有发生,也给档案管理规范化、科学化带来严峻挑战。在高校档案数字化管理过程中,档案数字化管理制度不配套主要体现为以下几个方面:

#### 1.高校现代档案管理制度还未建立起来

高校现代档案管理制度是指导高校档案数字化管理实践的总体制度,具有统摄性的意义和价值。在当前高校档案数字化管理过程中,仍然沿用着以"管控"为主导的契合计划经济思维的档案管理制度,而以"服务"为导向的契合市场经济发展需要的档案管理制度至今仍未建立起来。这种档案管理制度在总体上已经受到严峻挑战,从流动人员的"弃档"现象到高校的"重复建档"现象都可看作对这种"管控"式档案管理制度的无声抗拒。在大数据时代背景下,数字化成为高校档案管理创新的重要方向,积极建构以服务为核心理念的、契合市场经济发展要求的、数字化管理与纸质管理相结合的综合档案管理制度是高校现代档案管理制度建构的努力方向。

2.高校档案数字化日常管理制度建设滞后

除了精心设计档案的总体管理制度,还要设计档案的日常管理制度,这是指导高校档案数字化管理过程中的具体制度。高校档案数字化管理的日常管理制度是档案数字化管理实践有效实施的制度保障。相反,高校档案数字化日常管理制度的欠缺会使档案数字化管理实践缺乏制度约束。在我国的高校档案数字化管理过程中,数字化管理实现程度还非常低,档案数字化日常管理的制度建设还十分欠缺,主要表现为侧重于笼统的原则性规定而缺乏明确的具体要求,高校档案管理人员在档案的归档周期、内容、档案递交程序等方面都可以自由裁量,导致高校档案数字化管理过程中档案管理人员的管理权限较大,管理不规范情形时有发生,管理中随意性操作屡禁不止。为此,完善档案数字化管理的日常管理制度,不断提高档案数字化管理的制度化、规范化、科学化水平,是高校档案数字化管理制度建设的关键所在。

3.高校档案数字化管理的配套制度建设不足

高校档案数字化管理的配套制度建设主要是指高校档案管理的绩效考核制度,高校档案数字化管理的配套制度建设是高校档案数字化管理制度顺利实施的外部条件。由于绩效考核制度设计过于粗放,未能明确高校各级档案管理人员的日常管理责任与绩效考核指标,以致高校对档案管理人员的日常管理、监督考核效果不佳,不利于高校档案日常管理制度的严格实施。高校档案数字化管理的配套制度建设滞后,导致档案数字化管理制度的实施效果大打折扣,高校档案管理人员常常处于监控真空中。为此,积极探索和完善高校档案数字化管理的配套制度是加强高校档案数字化管理制度建设的应有之义。

# 第二节　高校档案管理的新要求

近年来,互联网已深入人们的日常生活中。对于档案管理部门而言,档案的存储以及收发工作在互联网的帮助下更加高效、快捷地进行。目前,档案数字化已成为一种发展趋势。

档案管理部门通过将档案存放在云端来拓展档案的传播空间,可以让利用者能够在第一时间快速地检索到自己所需的档案。然而,正是这种便捷性,为一些不法分子提供了机会。由于网络本身具有开放性和虚拟性的特点,一些恶意软件或者黑客很容易利用这些特点对档案进行攻击或恶意读取、修改。因此,档案数字化管理中的信息安全已成为档案管理工作的重点内容。

## 一、网络环境下高校档案管理面临的安全问题

随着互联网技术的发展,计算机网络已成为重要的信息交换手段,并深入到社会生活的各个领域,档案工作也不例外。实现档案管理和档案信息服务的网络化是档案事业发展的必然趋势,同时也给档案事业的发展带来新的机遇和新的挑战。档案信息安全是网络环境下档案事业发展面临的主要新挑战之一。目前,档案部门通过建立馆、室内部的档案局域网和接入互联网的档案站点,在网络环境下开展工作,促进了工作效率和服务水平的提高,然而,由于计算机网络具有共享性、开放性、复杂性等特征,致使档案信息网络面临各种安全威胁,随时可能受到破坏和攻击。所以,保证档案信息网络安全运行就显得至关重要。

### (一)安全保密问题是档案信息网络管理的最大障碍

计算机网络是一个开放的系统,尽管在信息安全保密方面人们已经采用了网络防火墙技术、防毒查毒、公共网络、内部网络与外部网络的物理隔离等成熟方法与技术,但这些防范策略在蓄意窃密的"黑客"面前仍然不堪一击。从理论上讲,公共网络上的任何一台计算机终端都存在被非法访问的可能。因此,人们应清楚地认识到安全保密问题是档案信息网络管理的最大障碍。

### (二)影响网络安全的因素

网络安全是指网络系统的硬件、软件及其系统中的数据受到保护,不因偶然的或者恶意的原因而遭受到破坏、更改、泄露,系统能够连续、可靠、正常地运行,网络服务不中断。然而,实际网络环境中常常会出现硬件的损毁、系统软件或应用软件有缺陷、电脑病毒、黑客攻击等诸多问题,这些都直接威胁到网络的安全,主要表现在以下几个方面。

1. 容易被忽视的物理安全因素

保证档案信息网络中各种设备的物理安全是整个计算机网络系统安全的前提,主要涉及对档案信息网络所在环境的安全保护,如区域保护和灾难保护;设备安全(主要包括设备的防盗、防毁、防电磁信息辐射泄露、防止线路截获、抗电磁干扰及电源保护等);媒体安全(包括媒体数据的安全及媒体本身的安全)。

2. 来自内部或外部的非法访问

来自内部或外部的非法访问可能导致网络遭受非法修改或恶意攻击,威胁到网络环境

下的档案信息安全。例如,网络管理员对用户权限分配不合理,用户密码选择不严密,来自外部的黑客入侵等。

### 3. 防不胜防的计算机病毒侵害

通过网络传播的病毒在传播速度、破坏性和传播范围等方面都是单机病毒所不能比拟的,网络中所有的终端、通道都可能是病毒的有效攻击点。

### 4. 普遍缺乏基本的备份系统

档案信息网络,尤其是基层的档案信息网络在建设过程中,为了节约资金,很少有意识地考虑同步建立备份系统,一旦发生网络安全问题,档案信息将失去恢复的可能。

### 5. 网络安全意识薄弱

长期以来,高校档案管理人员已牢固树立起了档案原件保管的安全意识,并将库房安全问题视为安全工作的重中之重,但却易于忽视档案信息化管理过程中档案信息网络的安全问题。

## (三)走出网络安全认识上的习惯误区

### 1. 误区1:局域网中运行的计算机是安全的

一般人认为,局域网有两种形式:一种是通过一个路由器和多个交换机互联的小区域网络,另一种是通过代理服务器上网的计算机。以上两种网络组织形式存在一个出口(俗称网关),第一种网关是路由器,第二种网关是代理服务器。而作为一般性的设置,网关都有配套的防火墙和端口管理。在网关上设定的防火墙或者端口管理如果长时间没有调整,那么对最新的病毒防范是无效的。此外,当人们在网上浏览时不慎点击了别人设置的"病毒文件",网关也很难阻止病毒的侵袭。因此,简单地认为局域网中的计算机就是安全的想法是错误的,一定要像其他计算机一样设定自己的安全级别,安装杀毒软件、杀木马软件、反间谍软件,并时刻谨慎浏览网上信息。

### 2. 误区2:如果不连接互联网,局域网中的计算机是安全的

局域网中的计算机在不连接互联网的情况下,虽然少了很多风险,但是并不能保证局域网内每一台计算机都是安全的。计算机一般会有对外信息交互的机会,如访问 FTP、网上邻居、使用移动存储设备(如 U 盘或者 MP3 等)。如果局域网内的计算机通过这些途径感染了网络病毒,整个局域网内的计算机都可能受到病毒的攻击。

### 3. 误区3:多装几个杀毒软件就不会出现问题

一般来讲,杀毒软件的开发总是滞后于病毒的出现。因此,人们应该清楚地认识到任何

一款杀毒软件对于计算机病毒来说都不是万能的。很多杀毒软件并不能完全查杀木马,一般的杀毒软件很少能检测到间谍软件。

杀毒软件的目的在于预防和发现病毒,如果安装过多就有可能带来负面效应。因为杀毒软件都包含监控程序和反监控功能,所以当一个杀毒软件试图监控所有进出计算机的进程的时候,如果遇到其他杀毒软件就可能互相干扰,甚至会出现杀毒软件之间相互错判的情形。

4.误区4:系统平台经常更新就不会感染病毒

一个系统漏洞从被发现到漏洞补丁的出现会经历1~2周的时间,这期间一旦被计算机黑客利用,后果是非常严重的。另外,许多人认为只有紧急和重要级别的补丁需要即刻操作,而忽略了对一般性补丁的操作,对于黑客来讲同样会使人们中招。

5.误区5:在线杀毒或者在线扫描没问题说明系统是安全的

在线杀毒或者在线扫描,就如同所有的杀毒软件一样无法解决所有病毒问题。杀毒软件提供的在线杀毒等服务更多的是出于对其自身产品的宣传和营销策略,最终目标还是吸引大家去购买杀毒软件。

## 二、高校档案信息安全领域现有的安全措施

电子档案是高科技的产物,信息安全技术对于维护高校电子档案的原始性、真实性至关重要。

### (一)电子档案信息认证与恢复技术

1.签署技术

电子档案的签署技术一般包括证书式和手写式数字签名。证书式数字签名是对发出的文件,发出方利用自己的密钥进行加密处理,生成一个字母数字串的"数字签名",再与文件一起发出。手写式数字签名是在文字处理软件中嵌入专门的软件模块,作者使用光笔在屏幕上签名,或使用压敏笔在手写输入板上签名,其效果与在纸质文件上的亲笔签名相同。

2.加密技术

加密技术的一个重要功能是可以确保电子档案内容的非公开性。加密方法有很多种,一般在传输过程中采用"双密钥"。在网络中,一个加密通信者通常拥有一对密钥:加密密钥和解密密钥。加密和解密是不一样的密钥,因此外人很难从截获的密文中解密,这对于网络传输中的电子档案具有很好的保护效果。加密密钥是公开的,解密密钥是严格保密的,发方使用收方的公开密钥发文,收方则使用只有自己知道的密钥解密。

### 3.身份验证

身份验证最常用的方法是给每个合法用户分配一个"密码"（password）（由数字、字母或特定符号组成），代表该用户的身份。用户在进入系统访问前，首先要输入自己的"密码"，对于这个密码，计算机将与存储在机内有关该用户的其他资料进行比较验证。若验明为合法用户，则可进入系统对相关的业务进行访问；否则就会被拒绝访问。如银行相关系统使用用户密码验证、文件管理系统使用管理员代码验证，这些都是为了防止无关人员非法访问或破坏文件或数据。

### 4.防写措施

计算机外存储器中有一种叫只读光盘（CD-ROM）设备，使用者只能读出信息而不能追加或擦除。对一次写入式光盘（WORM），使用者可以一次写入多次读出，可追加记录但不可擦除之前的原有信息。这种不可逆式记录介质可以提高电子档案内容的有效性和安全性，防止用户更改。目前在许多软件的设置项中，有一种"只读"状态，在这种状态下，使用者只能从软件或文件中读出信息，而不能进行任何修改。

### 5.硬盘还原卡技术

使用硬盘还原卡后，用户可以随意对硬盘中的电子档案和数据进行增、删、改操作。一旦关机重新启动，硬盘将恢复到原来的状态。用户的操作不会留下任何痕迹，从而保护了硬盘中电子档案和数据的原始性。

## （二）电子档案防病毒技术

### 1.计算机病毒的产生

计算机病毒是一种特殊的具有破坏性的计算机程序，它具有自我复制能力，可通过非授权方式入侵可执行程序或数据文件。计算机病毒最早出现在 20 世纪 80 年代中期，二十多年来，病毒的数量急剧增加。近年来，网络病毒开始广泛流行，携带病毒的数据包和电子邮件越来越多，对计算机病毒的防治查杀已成为保护电子档案的重要工作。

### 2.计算机病毒的防治

对病毒的防治管理应树立"预防为主，防治结合"的观念，不仅要防止病毒向计算机内部各软件传染，还要抑制已存在病毒向其他计算机传染。由于病毒具有主动性，必须从其寄生对象、内存驻留方式、传染途径等有危害性的病毒行为入手进行防范。

### 3.尝试运用多种软硬件技术

一旦发现病毒的相关踪迹，应立即扫清病毒盘，启动计算机，查杀病毒。如果仍有问题，应及时向专业人员咨询。要重视对重要数据的保护,利用相关软件将重要数据保存在安全的地方。要制定严格的防毒规章制度,如定期或不定期检查软硬盘和系统;经常对重要的系统盘、数据盘进行备份;装备并定期升级最新的查毒杀毒软件等。

## (三)电子档案信息备份

信息备份是一种可以为信息系统的受损或崩溃提供良好的、有效的恢复手段,是保障信息安全的重要辅助措施。

### 1. 备份技术

备份技术发展较快,从最原始的复制到磁盘镜像和双工,再到镜像站点、服务器集群技术和灾难恢复方案等。在网络中,人们通常使用的一种备份手段是磁盘镜像和磁盘双工技术。磁盘镜像能够不间断地更新及存储同一种文件,它包含两个成对的磁盘驱动器及盘体在同一通道上。如果两个硬盘中的一个发生错误,另一个依然能够单独运行而不受影响。磁盘双工的两个磁盘分别在两个通道上做成镜像,即使磁盘及通道都损坏,也能对文件起到保护作用。

### 2. 备份管理制度

电子档案管理者应注意以下几个方面:首先,明确不同的备份方式;静态数据通常采用定期备份的方式,而实时系统最好采用实时备份,以避免死机延误的损失。其次,选择备份形式,如按照备份的内容有增量备份(对增加的数据进行备份)、全备份(对所有的数据进行备份)、集成备份(对整个系统包括数据和程序进行备份)等;按照备份的状态有脱机备份和联机备份两种方式;按照备份的日期选择有日备份、周备份、月备份等。再次,确定备份设备,结合高校实际情况和设备特点选择组合磁带机、磁盘阵列、光盘、硬盘、软盘等存储设备。最后,形成备份制度,如是否需要多套备份、是否需要异地存储、如何保证备份的智能恢复和灾难恢复功能。此外,有条件的高校还可考虑镜像站点和服务器集群等较先进的技术。总之,要从保证系统安全完整运营的高度来考虑备份工作应当注意的要素,形成一套比较完善的备份制度。

## (四)电子档案网络传输和信息安全技术

### 1. 防火墙

防火墙在一个系统的网络和外部网络连接点设置障碍,从而阻止非法访问本系统的信息资源,也可以阻止非法输出网络上的机要信息和专利信息。

### 2. 虚拟专用网

虚拟专用网是用于电子档案传输的一种专用网络,它可以在两个系统之间建立安全信道,非常适合电子数据的交换。在虚拟专用网中,文件传递双方通常比较熟悉,相互间的数据通信量很大。只要双方达成一致,在虚拟专用网中就可以使用比较复杂的专用加密和认证技术,能极大地提高电子档案在传输过程中的安全性。

### 3. 网络隔离计算机技术

深圳宏网科技有限公司发明了一种网络隔离安全计算机,该技术能在一台计算机上实现内网和外网两种功能:内网是内部保密网,外网是国际互联网。这种计算机可确保在外网遭到攻击破坏时,内网的安全性不受影响。

# 第三节　高校档案管理的创新研究及对策

## 一、制定完善的高校档案信息管理制度

### (一)建立健全高校档案库房安全管理制度

建立健全高校档案库房安全管理制度,加强防治结合,消除库房安全隐患,确保档案安全,是维护档案安全和完整性的一项重要措施,具体应建立以下制度。

#### 1.日常安全检查制度

日常安全检查制度是指对库房内的档案及相关设备、设施进行日常安全检查,以便及时发现问题,将危及档案安全与秩序的因素消灭在萌芽状态的制度。主要检查档案有无霉变、虫蛀,有无被泄密、毁灭、遗失、盗窃;库房有无火灾、水灾等隐患,用电设备是否完好,消防器材是否齐全,门窗是否牢固等。

#### 2.进出库制度

进出库制度是指为了确保档案的完整与安全,对进出库房的档案、人员所做的专门性规定。主要包括在库房外悬挂"非工作人员不得入内"的警示标牌;不允许库房管理人员在库房内从事与库房管理无关的其他活动,非工作时间一般不允许进入库房;档案入库前要进行必要的消毒处理;档案进出库要登记;对典藏档案要定期进行检查清点。

#### 3.库房指南

库房指南是指库房档案及库房相关设备、设施的存放位置的索引,便于库房管理人员切

实掌握库房档案的存放情况及取放档案,更有利于在突发情况下迅速抢救并转移档案。

**4.库房安全责任制**

将库房安全责任落实到具体个人岗位责任制中,层层负责,确保库房安全。

**5.保证计算机系统有良好的工作环境**

档案管理制度需要确保计算机系统处于良好的电磁兼容工作环境,主要指存储档案信息的库房、计算机机房的周围环境是否符合管理要求和具备抵抗自然灾害的能力,应按照国家标准《计算机场地安全要求》(GB/T 9361—2011)、《数据中心设计规范》(GB 50174—2017)规定进行建造,在确保恒温、恒湿的条件下,既能防水、防火,又能防雷、防磁、防静电,使得各种硬件设施远离强震动源、强噪声源,保证档案管理系统处于安全的运行环境。

## (二)建立档案管理系统的安全管理制度

**1.制定档案信息系统安全设计与建设规范**

制定有关档案信息系统的安全建设规范,可以按照信息安全等级保护3级、2级的要求,设计并配置必要的安全软硬件设备。通过安全软硬件系统的建设,保障信息系统稳定、可靠、安全地运行。信息系统安全设计与建设的总体策略包括分域防护、访问控制、权限管理、多层防御、集中监控、管理规范、明确责任等内容,根据档案信息系统的专业特点与档案信息安全要求,明确规定档案信息系统按照区域划分原则应划分为核心域、管理域、应用域、终端接入域四个不同安全区域以及各区域的访问控制与权限管理。分区域梳理了物理层、网络层、数据层按照不同等级保护的技术要求以及安全控制措施,有针对性地提出了档案网络安全建设与应用系统安全建设的要求,为新建项目单位从系统规划、设计与实施、运行管理以及数据备份等全过程提供安全技术保障的规范指导。

**2.制定档案信息系统安全保障工作操作指南**

制定档案信息系统安全保障工作操作指南,规定档案信息系统安全保障工作中的人员安全管理,机房和设备安全管理,网络安全管理,应用系统安全管理,在线监测监控网络和数据安全管理,访问控制安全管理,文档、数据与密码应用安全管理,安全事故、故障和应急管理技术操作规范。

**3.制定档案信息系统安全监督检查工作规范**

在档案信息系统安全体系建设与运行管理全过程中引入档案信息系统风险评估、风险管理的概念,明确信息安全自我检查、监督检查环节工作流程,以及安全检查工作的内容、程序、方式与要求,提出档案信息系统安全工作监督检查工作的量化指标体系。

# 二、强化档案信息管理队伍建设

## （一）创新管理队伍的思想观念

观念虽然无形,但是对提高档案信息化人才的决策能力和执行能力具有决定性的作用,因此,需要培育档案工作人员以下七种新思维。

### 1. 开拓思维

树立追求理想、崇尚科技、奋力改革、不断开放、不畏艰险、不甘落后、奋勇拼搏、图存图强的开拓意识,摒弃守旧、畏难、不作为的落后意识。

### 2. 战略思维

战略是对事业发展全局性、长远性的谋划,战略眼光是大视野,战略目标是大手笔。为此,应将档案信息化和社会发展的大趋势(如改革开放、经济繁荣、知识管理、文化传播等)紧密联系起来,将社会需求作为档案信息化的目标,形成科学的"顶层设计",自上而下、积极稳妥地组织和推进档案信息化工作,彻底改变过去分散、重复建设的粗放型发展模式。

### 3. 策略思维

策略是又快又好地实现战略目标的最佳途径。针对档案信息化的薄弱环节,应采取"内合外联"的策略,即对内实行档案技术和信息资源的整合,以整合的实力提升外联的能力;对外实行与外部信息系统的外联,将优质档案信息资源接收进来,辐射出去,使档案信息系统成为社会信息的集散枢纽。

### 4. 人本思维

档案信息系统应真正做到"以用户为中心",将档案利用者和档案工作者的应用度、满意度作为信息系统建设的出发点和归属点。为此,信息系统应尽可能满足用户,特别是社会大众的需求,且做到操作简便、界面友好、富有人性化。

### 5. 开放思维

网络是一个开放的平台,只有开放,才能充分发挥网络的优势。因此,档案信息系统应积极与各种社会信息系统互连互通,无缝对接,在互连中获取更多的数字化档案资源,在网络化服务中提升档案工作的社会影响力和认可度。

### 6. 忧患思维

电子档案的存储密集性、传播快捷性、技术依赖性和表现虚拟性,使其面临失真、失精、失效、失密的风险日益增大,而且数字化带来的灾难往往具有瞬间性和毁灭性的特点。因此,开展档案信息化建设应居安思危、未雨绸缪、警钟长鸣,一手抓技防,一手抓人防,两手都要过硬。

### 7.辩证思维

档案信息化会遇到许多矛盾的对立面和统一体,如资金的投入与产出、数据的存入与取出、配置的集中与分散、信息的共享与保密、文件的有纸与无纸、资源的增量与存量等。需要人们用联系的方式和发展的眼光去看待这些问题,处理好这些对立统一的关系,避免非此即彼或顾此失彼的僵化思维方式。

## (二)重构档案工作人员的知识结构

按照档案信息化的需要,现代档案工作者的知识结构需要进行以下补充。

### 1.信息鉴定知识

信息时代的档案信息在规模上是海量的,在门类上是多维的,在价值上是多元的。档案工作者应具备电子档案信息内容价值和技术状况的鉴定知识,才能及时、准确地捕捉和收集具有档案价值的信息,并根据其重要程度划定保管期限。

### 2.科学决策知识

档案信息化迫切需要科学规划,档案工作者应具备开展调查研究、制定科学战略规划和规划实施方案的能力,才能把握大局,把握方向,登高望远,运筹帷幄,避免信息化过程中走弯路或遭受损失。

### 3.宏观管理知识

档案行政是档案信息化的直接动力。档案工作者应具备组织、指挥档案信息化工作的业务能力,掌握有关档案信息化法规、制度、标准和规范的专业知识,具备从档案业务和信息技术结合上的依法行政的执行力。

### 4.需求分析知识

档案信息系统建设须以用户为中心,以需求为导向。档案工作者应能对档案信息的显在用户和潜在用户、当前需求和未来需求、本校内部需求和社会大众需求等进行全面的、前瞻的分析,并对档案信息系统的信息需求、功能需求和性能需求进行准确的描述和规范的表达。

### 5.系统开发知识

为了实现档案业务和信息技术的完美结合,档案工作者必须全程、深度参与档案管理信息系统的开发。为此,档案工作者需要学习软件工程的理论和软件开发的技术,学会应用信息技术的专业语言与信息技术人员进行沟通,准确表达自己对信息系统建设的需求。

### 6.系统评价知识

档案工作者要具备评价档案信息系统质量的能力,能从档案管理和计算机技术的专业角度,评价档案信息系统的间接效益和直接效益,评价系统管理指标、经济指标和性能指标,并能对系统存在的问题提出改进建议。

## (三)提升高校档案工作人员的操作技术水平

### 1.信息输入技术

能够采用传统的键盘输入技术,先进的语音、文字、图像识别输入技术,数据导入、导出转储技术,数码摄影、摄像技术,快速、准确地输入文字、图像、声音、视频等信息。

### 2.信息加工技术

能够采用信息检索工具,从指定的网页、服务器、脱机载体中采集档案信息;按照档案的形式和内容特征进行分类;按照档案的内在联系进行组件、组卷或组盘;采用自动或手工方式对档案进行著录和标引,以及对档案元数据进行采集、封装和管理。

### 3.信息、保护技术

熟悉或掌握数据库管理、数据组织、数据迁移、数据加密、数字签名、脱机存储、网络访问控制、数据容灾等技术。这些技术有助于维护电子档案的真实性、完整性、有效性和安全性。

### 4.信息处理技术

熟悉或掌握文本编辑、图像处理、视频编辑、文件格式转换、数据下载或上传等技术。了解或掌握档案多媒体编研技术,能围绕特定主题,将编研素材编辑制作成档案编研成果。

### 5.信息查询技术

能够按照利用者查档要求正确选择检索项、关键词、主题词、分类号,并正确组织检索表达式,对在线或离线保存的文本、超文本全文信息进行检索,并对检索结果进行打印、下载、排序、转发等处理。

### 6.信息传输技术

掌握采用电子邮件、短信、微博、微信等手段接收和传播文本型、图像型、声音型、视频型等各类档案信息的技术。

## （四）优化管理队伍结构

高校档案信息化人才队伍建设至少需要以下四种类型的专业人才,特别需要兼备两种以上特质的复合型人才。

### 1. 研究型人才

档案信息化需要科学的理论指导,没有理论指导的实践是盲目的,脱离实践的理论是空洞的。研究型人才是理论的探索者和实践的导向者,其主要责任包括研究档案信息系统建设的理论;探索电子文件归档管理和电子档案科学保管、远程利用的方法;研究新技术、新方法在档案领域的应用;研究、开发先进、适用的档案信息管理软件;提出电子文件和数字档案管理的标准规范;主持或参与档案信息化科研工作;从理论和实践的结合上指导档案信息化工作的开展;培养档案信息化建设人才。目前,档案信息化研究者主要由档案信息化工作者和高校师生构成,他们有各自的优势,又各自存在理论与实践方面的不足,最好是两者强强联合、优势互补,促进理论和实践的紧密结合和良性互动。

### 2. 管理型人才

档案信息化是一个复杂的系统工程,需要实行严格的目标管理和精细的过程控制。管理型人才的主要责任是掌握国内外档案信息化建设的现状、经验教训、发展趋势;制订切实可行的档案信息化战略规划和实施方案;制订相关的管理办法和标准;组织、指挥、督促、指导本校的档案信息化工作;协调档案信息化建设和其他外部信息系统建设之间的关系;培养和使用档案信息化人才资源;有效筹集和合理使用信息化建设资金等。目前,各机构的档案信息化管理职能大多由档案管理人员担任,他们具有传统档案管理的理论知识和实践经验,但往往缺乏信息化知识和技能。由于公务繁忙,缺乏接受信息技术继续教育的机会,可能造成档案信息化管理上的缺位或错位。因此,亟待通过各种途径提高现有档案行政干部的信息化素养。

### 3. 操作型人才

档案信息化涉及的环节多、操作性强,需要一大批既懂档案管理业务,又熟悉计算机操作技能的操作型人才。这类人才的主要责任是应用计算机网络技术,从事档案数据积累、归档、组卷(组件)、分类、编目、扫描、保管、鉴定、检索、数据备份等操作。他们的工作责任心和操作能力直接关系到档案信息资源的安全、质量和价值。因此,要求他们具备强烈的信息安全意识、高度的工作责任心和熟练的操作技能。

### 4. 其他类人才

(1)法律人才。档案信息化建设,特别是网站建设,可能涉及保密、隐私保护、知识产权、合同管理、网络安全等法律问题,需要具有相关法律知识的人才提供法律支持。

（2）数据库管理人才。数据库定义、运行维护、资源配置、权限设置、数据迁移等都需要数据库管理的专业知识，此项工作往往由高校信息技术人员担任。如果数据库服务器设在档案部门，档案部门也需要配备这样的专业人才。

（3）多媒体档案编研人才。高校档案馆（室）需要配备必要的多媒体档案编研人才，以便从事对多媒体档案的收集、整理和编辑工作。

值得指出的是，以上人才结构的落实，关键在档案部门的岗位设置。由于各高校受人力资源编制的限制，以上人才岗位的设置，既可以是专职，也可以是兼职，但不宜兼职过多，以免影响其专业能力的发挥。

# 三、优化高校档案信息管理法律环境

目前，我国高校档案信息安全的保障主要依靠技术上的不断升级。在实践中，大多强调用户的自我保护，要求设置复杂密码和防火墙。但是，网络安全作为一个综合性课题，涉及面广，包含内容多，无论采用何种加密技术或其他预防措施，都只能给非法访问增加一些困难，而不能彻底解决问题。而且，防范技术的增强可能会激发某些具有猎奇心态的人的兴趣。因此，从根本上对非法访问进行防范与干预，还需要依靠法律的威严与震慑力。

由于时代和技术的局限，目前我国还没有一部专门针对网络环境下高校档案馆信息安全的法律法规，笔者认为，有必要制定这样一部法律，并且要注意该法律应具备的一般特点。

（1）体系性。进入网络时代，人们获取知识的方式发生了重大改变，也见识了网络病毒、黑客、网络犯罪等新事物。传统的法律体系变得越来越难以适应网络技术发展的需要，在保障网络信息安全方面也显得力不从心。因此，构建一个有效、相对自成一体、结构严谨、内在和谐统一的新的关于高校档案馆信息安全的法律法规体系十分必要。

（2）开放性。网络技术在不断发展，信息安全问题层出不穷，高校档案馆信息安全的法律法规应当全面体现和把握信息网络的基本特点及其法律问题，适应不断发展的信息网络技术问题和不断涌现的网络安全问题。

（3）兼容性。虽然网络环境是一个虚拟的数字世界，但发生在网络环境中的事情不过是现实社会和生活中的诸多问题在虚拟世界中的重新展开。因此，关于高校档案信息安全的法律法规不能脱离传统的法律原则和法律规范，大多数传统的法律原则和法律规范对档案信息网络安全仍然适用。同时，从维护法律体系的统一性、完整性和相对稳定性来看，高校档案信息安全法律也应当与传统的法律体系保持良好的兼容性。

（4）可操作性。网络是一个数字化的社会，许多概念规则难以被常人准确把握。因此，安全法律应当对一些专业术语、难以确定的问题、容易引起争议的问题等做出解释，使其更具可操作性。

## （一）制定原则

法律原则是立法活动的准绳，是立法精神的内在体现。高校档案信息安全立法活动必须在立法原则的指导下进行,才能把握信息安全发展的客观规律,更好地发挥法律调控功能。高校档案信息安全立法应当遵循以下原则:保障安全、促进发展原则;鼓励、促进与引导原则;开放、中立原则;协调性原则;重点保护原则;谁主管、谁负责与协同原则。

1. 保障安全、促进发展原则

所谓保障安全、促进发展原则,是指高校档案信息安全立法应充分考虑信息网络安全的问题,安全是信息网络健康发展的生命所在,没有安全,就没有信息网络的存在与健康发展。安全原则要求信息在网络传输、存储、交换等过程中不被丢失、泄露、窃听、拦截、篡改等,要求网络和信息应保持可靠性、可用性、保密性、完整性、可控性和不可抵赖性。与传统安全一样,信息安全风险具有"不可逆"的特点,网络的开放性、虚拟性和技术性使得网络中的信息和信息系统极易受到攻击,信息安全是社会公众决定选择利用网络的重要因素。从国外立法的有关规定来看,无论是国际立法,还是各国国内立法,都将安全作为信息网络立法的基本原则,从发现威胁、降低风险、控制风险的一切环节构建信息安全法律保障能力,通过规定电子签名、电子认证、电子支付等具体制度来保证网络信息的安全。因此,保证信息网络安全是各国信息网络立法的重要使命和应当遵循的基本原则。我国高校档案信息网络立法同样应坚持安全原则。

2. 鼓励、促进与引导原则

所谓鼓励、促进与引导原则,是指高校档案信息安全立法应鼓励和引导社会公众利用信息网络进行信息交流和电子商务活动,从而促进电子商务的发展。21 世纪是网络与电子商务时代,信息网络将在经济发展中起到举足轻重的作用。但目前的信息网络发展还很不成熟,需要通过法律加以鼓励、引导和促进。因此,通过立法鼓励、促进和引导信息网络的发展是各国信息网络立法的基本原则。由于目前各国信息网络的发展水平和社会公众对信息网络的认同程度较低,因此政府应担负起引导职责,从政策和法律上为信息网络创造良好的发展环境,努力引导企业和社会公众积极利用信息网络。

3. 开放、中立原则

所谓开放、中立原则,是指高校档案信息安全立法对所涉及的有关范畴应保持开放、中立的立场,而不应将其局限于某一特定的技术形态,以适应技术快速发展、变化的实际需要。信息网络的技术性特征和信息网络的快速发展的特点要求信息网络立法应当保持开放、中立的立场,并具备一定的灵活性,以适应信息技术和信息网络快速发展的客观需要。信息网络的发展离不开有关技术的支持,如保障信息网络安全的电子认证、电子签名、电子支付制度等都是以密码技术、信息通信技术和其他相关技术的支持为基础的。可以预见,在网络和信息技术飞速发展的时代,信息网络的发展也将日新月异。随着信息网络的快速发展,一些建立在某一特定技术基础之上的诸如电子签名、电子认证、数据电文、对称密钥加密、非对称密钥加密等也将很快过时。如果立法将有关法律范畴依附于某一特定的技术形态,而相关技术的不断发展将使得建立在先前某一特定技术基础之上的法律范畴不能适应新技术条件下网络发展需要。因此,信息网络的技术性和快速发展的特点要求立法对信息网络所涉及的相关技术和范畴必须采取开放、中立的原则,保持适当的灵活性,以使信息网络立法能够适应信息网络技术和信息网络自身不断发展的客观需要,防止因立法对特定技术和范畴的偏爱而阻碍信息网络的发展。

4. 协调性原则

所谓协调性原则,是指信息安全立法既要与现行的国内立法相互协调,又要与国际立法相互协调,同时应协调好信息网络中出现的各种新的利益关系,如版权保护与合理使用、商标权与域名权之间的冲突、国家对信息网络的管辖权之间的利益冲突、电子商家和消费者之间的利益平衡关系等。

虽然网络在一定程度上改变了人们的行为方式,但并没有彻底改变现行法律所赖以存在的基础。因此,网络立法应与现行有关立法相互协调。网络的全球性和技术性特征说明信息网络立法具有客观统一性,这就要求各国进行信息网络立法时应充分考虑到其国际普遍性,尽量与国际立法相协调,避免因过分强调立法的国家权力性和所谓的国情而阻碍信息网络的发展。另外,没有社会公众的广泛参与,就没有信息网络的健康发展,因此,信息网络立法也应协调好电子商家与消费者之间的利益平衡关系,确保网络消费者获得不低于其他交易形式的保护水平。

5. 重点保护原则

如前所述,信息及网络空间安全涉及范围比较广泛,确定高校信息和网络空间安全的关键环节,强化对关键环节的保护,是实现信息安全立法目的的根本保证。近年来,世界各国都在加强对关键基础设施的保护,并制定了详尽的法律。如美国《能源政策法 2005》规定,适用于总统、核控制委员会与其他合适的联邦政府部门、州、当地代理机构、私人组织以管理对核设施构成的威胁的研究,实施物理层、网络层、生物化学与其他恐怖威胁评估和关于可靠的电子标准的修正,规定了为大功率系统设备提供可靠的操作,包括网络安全的保护。欧盟对欧洲空间安全的重视程度也令人吃惊。近年来,欧盟提出了欧洲关键基础设施和其成员国关键基础设施的概念,认为同时影响两个成员国以上安全的基础设施为欧洲关键基础设施,并基于这样的认识,于 2004 年 10 月发布了关于反恐中关键基础设施保护通报,2005年 11 月,欧盟委员会采用了欧盟关键基础设施保护计划绿皮书,2007 年 2 月做出了关于建立恐怖主义和其他安全威胁预防、预警和后果管理的特别计划的决定。近年来,美国的网络安全治理也强调数字基础设施是重要战略资产,国家应当基于安全需要,优先保护数字基础设施。因此,应当明确规定,信息技术产品生产单位不得在未经用户同意的情况下,在产品中预留后门或远程控制功能,利用其产品收集用户系统中的信息,强制执行某些软件的特定功能。提供信息技术服务的机构在未经用户同意的情况下,不得收集、保留其用户信息,不得将用户信息移出境外,不得利用用户信息非法牟取利益,威胁或破坏他人信息系统安全,

补的重大损失。实际上,信息系统已经成为不法分子、恐怖集团以及现代信息化战争的重要攻击目标。高校档案信息系统也不例外。

因此,有必要通过行政立法强制性地贯彻实施高校档案信息系统安全技术与安全管理等措施,强化高校档案信息系统特别是高校档案信息系统网络的安全。

### 4. 档案个人数据保护

由于信息网络的普及,对个人数据的保护或所谓隐私权问题已受到越来越广泛的关注。许多国家陆续颁布了数据保护法,规定数据用户必须履行登记手续,明确数据来源、使用目的,并保证数据的安全可靠与正当使用;为保护个人隐私不被侵犯,数据主体依法享有知悉权、修改权,因不准确或不当使用数据主体的数据给其造成损失时,有要求赔偿的权利等。在我国,这个问题如何处理,也是一个亟须解决的问题。

## 四、加强档案信息管理资源共享

### (一)加大高校档案馆参与信息公开的力度

无论是对高校信息公开背景下档案馆(室)进行参与的可行性分析,还是其外部环境的剖析与建构,都是在探索更加切实可行的具体参与措施。唯有如此,才能将本文前述部分的分析化作更加可行的实践行为,才能凸显本文研究的实践价值和现实意义。

#### 1. 确定高校档案馆参与信息公开的内容

高校信息公开的内容一般分为两大部分:一是高校应当主动公开的信息;二是公民、法人和其他组织申请公开的信息。《高等学校信息公开办法》规定的高校公开信息基本包括上述两部分,在第七条中对高校应当公开的12类信息进行了详细说明,在第九条中对需要依申请公开信息的情况进行了规范说明。对高校公开信息以条款式进行罗列,是《高等学校信息公开办法》的一大进步,相对于笼统说明式的条文,条款式指向性更强且更具操作性。

(1)开放档案。《高等学校信息公开办法》第七条规定的12类公开信息侧重于从内容角度规定应公开的信息,涉及学校基本情况、规章制度、财务、招生、采购等多个重要领域,可以说除了国家安全、商业秘密及个人隐私外的所有信息都是高校信息公开的范围。从时态的角度考察,信息公开的范围应当包含信息运行的全过程,既包括具有现实时效的信息内容,也应包括由其沉淀而成的档案信息,而不能偏废一方或者认为信息公开只是公开具有现实时效的信息。从信息公开的基本精神和信息需求的现实状况分析,高校信息公开的内容也应包含现时信息和历史档案。《高等学校信息公开办法》第三十条"已经移交档案工作机构的高等学校信息的公开,依照有关档案管理的法律、法规和规章执行"的规定也再次证明了这一观点。

各种档案信息资源是高校档案馆(室)的立馆(室)之本,也是展现高校人文底蕴的生动素材。高校档案馆(室)参与信息公开,馆(室)藏各种档案信息资源是其最大资本,是高校历史信息公开的主要来源。伴随着高校漫长的发展历程,会产生各种各样的信息记录这一历史进程,而经过时间的不断洗礼,唯有高校档案馆(室)保存的信息资源会相对完整、系统,这也从另一方面体现出高校档案馆(室)参与高校信息公开的意义。但是,并不是高校档案馆(室)的所有馆(室)藏资源都是可以公开的,需要依照《档案法》和《高等学校档案管理办法》中的相应规定来执行。具体而言,所有开放档案都应当包含在高校信息公开的范围内,而关于开放档案的鉴定则成为信息公开的关键。为了确保开放档案的准确和信息安全,高校档案馆(室)可以成立档案密级鉴定小组,本着"公开为原则,不公开为例外"的基本精神,排除涉及国家秘密、商业秘密和个人隐私的信息,严格划定归档信息的密级范围,对所有馆(室)藏档案应当明确标注其密级状况,凡密级标明为"公开"的档案信息都应对外公开。只有如此,档案部门才能不受"档案一般应当自形成之日起满30年向社会开放"的惯性思维约束,将档案信息密级划定的意义落到实际行动中。特别需要明确的是,凡是在"文件"阶段就被"公之于众"的信息,在归档成为"档案"后应当沿袭其密级状态,直接成为开放档案的一部分。

(2)现行文件。现行文件的提法根源于文件生命周期理论对文件运行阶段的划分,根据文件运行阶段和价值作用的不同,可以将文件运行分为现行阶段、半现行阶段和历史保存阶段。高校档案馆(室)的现行文件资源主要包括高校档案馆(室)专门收集的各种现行文件信息,实际情况主要以校内各部门的发文为主;另一部分是虽经归档,但仍具有现时效用的档案信息。这一方面与某些档案信息自身的时效性特点有关,另一方面与高校档案的归档及时效性有关。从《高等学校信息公开办法》规定的各类公开信息可以发现,现行文件信息是其不可缺少的组成部分。

(3)委托公开的其他信息。《高等学校信息公开办法》第十五条规定:高等学校应当将学校基本的规章制度汇编成册,置于学校有关内部组织机构的办公地点、档案馆(室)、图书馆等场所,提供免费查阅。从中我们不仅可以明确高校档案馆(室)作为高校信息公开场所的法定地位,还可以发现"学校基本的规章制度汇编成册"的成果也可由高校档案馆(室)来公开。因此,高校档案馆(室)不仅要负责档案与现行文件的公开工作,也要完善自身条件,为高校信息公开提供一个良好的平台,接受学校委托公开的其他信息。

**2. 运用多种方式加强高校档案馆信息公开**

在明确了高校档案馆(室)可以公开的信息范围的基础上,必须对高校档案馆(室)参与信息公开的方式进行探索,以便更加全面地开展高校信息公开工作。

(1)网络平台。随着网络技术的不断发展和广泛普及,网络传输方式成为社会各个行业都必须关注的重要传播途径之一,而且相较于传统传输方式,网络传输的及时性和快捷性更加符合信息公开的精神实质,《高等学校信息公开办法》也明确要求高校要在自己的门户网站建立"信息公开专栏",因此笔者在这里将网络平台作为高校档案馆(室)参与信息公开的首选方式。高校档案馆(室)可以为高校信息公开建立自己的专门网站,或者将信息公开作为一个重要部分嵌入高校档案网站中。高校档案馆(室)大都具有自己的档案管理系统和信息发布网站,因此,高校档案馆(室)可以在对馆(室)藏档案进行密级鉴定的基础上发布开放档案的有关信息,也可以将高校现行文件及其他需要发布信息一同在档案网站上发布,将高校档案馆(室)网站由单一的部门网站发展成为学校信息公开的统一平台。这不仅有利于高校信息公开工作的开展,也对校内外了解高校档案馆(室)及各类档案信息大有裨益。

(2)官方出版物。通过网络平台发布公开信息,虽然具有快捷及时的优势,但是电子文件证据力的缺失和网络传播安全性的质疑都使网络平台传播的信息缺乏法律效力。所以,网络平台可以成为信息公开的主要途径,但不是唯一方式。参考政府信息公开的做法,编辑官方出版物是解决这一问题的有效途径。所谓编辑官方出版物,是指由高等学校或者相应的信息公开主管部门以学校名义将对外发布的信息公开出版。官方信息出版物大都着力于公开学校发展中各种重要活动的制度性信息,旨在从宏观上公开学校发展的相关信息。作为高校信息公开的积极参与者,高校档案馆(室)应当主动参与学校信息公开出版物的编撰,甚至可以选择合适的选题主动进行官方信息出版物的编写。

(3)固定查阅场所。现场查阅的方式虽然最为原始,效率也没有网络平台迅捷,但是设置固定信息查阅场所仍是必要的信息公开方式之一。现场查阅对于那些信息需求不够明确、检索能力有限的查阅者来说显得十分必要。高校档案馆(室)在开办信息查阅场所方面有天然的优势,完全可以借助开办档案阅览室的经验,甚至可以直接利用档案阅览室进行信息公开查阅场所的建设。

(4)高校档案馆(室)参与信息公开的受众客体。高校档案馆(室)参与信息公开的受众客体是指高校信息公开的对象。从信息公开的立法精神和《高等学校信息公开办法》的具体条文可以发现,高校信息公开的对象是整个社会中的公民、法人和其他组织,需要力争实现信息公开范围的最大化。当然,这是从宏观层面的一般性理解,具体的信息公开个案需要具体问题具体分析,尊重个体情况的差异性。从公开对象的性质而言,受众客体可以是法人与自然人,而在现实中很容易理解为单纯的自然人客体,实际上法人也是信息公开的重要客体之一。以高等学校自身为划分标准,高校信息公开的受众可以分为校内与校外,或者称为校内公开与全社会公开。如果说校务公开是"针对学校内部的一些管理",是"为了实现教职员工对学校事务的参与和管理"而"公开对象是学校内部的教职员工"的话,那么高校信息公开的精神则是追求高校可公开信息在最大范围的传播,是社会民众知情权的最大程度实现。

因此,高校信息公开的受众应是普通的社会民众,而不仅仅是校内教职员工。但是,我们也应当看到高等学校作为一个独立的法人实体,相对于整个社会而言,具有自身的个性特质和发展自主权,《高等学校信息公开办法》在尊重这一事实的基础上也将高校信息公开的受众范围权力赋予了高校,也就是说,高校信息公开范围有校内外之别成为一种合法存在。然而,高校也不能将这种权力无限扩大,将其演变成为高校信息公开的一种阻碍因素,而应该在一份信息生成或者归档之时对其公开与否及其公开范围进行明确标注。

### 3. 加强内部基础建设

参与高校信息公开是高校档案馆(室)功能拓展和形象重塑的重要契机。要做好信息公开工作,高校档案馆(室)不仅需要完善外部环境,也需要加强自身基础设施建设。

(1)建立高校现行文件中心。虽然高校档案馆(室)并不是高校现行文件产生的主要部门,但是高校档案馆(室)在开展现行文件公开业务方面有着自身的优势。从理论方面来看,高校档案馆(室)建立现行文件中心是对文件生命周期理论中文件运行整体性特征的关注,是对文件第一价值和第二价值的重新认识。从硬件方面来看,高校档案馆(室)可以积极借用现有的馆舍及开办档案阅览室的经验。从软环境方面来看,由于档案与文件的天然亲缘关系,档案管理人员完全能够胜任现行文件的管理并提供利用服务。从操作层面来看,现行文件的采集可以采取部门主动报送和档案馆收集相结合的采集机制,并以部门主动报送为主,同时要注意采集信息的数字化和系统化。部门报送可以采取定时报送与随时报送相结合的方式,根据信息内容的不同,及时向高校档案馆(室)报送相关信息。在采集信息的载体方式上,要注意对增量文件、电子文件的收集利用,避免不必要的重复数字化劳动,为信息的网络化利用打下基础。在现行文件的整理组织方面,高校档案馆(室)应该根据信息的产生部门和内容,编制相应的现行文件公开目录和指南,做到有序化、系统化地采集信息,实现采集信息的有效加工。在现行文件的发布方面,高校档案馆(室)可以利用学校官方出版物、编制现行文件发布资料、建立专门网站等方式来实现。特别要注意网络平台的使用,以提高信息发布的及时性和利用的便捷性。同时也要对现行文件信息进行充分的密级鉴定,以避免因信息泄密和公开范围不当等问题造成严重后果。

(2)加强档案密级鉴定。鉴定一词在档案领域中使用较为频繁,意指对档案真伪及价值大小的判断。档案鉴定是对一份档案材料能否成为档案以及档案价值大小的判定过程,在档案工作中具有十分重要的意义,也引起了档案学界与实践界的高度重视。但是,档案密级鉴定工作却十分落后,甚至很少引起大家的注意。在信息公开的背景下,档案密级鉴定却是无法回避的问题。档案密级鉴定是指按照特定的原则、标准和方法,对档案文件保密等级的鉴别、确定与标识,以便明确每份档案的具体使用范围,妥善处理好利用与保密的关系,促使档案提供利用工作得以顺利进行和健康发展。

从前面的分析可以发现,文件与档案密级的鉴定直接决定了文件与档案信息资源能否公开及公开范围的大小。

造成这种情况的原因主要有:第一,定密法规不完善。我国目前并没有统一的定密法规,以致出现涉及定密工作的部门虽然较多但谁都不负具体责任的状况。第二,密级划分不统一,标识不规范。比如,高校信息中哪些信息应当向全社会公开,哪些信息应当限制在学校范围内公开,都缺乏统一明确且易于操作的规则。第三,缺乏动态的档案密级鉴定机制。随着时间的推移,档案信息密级可能发生变化,而实际情况是一份档案信息经过一次鉴定定密后,就很少再对其密级进行调整,出现"有人定密,无人解密""一次定终身"的现象,绝大多数涉密文件一定至终身,缺乏动态化管理,这与信息公开的要求截然相反。因此,高校档案馆(室)要参与信息公开工作就必须加强相应的档案密级鉴定工作。档案密级鉴定是高校档案馆(室)参与信息公开工作的关键环节,只有搞好档案信息的密级鉴定工作,高校信息公开才能落到实处。首先,高校要制定专门的密级鉴定制度。在国家还未制定统一的定密法规的前提下,高校应根据本校的实际情况,在不违背现有相关法律法规的基础上制定易于操作的密级鉴定制度,明确规定各种密级等级的划分标准及其标识。虽然这是一项知易行难的工作,但是如果没有相关的制度规范,高校信息公开的密级鉴定工作也很难深入开展。其次,高校档案馆(室)要善于与相关部门组成联合鉴定机构进行档案密级的鉴定。虽然高校档案馆(室)对文档信息管理有较为丰富的经验,但是多数文档信息是由校内其他部门产生的,因此要搞好档案信息的密级鉴定工作,就必须善于协调相关部门,组成联合鉴定机构进行档案密级的鉴定工作。最后,要真正实现动态的档案密级鉴定机制。在档案密级鉴定时就应该对有密级的档案做出明确的规定,可以在档案管理系统或档案实体上对档案信息密级、解密时间以及再次进行密级鉴定的时间做出明确规定,从而杜绝"一次定终身"的情况。

(3)将信息公开纳入数字档案馆(室)建设体系。数字档案馆(室)建设不仅需要运用现代信息技术,更加需要更新管理理念。在高校信息公开背景下,高校档案馆(室)参与信息公开已成为必然,而作为传统档案馆(室)的发展和升格,数字档案馆(室)建设也需要将信息公开理念纳入其中。

要将高校信息公开纳入数字档案馆(室)的建设体系之中,首先,需要将信息公开理念融入其中。数字档案馆(室)不只是对传统档案馆(室)进行技术革新,更重要的是引入先进管理理念,而信息公开理念正是其中的重要内容之一。其次,要在高校数字档案馆(室)建设中直接体现信息公开的内容。比如,在档案管理系统中嵌入档案信息密级鉴定的内容,为档案信息的公开打下基础;为学校文档管理系统建构数据接口,实现文档管理系统的无缝连接;高校档案管理系统在数字档案馆(室)门户网站中融合档案信息公开、现行文件公开等内容,为高校信息公开搭建一体化的发布平台。

### (二)构建基于信息资源共享的高校档案管理模式

目前,高校档案信息资源的社会需求不断增长,构建基于信息资源共享的高校档案管理模式势在必行。

#### 1. 强化意识,顶层设计

高校档案信息资源共享建设是一个系统工程,该工程建设中需要的技术在信息技术快速发展的今天已相当成熟,技术问题已不再是建设信息资源共享系统的难题。由于涉及众多的高校,而各高校之间相对独立性很强,因此,计划、协调、领导和管理变得更为重要。这就需要政府或者教育主管部门来主导并统一协调档案信息资源共享的建设工作。建设的方式为自上而下,顶层设计,逐步向下推行。自下而上的建设方式将导致各自为政和重复建设,只有自上而下的全局规划才有可能做到总体结构合理和全局网络优化。顶层设计和总体规划不仅要求强化高校领导的档案管理意识,更需要政府或者教育主管部门的领导层具有强烈的建设档案信息资源共享系统的意识。信息资源管理主要是在国家级的宏观层面、网络级的中观层面和组织级的微观层面开展。目前我国高校的档案管理工作仅限于组织级的微观层面。构建基于信息共享的高校档案管理模式需要突破微观层面,从微观、中观和宏观三个层面来构建高校档案信息资源管理模式。因此,高校档案信息资源共享平台能否顺利建设以及建设的快慢和效果,与领导层的意识和重视程度密切相关。

2. 加大档案管理的投入

《高等学校档案管理办法》第三十八条规定:高等学校应当设立专项经费,为档案机构配置档案管理现代化、档案信息化所需的设备设施,加快数字档案馆(室)建设,保障档案信息化建设与学校数字化校园建设同步进行。由于校园网(室)的建设以及各电信运营商加强了在大学校园内的竞争,数字化校园建设进展迅速。而档案信息化和数字档案馆(室)的建设由于被重视程度不够和经费投入不足则滞后很多。为加快档案信息化建设的步伐,必须加大资金投入,加强基础设施建设,购置现代化的设备设施,并及时进行设备设施的更新换代。充足的经费投入是高校档案信息化建设的必要保证。在经费投入总额上,一个可行的办法是将一定比例的办学经费纳入高校档案信息化建设的专项经费中,且该比例逐年递增。在高校办学经费日益增加的情况下,可以保证该项经费以更快的速度增加。

3. 构建高校档案信息服务中心和高校档案信息共享集成系统

高校档案信息服务中心不仅要面向高校的教学、科研和管理,还要向社会提供服务,也是一个具有全局观念、开放型的服务机构。档案信息服务中心由档案保管、档案整理和档案查询服务三个职能部门组成,兼具档案保管、整理和提供档案查询服务等功能的管理机构。

图3-1为高校档案信息服务中心工作流程图。档案资源由高校各职能部门产生,具有开发利用价值的部分进入档案整理服务环节,进行综合开发,实现档案信息资源的增值。经过增值的档案信息进入档案查询服务部门,提供信息咨询服务。最后环节为信息的反馈,反馈的内容包括利用者的意见或建议以及高校档案的利用效果。反馈的信息作为进一步开发档案信息的依据,完善档案信息服务中心的功能。

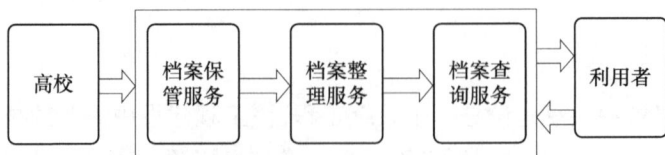

**图3-1 高校档案信息服务中心工作流程图**

如果只是各高校建立自己的档案信息服务中心,而没有一个将各高校档案信息服务中心协调和联合起来的信息共享集成系统,则各高校的档案信息服务中心将成为事实上的"信息孤岛",高校间档案信息资源共享的壁垒并没有被打破。因此,为实现高校间档案信息资源的整合和共享,档案信息集成共享系统的建设必不可少。

高校档案信息共享集成系统示意图如图3-2所示。在各高校档案信息服务中心的基础上,通过建立各种关联和链接,打破各高校间原有的藩篱,构成优势互补的档案信息资源库。可见,高校档案信息服务中心和信息共享集成系统有别于传统的高校档案馆,服务内容上更丰富,服务方式上更人性,服务层次上更高端,是一个能提供海量信息的高校档案信息资源共享平台。

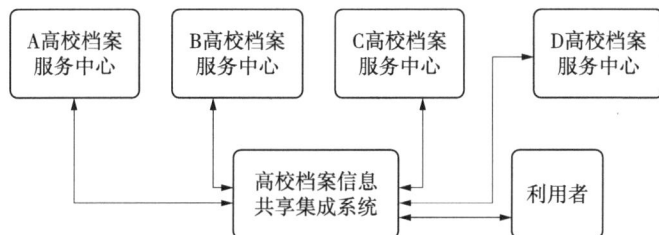

图 3-2　高校档案信息共享集成系统示意图

# 第四章 高校档案的种类与利用

## 第一节 高校档案的分类

### 一、分类原则

以高校全部档案为对象,按档案形成的领域范畴,结合档案记述和反映的内容及特点,在保持其形成的自然规律前提下,确定统一的实体分类体系,把产生于同一活动领域,记录和反映相同性质的管理性文件材料和业务性文件材料当成有机联系的整体,分别设类,尽可能地体现思想性、科学性和适用性。

### 二、具体分类

#### (一)党群类

主要包括高等学校党委、工会、团委、民主党派等组织的各种会议文件、会议记录及纪要;各党群部门的工作计划、总结;上级机关与学校关于党群管理的文件材料。

#### (二)行政类

主要包括高等学校行政工作的各种会议文件、会议记录及纪要;上级机关与学校关于人事管理、行政管理的材料。

#### (三)学生类

主要包括高等学校培养的学历教育学生的高中档案、入学登记表、体检表、学籍档案、奖惩记录、党团组织档案、毕业生登记表等。

## （四）教学类

主要包括反映教学管理、教学实践和教学研究等活动的文件材料。按国家教委、国家档案局发布的《高等学校教学文件材料归档范围》((87)教办字016号)相关规定执行。

## （五）科研类

按国家科委、国家档案局发布的《科学技术研究档案管理暂行规定》(国档发〔1987〕6号)执行。

## （六）基本建设类

按国家档案局、国家计委(现国家发展和改革委员会)发布的《基本建设项目档案资料管理暂行规定》(国档发〔1988〕4号)执行。

## （七）仪器设备类

主要包括各种国产和国外引进的精密、贵重、稀缺仪器设备(价值在10万元以上)的全套随机技术文件以及在接收、使用、维修和改进工作中产生的文件材料。

## （八）产品生产类

主要包括高等学校在产学研过程中形成的文件材料、样品或者样品照片、录像等。

## （九）出版物类

主要包括高等学校自行编辑出版的学报、其他学术刊物及本校出版社出版物的审稿单、原稿、样书及出版发行记录等。

## （十）外事类

主要包括学校派遣有关人员出席国际会议、出国考察、讲学、合作研究、学习进修的材料;学校聘请的境外专家、教师在教学、科研等活动中形成的材料;学校开展校际交流、中外合作办学、境外办学及管理外国或者港澳台地区专家、教师、国际学生、港澳台学生等的材料;学校授予境外人士名誉职务、学位、称号等的材料。

## （十一）财会类

按财政部、国家档案局发布的《会计档案管理办法》(财会字〔1998〕32号)执行。

高等学校可根据学校实际情况确定归档范围,归档材料包括纸质、电子、照(胶)片、录像(录音)带等各种载体形式。

# 第二节　人事档案的归档及要求

## 一、干部人事档案的收集

干部人事档案的收集工作是指干部人事档案管理部门，根据本校干部人事管理权限及干部人事档案材料的归档范围，有意识地、经常不断地将有关部门形成的干部人事档案材料集中起来，以备建立或补充干部人事档案所进行的工作。干部人事档案的收集工作既是干部人事档案工作的起点，又是贯穿干部人事档案工作始终的一项经常性工作。干部人事档案管理部门，如果不通过收集取得档案材料，鉴别、整理、保管和利用等工作就成了"无源之水，无本之木"。目前，在高校干部人事档案收集工作中，存在的普遍问题是：首先，归档材料不齐全。如在职员工利用业余时间，通过各种渠道提高自身学历层次或业务水平，但由于办学单位对干部人事档案知识了解不够，对归档范围不明确，最终导致职工学历材料不齐，且补办也相当困难。其次，归档材料质量不高，内容填写不实，前后不一致。特别是干部人事档案"三龄一历"（年龄、工龄、党龄、学历）记载多样，个别人的年龄越填越小，工龄越填越长，学历越填越高。最后，归档材料手续不完备，一些表格性材料的重要项目没有填写，应当有本人签名的材料没有签名，需要有组织部门盖章的材料没有盖章。这些问题的存在，严重地影响了干部人事档案材料的齐全完整。因此，必须采取有效措施，切实加强高校干部人事档案的收集工作。

### （一）干部人事档案的收集范围

为了使干部人事档案能够适应组织人事工作的需要，需要有关部门积极配合，将干部任免、调动、考察考核、培训、奖惩等工作中新形成的反映干部德、能、勤、绩的材料及时归档，并移交档案部门，以充实个人人事档案内容；高校档案部门应积极加强同组织、人事、纪检、学工、招生就业、监察、审计、统战、工会等形成档案材料的部门联系和沟通，督促其移交有关人事档案材料，形成人事档案材料的部门应在材料形成后一个月内，主动送交干部人事档案管理部门归档。党委讨论任免干部后，组织部要在下发任免文件后一周内，及时将干部人事档案材料连同干部任免呈报表或审批表，汇总送交干部人事档案部门。

为了全面做好干部人事档案材料收集工作，组织人事部门应当定期组织员工填写干部履历表，追补缺失的干部人事档案材料。干部人事档案的收集范围包括：

（1）在干部人事工作中形成的履历表、简历表、各类人员登记表等材料。

（2）自传和属于自传性质的材料。

（3）考察、考核干部工作中形成的有关材料：包括民主评议干部的综合材料，组织审定的考察材料，定期考核材料，年度考核登记表，鉴定材料，后备干部登记表（提拔使用后归档）等材料。

（4）审计工作中形成的有关材料：主要涉及干部个人的审计报告或审计意见材料，离任审计考核材料。

（5）国民教育、成人教育（在职中专）、党校、军队院校学生（学员）登记表，考生登记表，学习成绩表，毕业生登记表、鉴定表，授予学位的材料，学历证明书；培训结业成绩登记表，学习鉴定、学员思想小结（结业），博士后研究人员工作期满登记表等材料。

（6）评审（考试）专业技术职称（资格）和聘任专业技术职务工作中形成的有关材料，如专业技术职务任职资格评审表，专业技术资格考核成绩合格登记表，评审高级专业技术职务人员情况简表，业务自传，评审专业技术职务任职资格申报表，聘任专业技术职务审批表，套改和晋升专业技术职务审批表等材料。

（7）反映科研学术水平的材料：当选为中国科学院院士、中国工程院院士的通知；遴选博士生导师简况表；博士后工作期满登记表；被县处级以上党政机关、人民团体等评选为专业拔尖人才的材料；科研工作及个人表现评定材料，业务考绩材料；创造发明、科研成果鉴定材料，各种著作、译著和在重要刊物上发表的获奖论文或有重大影响的论文等目录。

（8）政审工作中形成的材料：调查报告、审查结论、上级批复、本人对结论的意见、检查交代或情况说明材料；作为结论依据的调查证明、证据材料；甄别、复查结论（意见、决定）、调查报告、批复及有关的主要依据材料。

（9）更改姓名、民族、出生日期、国籍、入党入团时间、参加革命工作时间等工作中形成的有关材料：个人申请、组织审查报告及所依据的证明材料、上级批复等材料。

（10）党、团组织建设工作中形成的有关材料：一是中国共产党入党志愿书（已批准转正的）、入党申请书（1~2份系统、全面的）、预备党员转正申请书、自传、综合性政审材料及有关的证明、考察材料；党员登记表，民主评议党员组织意见、登记表；整党工作中不予登记的决定、组织意见，民主评议党员中认定为不合格党员被劝退或除名的组织审批意见及主要事实的依据材料；取消预备党员资格的组织意见（记载组织意见的入党志愿书可收集归档），退党材料；二是中国共产主义青年团入团志愿书、申请书，团员登记表，优秀团员事迹材料，退团材料；三是加入民主党派的有关材料。

（11）表彰奖励活动中形成的有关材料：劳动模范、先进工作者、有突出贡献的优秀专家、国家科技奖（含国家发明奖、自然科学奖、科技进步奖）、中国青年科技奖、优秀党务工作者、优秀党、团员等审批（呈报）表，先进事迹材料、先进事迹登记表，立功、受勋、嘉奖、通报表扬等以及在其他部门工作中形成的表彰材料。

（12）纪律检查、监察、法院和行政管理等部门工作中形成的有关材料：处分决定、免予处分的意见,上级批复,核实(调查)报告,本人检查、交代和对处分决定的意见,撤销处分的有关材料,通报批评材料;法院判决书;复查甄别报告、决定(结论),上级批复,离婚材料等。

(13)干部任免、调动、军队干部转业安置等工作中形成的有关材料:干部任免审批表(包括所附的考察、表现情况材料);干部调动鉴定、组织审定的表现情况材料、考察材料;公务员过渡登记表;军队转业干部审批表、授予(晋升)军(警)衔审批表、转业鉴定、定级定工资材料;退(离)休审批表等材料。

(14)考试录用和聘用干部工作中形成的有关材料:报考登记表和录用审批表,考察材料,聘用审批表和合同书,政审结论和有关证明材料,考核考察材料,续聘、解聘和辞退材料,辞职审批材料等。

(15)办理工资、待遇等工作中形成的材料:转正定级审批表中各种工资变动审批表、登记表、提职晋级和奖励工资审批表;享受专家特殊津贴的呈报表;解决各种待遇问题的审批表、批复材料等。

(16)办理出国(出境)审批工作中形成的有关材料:因公出国(出境)审批表、备案表,在国外表现情况材料或鉴定材料,因私出国(出境)审批表等材料。

(17)党代会、人代会、政协会议和工、青、妇等群众团体代表会议,以及民主党派代表会议工作中形成的有关干部人事材料:代表登记表、委员简历、政绩材料等。

(18)健康检查和处理工伤事故工作中形成的有关材料:有严重慢性病、身体残疾的体检表,工伤致残诊断书,确定致残等级的有关材料,新录用干部体检表和毕业生分配工作体检表等材料。

(19)办理丧事形成的有关材料:悼词、生平、报纸报道消息、讣告,非正常死亡的调查报告及遗书。

(20)其他:对考察了解使用干部有参考价值的材料。

## (二)干部人事档案的收集方法

(1)组织、人事、纪检、监察和教育培训、审计、统战等部门应建立、健全干部人事档案材料归档制度,并认真贯彻执行。

(2)在形成材料后的一个月内,形成干部人事档案材料的部门按要求将材料送交干部人事档案管理部门归档。

(3)干部人事档案管理部门应掌握形成干部人事档案信息,建立联系制度,及时向有关部门收集新形成的干部人事档案材料。

(4)干部人事档案管理部门发现有关部门送交归档的材料不符合归档要求时,应及时通知形成材料的部门补办手续。形成干部人事档案材料的部门,有责任按规定认真办理。

(5)组织、人事部门应根据工作需要,适时通知填写干部履历表或干部履历补充表等,及时充实档案内容。

## 二、干部人事档案的整理

### （一）干部人事档案整理的基本要求

（1）整理干部人事档案，必须做到认真鉴别、分类准确、编排有序、目录清楚、装订整齐。通过整理使每卷档案都达到完整、真实、条理、精练、实用的要求。

（2）整理干部人事档案，事先应收集齐全干部人事档案材料，并备齐卷皮、目录纸、衬纸、切纸刀、打孔机、缝纫机等必需的物品和设备。

（3）整理干部人事档案的人员，必须努力学习党的干部工作方针、政策和干部人事档案工作的专业知识，熟悉整理干部人事档案的有关规定，掌握整理工作的基本要求、技能与方法，认真负责做好整理工作。

### （二）干部人事档案材料的鉴别

（1）判定材料是否属于所管干部的材料及应归入干部人事档案的内容。发现有同名异人、张冠李戴的，或不属于干部人事档案内容和重复多余的材料，应清理出来。对其中有保存价值的文件、资料，可交文书档案或转有关部门保存。不属于干部人事档案内容，比较重要的证件、文章等，如组织不需要保存，应退给本人。无保存价值而又不宜退回本人的，应登记报主管领导批准销毁。

（2）审查材料是否齐全、完整。政审材料一般应具备审查结论、调查报告、上级批复、主要证明材料、本人的交代等。处分材料一般应包括处分决定（包括免予处分的决定）、调查报告、上级批复、个人检讨或对处分的意见等。上述材料，属于成套的，必须齐全。每份归档材料，必须完整。对头尾不清、来源和时间不明的材料，要查清注明后再归档，凡是查不清楚或对象不明确的材料，不能归档。

（3）审查材料是否手续完备。凡规定需要由组织盖章的，要有组织盖章。审查结论、处分决定、组织鉴定、民主评议和组织考核中形成的综合材料，应有本人的签署意见或由组织注明经过本人见面。任免呈报表须注明任免职务的批准机关、批注时间和文号。出国、出境审批表，须注明出去的任务、目的及往返的时间。凡不符合归档要求、手续不完备的档案材料，须补办完手续后再归档。

（4）鉴别中发现涉及干部政治历史问题或其他重要问题，需要查清而未查清的材料及未办理完毕的材料，不能归入干部人事档案，应交有关组织处理。

（5）鉴别时发现档案中缺少的有关材料，要及时进行登记并收集补充。

### （三）干部人事档案材料的分类

对归档的材料必须按照《干部人事档案工作条例》关于正、副本十类内容的划分进行分类。

(1)干部人事档案正本,由历史地、全面地反映干部员工情况的材料构成。其内容分类如下:

第一类:履历材料,包括干部履历表(书)、简历表,干部、职工、教师、医务人员、军人、学生等各类人员登记表,个人简历材料,更改姓名的材料。

第二类:自传及属于自传性质的材料。

第三类:鉴定、考核、考察材料,包括以鉴定为主要内容的各类人员登记表,组织正式出具的鉴定性的干部表现情况材料;作为干部任免、调动依据的正式考察综合材料;考核登记表,干部考核和民主评议的综合材料。

第四类:学历、学位、学绩、培训和专业技术情况的材料,包括报考高等学校学生登记表、审查表,毕业生登记表,学习(培训结业)成绩表,学历证明材料,选拔留学生审查登记表;专业技术职务任职资格申报表,专业技术职务考绩材料,聘任专业技术职务的审批表,套改和晋升专业技术职务(职称)审批表;干部员工的创造发明、科研成果、著作及有重大影响的论文等目录。

第五类:政审材料,包括审查干部政治历史情况(包括党籍问题)的调查报告、审查结论、上级批复、本人对结论的意见、检查交代或说明情况的材料,主要证明材料;甄别、复查结论(意见、决定)、调查报告、批复及有关的依据材料;入党、入团、参军、出国等政审材料;更改干部的民族、年龄、国籍、入党入团和参加工作时间的组织审查意见,上级批复以及所依据的证明材料。

第六类:加入中国共产党、共青团及民主党派的材料,包括中国共产党入党志愿书、入党申请书(1~2份全面系统的)和转正申请书、中国共产党员登记表、不予登记的决定、组织审批意见及所依据的材料;民主评议党员中形成的组织意见或党员登记表、认定为不合格党员被劝退或除名的主要事实依据材料和组织审批材料、退党材料、取消预备党员资格的组织意见;中国共产主义青年团入团志愿书、申请书、团员登记表、退团材料;加入民主党派的有关材料。

第七类:奖励(包括科技和业务奖励)材料,各种先进人物登记表、先进模范事迹、嘉奖、通报表扬等材料。

第八类:干部违犯党纪、政纪、国法等材料,包括处分决定(免予处分的处理意见),查证核实报告,上级批复,本人对处分的意见和检查、交代材料;通报批评材料;甄别、复查报告、决定,上级批复及本人意见;法院审判工作形成的判决书等。

第九类:干部工资级别登记表、职务工资变动登记表、干部调资审批表,定级和解决待遇的审批材料;干部任免呈报表(包括附件),录用和聘用审批表,聘用干部合同书,续聘审批表,解聘、辞退材料;退(离)休审批表;军衔审批表、军队转业干部审批表;出国、出境人员审批表;党代会、人代会、政协会议、工青妇等群众团体代表会、民主党派代表会代表登记表。

第十类:其他可供组织参考有保存价值的材料,包括有残疾的体检表、残疾等级材料;干部逝世后报纸报道的消息或讣告,悼词(生平),非正常死亡的调查报告及有关逝世者的遗书等。

(2)干部人事档案副本由干部档案正本中主要材料的复制件或重复件构成。其内容分类为:

第一类:近期履历材料。

第二类:自传材料。

第三类:主要鉴定、干部考核材料。

第四类:学历、学位和评聘专业技术职务的材料。

第五类:政治历史情况的审查结论(包括甄别、复查结论)材料。

第七类:奖励材料。

第八类:处分决定(包括甄别、复查结论)材料。

第九类:任免呈报表和工资、待遇、出国审批材料。

其他类别如有重复材料,也可归入副本。

(3)内容交叉的材料,可根据材料的主要内容或用途确定类别。

A.带自传的履历表或简历表,以自传为主,归第二类。

B.履历表和简历表有鉴定的,以履历表为主,归第一类。

C.有任免职务内容的干部登记表、任免呈报表所附的考察材料或主要表现情况的综合材料、提升工资级别的评级、评定军衔的鉴定表等材料,以其主要用途为主,归第九类。

D.政治历史问题与违纪错误混同一起给予处分的结论、调查报告、处分决定等材料,一律归第八类;凡未给予处分,以政治历史问题为主的,归第五类,以违纪错误为主的归第八类。

### (四)干部人事档案材料的排序与编目

(1)每类干部人事档案材料,都要根据材料内容的内在联系和材料之间的衔接或材料的形成时间排列顺序,并在每份材料的右上角编上类号和顺序号,在其右下角编写页码。

(2)档案材料排序的基本方式:

A.按档案材料形成时间排序的:第一类、第二类、第三类、第四类、第七类、第十类材料。

B.按档案材料内容的主次关系进行排序的:第五类、第六类、第八类材料。其中,第五类、第八类材料的排列顺序为:上级批复,结论或处分决定,本人对结论或处分决定的意见,调查报告,证明材料,本人检讨或交代材料等,入团志愿书应排在入团的其他材料之前;入党志愿书应排在入党的其他材料之前,党员登记表等可按时间先后依次排序。

C.第九类材料可根据不同层次干部的档案材料情况,采用按时间顺序或按材料性质相对集中的方法排序。按材料性质相对集中排序的方法是:第一是工资情况的材料,第二是任免材料,第三是出国、出境材料,第四是其他材料。每种材料再根据形成材料的时间顺序排列。

(3)每卷干部人事档案必须有详细的档案材料目录。目录是查阅档案内容的索引,要认真进行编写。其具体要求如下：

A. 按照类别排列顺序及档案材料目录格式，逐份逐项地进行填写。

B. 根据材料题名填写"材料名称"。无题名的材料，应拟定题名。材料的题名过长，可适当简化。拟定或简化题名，必须确切反映材料的主要内容或性质特点。凡材料原题名不符合实际内容的，须另行拟定题名或在目录上加以注明。

C. "材料形成时间"一般采用材料落款标明的最后时间。复制的档案材料，采用原材料形成时间。

D. 填写"材料份数"以每份完整的材料为一份（包括附件）；材料页数的计算，采用图书编页法，每面为一页，印有页码的材料、表格，应如数填写。

E. 书写目录要工整、正确、清楚、美观，不得使用圆珠笔、铅笔、红色及纯蓝墨水书写。填写目录后，要检查核对，做到准确无误。

F. 书写目录时，每类目录之后，须留出适量的空格，供补充档案材料时使用。

## （五）干部人事档案的复制与技术加工

（1）档案材料载体变质或字迹褪色不清时，必须进行抢救。抢救材料，一般可采用修复、打印、抄写、复印等方法。凡打印、抄写的材料，必须认真细致、核对无误，注明复制单位和日期。

（2）建立档案副本的材料不够时，可选择正本的材料进行复制，将复制件存入副本，其原件必须存入正本。

（3）为便于装订、保管和利用，延长档案材料的寿命，对一些纸张不规则、破损、卷角、折皱的材料，应进行技术加工。其主要方法是：

A. 对超出 16 开规格的档案材料，须进行折叠。折叠时，要根据材料的具体情况，采用横折叠、竖折叠、横竖交叉或梯形折叠等办法。折叠后的档案材料，要保持整个案卷的平整，文字、照片不得损坏，便于展开阅读。

B. 对破损、卷角、折皱和小于 16 开规格的档案材料，需要进行裱糊处理。主要方法有单面裱糊、夹面裱糊、鱼鳞或梯形托裱、胶纸粘贴等。裱糊用的衬纸，必须采用白纸。糨糊和胶水必须能防虫蛀、不腐蚀纸张。裱糊后的档案材料要晾干，不得在阳光下暴晒或使用高温烫烤。

C. 对过窄或破损未空出装订线的档案材料，须进行加边。打眼装订，不得压字和损伤材料内容。

D. 拆除档案材料上的大头针、曲别针、订书钉等金属制品，以防止氧化锈毁材料。

## （六）干部人事档案的装订与验收入库

（1）每名干部或教职员工的档案材料，必须装订成卷。装订后的档案，目录在卷首，材料排列顺序与目录相符；卷面整洁，全卷整齐、平坦，装订结实实用。其具体做法如下：

A. 将目录与材料核对无误。

B. 把全卷材料理齐。材料形状好的应做到四面整齐,形状较差的以装订线一边和下边两面为齐。

C. 在材料左侧竖直打上统一的装订孔。孔距规格符合《干部人事档案工作条例》附件一的规定。

D. 一律使用《干部人事档案工作条例》附件一规定的标准干部人事档案卷皮。档案卷皮须书写档案人的姓名、籍贯和档案号。书写姓名不得用同音字或不规范的简化字。

(2)干部人事档案整理装订成卷后,必须进行认真细致的检查,经验收合格后,方能入库。

### (七)干部人事档案整理工作的注意事项

干部人事档案整理工作人员必须认真贯彻执行《档案法》《中华人民共和国保守国家秘密法》和《干部人事档案工作条例》的有关规定,严格遵守安全保密制度,保守党和国家的秘密。

(1)在整理档案时,严禁吸烟,以确保档案的安全。

(2)不得私自涂改、抽取或伪造档案材料。

(3)不得擅自处理或销毁档案材料,整理中按规定剔出的档案材料,须进行登记,经主管领导审查批准后根据情况予以处理。

(4)在整理档案过程中,要加强对档案的管理,防止丢失档案材料和泄露干部人事档案内容。

## 三、干部人事档案的归档

### (一)干部人事档案的归档范围

前面所列干部人事档案的收集范围也就是干部人事档案的归档范围。

### (二)干部人事档案的归档要求

(1)干部人事档案管理部门必须严格审核归档材料,重点审核归档材料是否办理完整、文字清楚、内容真实、填写规范、手续完备。

(2)成套材料必须头尾完整,缺少的档案材料应当进行登记并及时收集补充。

(3)归档材料填写不规范,手续不完备,或材料上的姓名、出生时间、参加工作时间和入党时间等与档案记载不一致的,材料形成部门应当重新制作,补办手续,或者由具有干部管理权限的组织(人事)部门审改(或出具组织说明)并加盖公章。

(4)归档的材料,凡规定由组织审查盖章的,须有组织盖章;规定要同本人见面的材料

（如审查结论、复查结论、处分决定或意见、组织鉴定等），一般应有本人的签字。特殊情况下，本人见面后未签字的，可由组织注明。

（5）归档材料一般应当为原件。证书、证件等特殊材料需用复印件存档的，必须注明复制时间，并加盖材料制作单位公章或干部人事关系所在单位组织（人事）部门公章。

（6）干部人事档案材料的载体使用 16 开（长 260 毫米，宽 184 毫米）或国际标准 A4（长 297 毫米，宽 210 毫米）的公文用纸，材料左边应当留用 20~25 毫米装订边，材料字迹应当符合档案保护要求。

（7）文字须用铅印、胶印、油印或用蓝黑墨水、黑色墨水、墨汁书写。不得使用圆珠笔、铅笔、红色墨水及纯蓝墨水和复写纸书写。除上述第（5）条规定的复制件和电传材料需复印存档外，一般不得使用复印件代替原件归档。

（8）符合归档要求的材料，必须在接收之日起一个月内放入本人档案，一年内整理归档。

# 第三节　学生档案的归档及要求

## 一、学生档案的归档范围

现在学生入校渠道较多，有通过高考进校的，有通过对口升学进校的，有通过专升本进校的，有公费、自费的，也有本省、外省的。有的学生档案是招办直接寄往学校，有的要求考生凭录取通知书到当地招办提档，然后交给学校，给高校档案管理人员的工作增添了许多工作环节。所以，要求高校档案管理人员要有高度的责任心，必须把握好归档这一关，务必和招生部门以及其他有关部门配合好、协调好，做好学生档案材料的归档工作。

前文对学生类文件材料归档范围与保管期限做了较详细的介绍，这里仅从人事档案管理的角度概为以下几点。

### （一）高中阶段档案材料的归档范围

普通高等学校招生考生报名登记表；普通高等学校招生考生体格检查表；普通高等学校招生考生志愿表；高中毕业生登记表（含学籍管理、成绩登记、体检表、家庭情况登记表、社会实践活动登记表、体育合格情况登记表、身体素质测试登记表）；高中毕业会考证（副本）；入党入团材料等。

**（二）大学阶段（含大专、本科）档案材料的归档范围**

（1）国民（成人）教育材料。入学登记表，毕业生登记表，鉴定表，各科学习成绩登记表；学位申请及评定书等。

（2）入党、入团材料。入党志愿书、预备党员转正申请书、自传、政审材料、入团志愿书、退团材料等。

（3）校级以上的奖励材料。主要包括三好学生、优秀学生干部、优秀党员、团员、优秀毕业生等材料。

（4）校级以上的处分材料。主要包括处分决定与撤销处分的有关材料；法院判决书；复查甄别报告、决定（结论），上级批复等。

（5）更改姓名、民族、出生日期、入党入团时间、参加革命工作时间等材料。包括个人申请、组织审核报告及依据的证明材料、上级批复等材料。

（6）其他有价值的材料。包括出国材料，因公（私）出国（出境）审查表、备案表，在国外表现情况材料、学习情况材料或鉴定材料；丧事材料，学生死亡报告、悼词、生平、报纸报道消息、讣告、非正常死亡的调查报告及遗书等。

## 二、学生档案的归档要求

学生档案材料丰富，收集要具体、全面，归档时必须达到以下要求：

（1）材料必须注明学生所在院系、年级和班级。

（2）归档材料必须是办理完毕的正式材料。

（3）归档材料必须完整、齐全、真实、文字清晰、对象明确、有承办单位或个人署名，有形成材料的日期。

（4）归档材料必须手续完备，凡规定由组织审查盖章的，需有组织盖章；规定要同本人见面的材料（如审查结论、复查结论、处分决定或意见、组织鉴定等），一般应有本人的签字。特殊情况下，本人见面后未签字的，可由组织注明。

（5）归档材料应使用国家统一规格的办公用纸，材料左边应留出 2～2.5 厘米的装订边。文字必须是铅印、胶印、油印或用墨汁书写。不得使用圆珠笔、铅笔、红色墨水、纯蓝墨水和复写纸书写。

（6）归档材料应是原件，特殊情况存入复印件的，应在复印件上注明原件保管单位，并加盖公章。

（7）归档材料中毕业生登记表应加盖学校各类学生主管部门的公章。

（8）归档材料中成绩单应加盖院（系）的行政公章。

（9）归档材料清理完后必须统一装入毕业生档案袋，按要求用蓝黑墨水、黑色墨水填写档案袋封面，将归档材料按专业、班次分开，并按学号的先后顺序依次排列。

（10）任何单位和个人，均不得将不该归档的材料归入学生档案。

（11）学校档案馆（室）对不符合归档要求的档案材料，有权拒收或退还归档单位，并限期改正后归档。

# 三、学生档案的利用与转递

## （一）学生档案的利用

（1）查阅学生档案应经学生所在院系的党组织批准，方可查阅。

（2）查阅单位应派中共党员干部到档案馆（室）查阅档案，但学生本人、其他学生都不能查阅学生档案。

（3）学生档案一般不外借，如必须借出使用时，要说明理由，经档案馆（室）负责人批准后，方可借出，借出时间不得超过3天（含休息日）；借出的档案不得擅自转借他人。

（4）查阅和借用学生档案应严格履行登记手续。

（5）任何个人不得查阅或借用本人及其直系亲属的学生档案。

（6）各院系只能查阅本院系的学生档案；其他单位查阅学生档案，应经有关单位负责人和档案馆（室）负责人批准后，方可查阅。

（7）借用和查阅档案的单位或个人不得擅自复制档案的内容，确因需要从档案中取证的，必须经档案馆（室）负责人批准后，方能复制。

（8）查阅档案必须遵守保密制度和阅档规定，严禁涂改、画圈、抽取、撤换档案材料；利用者不得泄露或擅自向外公布档案内容，对违反者应视情节轻重根据《档案法》的有关规定给予处罚。

## （二）学生档案转递及流程图

（1）档案馆（室）保管的学生档案由档案馆（室）通过机要、特快专递或派专人（中共党员）送取，原则上不准交学生本人（含亲属）自带。

（2）转出学生档案时，不得扣留档案材料或分批转出。

（3）学生档案一经寄出，收到档案的单位，经核对无误后，应在回执上签名盖章并立即退回。

（4）有关单位应归档而未及时归档的学生档案材料，由归档的单位负责转递。

学生档案的转递参见图4-1学生档案转递流程图。

（1）学生档案必须经机要局转递，学生本人（含亲属）不能自带。如有特殊情况，由档案馆（室）安排专人送取。

（2）学生到单位报到后一个月内，须与其单位衔接，确认档案是否收取并将档案回执寄回学校；若用人单位未收到档案，应及时与高校档案馆（室）取得联系。

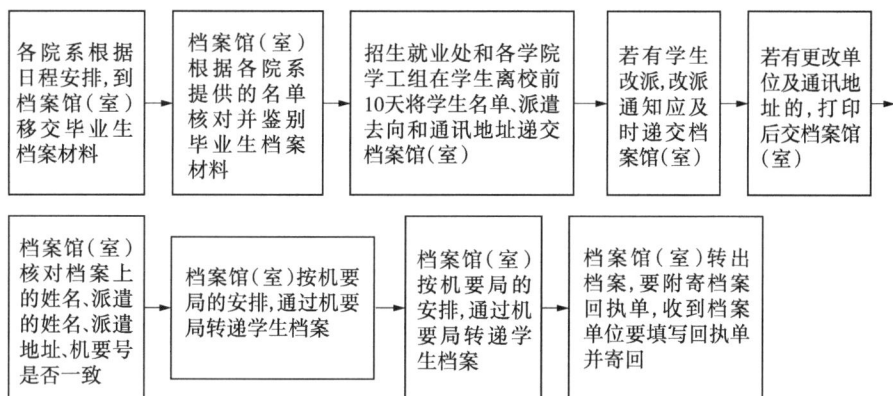

**图 4-1　学生档案转递流程图**

# 第四节　基建档案的归档及要求

高校基本建设类文件材料归档范围,主要包括基建综合管理和各工程项目(包括新建、扩建、改建、维修)等全过程形成的具有保存价值的各种载体形式的文件材料。

1.综合(类目代号:JJ11)

| 序号 | 归档范围 | 保管期限 |
|---|---|---|
| 1 | 上级机关有关校园规划与基建工作的文件材料 | |
| | A.针对本校(院)及重要的 | 永久 |
| | B.一般的 | 30 年 |
| 2 | 本校(院)校园规划与基建工作规章制度、管理办法、岗位职责 | 永久 |
| 3 | 本校(院)校园规划与基建工作的年度计划、总结、统计报表、管理性文件材料 | 永久 |
| 4 | 本校(院)基建工作总体规划、调研报告 | 永久 |
| 5 | 本校(院)基建工程财务概、预算表 | 30 年 |
| 6 | 本校(院)基建工程财务决算表 | 永久 |
| 7 | 本校(院)总体规划、设计总平面图 | 永久 |
| 8 | 全校水、电、气管、通信网络分布图及说明 | 永久 |
| 9 | 全校(院)地质勘探、地形测量材料 | 永久 |
| 10 | 本校(院)校区地形图、地籍图、校区规划图、地界图 | 永久 |

续表

| 序号 | 归档范围 | 保管期限 |
|------|---------|---------|
| 11 | 本校(院)校区道路、围墙布局图、规划图及有关文件 | 永久 |
| 12 | 本校(院)人防工程勘测、总体设计、地下干道布局图、现状图、竣工图的文件材料 | 永久 |
| 13 | 本校(院)土地范围红线图、地界图、规划许可证、土地使用证 | 永久 |
| 14 | 本校(院)征用土地批复文件、协议书及补偿等凭证材料 | 永久 |
| 15 | 本校(院)征用土地、房屋协议书及补偿等凭证材料 | 永久 |
| 16 | 本校(院)房屋产权及变更的文件材料 | 永久 |
| 17 | 本校(院)土地使用及变更的文件材料 | 永久 |
| 18 | 反映本校(院)基建工作重要会议、重大活动的照片、录音、录像、实物、剪报、图表及文字说明等 | 永久 |
| 19 | 本校(院)基建工作获表彰的奖状、锦旗、光荣册、纪念品等实物照片及个人获奖证书的复印件 | |
| | A.省级及省级以上机关、地区(含市、州)政府、校级综合性表彰的 | 永久 |
| | B.省级以上单项表彰的 | 30 年 |
| | C.地区(含市、州)、校级单项表彰的 | 10 年 |

## 2. 单项工程(类目代号:JJ12)

| 序号 | | 归档范围 | 保管期限 |
|------|------|---------|---------|
| 一 | | 可行性研究 | |
| | 1 | 项目建议书及上级审批意见、前期工作通知书 | 永久 |
| | 2 | 可行性研究报告(含附件)及审批意见 | 永久 |
| | 3 | 项目评估 | 永久 |
| | 4 | 环境预测、调查报告 | 永久 |
| | 5 | 设计任务书、计划任务书、专家建议文件 | 永久 |
| | 6 | 有关立项的会议纪要、领导讲话 | 永久 |
| 二 | | 设计基础 | |
| | 1 | 本校(院)工程地质、水文地质、勘测设计、勘察报告、地质图、勘查记录、化验、试验报告、重要土、岩样及说明 | 永久 |
| | 2 | 本校(院)地形、地貌控制点、建筑物、构筑物及重要设备安装测量定位、观测记录、报告 | 永久 |
| | 3 | 本校(院)水文、气象、地震等其他设计基础材料 | 永久 |
| | 4 | 本校(院)建设用地钉桩通知单 | 永久 |

续表

| 序号 | | 归档范围 | 保管期限 |
|---|---|---|---|
| 三 | | 设计文件 | |
| | 1 | 初步设计图纸及说明 | 永久 |
| | 2 | 技术设计图纸及说明 | 永久 |
| | 3 | 技术秘密材料、专利文件 | 永久 |
| | 4 | 审定设计方案通知书及审查意见 | 永久 |
| | 5 | 施工图设计、说明及审查意见 | 10 年 |
| | 6 | 设计计算书 | 30 年 |
| | 7 | 关键技术实验 | 永久 |
| | 8 | 总体规划设计 | 永久 |
| | 9 | 设计评价、鉴定及审批 | 30 年 |
| 四 | | 工程管理文件 | |
| | 1 | 本校(院)征用土地批准文件及红线图、拆迁、补偿协议、方案 | 永久 |
| | 2 | 本校(院)勘察设计、施工、监理等承发包合同、协议书、招标、投标、租赁文件 | 永久 |
| | 3 | 本校(院)施工许可证 | 永久 |
| | 4 | 本校(院)环保三同时、消防、卫生条件、交通、园林、白蚁防治、水、电、气、暖供应等协议书、验收意见 | 永久 |
| | 5 | 本校(院)产权证书 | 永久 |
| 五 | | 施工 | |
| | 1 | 土建施工文件 | |
| | | (1)开工审批表 | 永久 |
| | | (2)开工报告、工程技术要求、技术交底、图纸会审纪要 | 10 年 |
| | | (3)施工组织设计、施工计划、施工技术措施、施工安全措施、施工工艺 | 30 年 |
| | | (4)原材料及构建出厂证明、质量鉴定 | 30 年 |
| | | (5)建筑材料实验报告 | 30 年 |
| | | (6)设计变更、工程更改洽商单、材料代用核定审批 | 永久 |
| | | (7)土建施工定位测量、地质勘查 | 永久 |
| | | (8)土、岩试验报告、基础处理、基础工程施工图 | 永久 |
| | | (9)隐蔽工程验收记录 | 永久 |
| | | (10)工程记录及测试、沉陷、位移、变形观测记录、事故处理报告 | 永久 |
| | | (11)分项、分单位工程抽量检查、评定 | 30 年 |
| | | (12)施工记录、日记、大事记 | 30 年 |
| | | (13)交工验收记录证明 | 30 年 |
| | | (14)竣工报告及竣工验收报告 | 永久 |

续表

| 序号 | | 归档范围 | 保管期限 |
|---|---|---|---|
| | 2 | 设备及管线安装文件 | |
| | | (1)开工报告、工程技术要求、技术交流、图纸会审纪要 | 10 年 |
| | | (2)施工组织设计、施工计划、施工方案、施工技术措施 | 30 年 |
| | | (3)设计变更、工程更改洽商单、材料、零部件、设备代用审批 | 30 年 |
| | | (4)焊接试验记录、报告、施工检验、探伤记录 | 30 年 |
| | | (5)隐蔽工程检查验收记录 | 30 年 |
| | | (6)强度、密闭性实验报告 | 30 年 |
| | | (7)设备调试记录 | 10 年 |
| | | (8)施工安装记录、安装质量检查、评定、事故处理报告 | 30 年 |
| | | (9)系统调试、试验记录 | 30 年 |
| | | (10)管线清洗、通水、消毒记录 | 10 年 |
| | | (11)管线标高、位置、坡度测量记录 | 30 年 |
| | | (12)中间交工验收记录证明、工程质量评定 | 永久 |
| | | (13)竣工报告、竣工验收报告 | 永久 |
| | 3 | 电气、仪表安装施工文件 | |
| | | (1)开工报告、工程技术要求、技术交底、图纸会审 | 10/30 年 |
| | | (2)施工组织设计、施工计划、施工方案、施工技术措施 | 10/30 年 |
| | | (3)设计变更、工程更改洽商单、材料零部件、设备代用审批 | 30 年 |
| | | (4)调试、装定记录 | 30 年 |
| | | (5)性能测试和校核 | 30 年 |
| | | (6)施工安装记录,质量检查评定,事故处理报告 | 30 年 |
| | | (7)操作、联动试验 | 10 年 |
| | | (8)电气装置交接记录 | 10 年 |
| | | (9)中间交工验收记录、工程质量评定 | 永久 |
| | | (10)竣工报告、竣工验收报告 | 永久 |
| 六 | | 竣工验收 | |
| | 1 | 竣工验收报告、工程质量说明书 | 永久 |
| | 2 | 全部竣工图纸 | 永久 |
| | 3 | 质量评审材料 | 永久 |
| | 4 | 工程现场声像材料 | 永久 |
| | 5 | 竣工验收会议材料 | 永久 |
| 七 | | 基建财务、器材管理 | |
| | 1 | 财务计划、年度计划 | 10 年 |

| 序号 | | 归档范围 | 保管期限 |
|---|---|---|---|
| | 2 | 工程概算、预算、决算 | 永久 |
| | 3 | 主要材料消耗、器材管理材料 | 10 年 |
| | 4 | 交付使用的固定资产 | 永久 |
| | 5 | 基建项目结算审计文件材料 | 永久 |
| 八 | | 生产技术准备、试生产 | |
| | 1 | 技术准备计划 | 10 年 |
| | 2 | 试生产管理、技术责任制 | 30 年 |
| | 3 | 设备试车方案、验收、运转、维护记录 | 10 年 |
| | 4 | 产品技术参数、性能图纸 | 永久 |
| | 5 | 安全操作规程、事故分析报告 | 30 年 |
| | 6 | 技术培训材料 | 10 年 |
| | 7 | 工业卫生、劳动保护材料 | 30 年 |
| 九 | | 工艺、设备 | |
| | 1 | 工艺说明、规程、路线、试验、技术总结 | 30 年 |
| | 2 | 产品检验、包装、工程图、检测记录 | 30 年 |
| | 3 | 设备、材料出厂合格证 | 30 年 |
| | 4 | 设备、材料装箱单、开箱记录、工具单、备品备件单 | 30 年 |
| | 5 | 设备图纸、说明书 | 30 年 |
| | 6 | 设备测绘、验收记录 | 30 年 |
| | 7 | 设备安装调试、测定数据、性能鉴定材料 | 30 年 |
| 十 | | 涉外文件 | |
| | 1 | 询价、报价、投标文件 | 10 年 |
| | 2 | 合同、合同附件、谈判协议、议定书 | 永久 |
| | 3 | 谈判记录 | 30 年 |
| | 4 | 谈判过程中外商提交的材料、出国考察及收集来的有关材料 | 30/10 年 |
| | 5 | 国外各设计阶段文件、各设计阶段审查议定书 | 永久 |
| | 6 | 技术问题来往函电 | 永久 |
| | 7 | 国外设备材料检验及设计联络 | 永久 |
| | 8 | 国外设备储存、运输 | 10 年 |
| | 9 | 开箱检验记录、商检及索赔 | 永久 |
| | 10 | 国外设备、材料的防腐、保护措施 | 10 年 |
| | 11 | 外国技术人员现场提供的文件材料 | 30 年 |

续表

| 序号 | | 归档范围 | 保管期限 |
|------|------|---------|---------|
| 十一 | | 其他材料 | |
| | 1 | 有关的国外技术标准 | 10 年 |
| | 2 | 有关的专利说明 | 10 年 |
| 十二 | | 科研项目 | |
| | 1 | 开题报告、任务书、批准书 | 永久 |
| | 2 | 协议书、委托书、合同 | 永久 |
| | 3 | 研究方案、计划、调查研究报告 | 永久 |
| | 4 | 实验记录、图表、照片 | 永久 |
| | 5 | 实验分析、计算、整理数据 | 永久 |
| | 6 | 实验装置及特殊设备图纸、工艺技术规范说明书 | 永久 |
| | 7 | 实验装置操作规程、安全措施、事故分析 | 30 年 |
| | 8 | 阶段报告、科研报告、技术鉴定 | 永久 |
| | 9 | 成果申报、鉴定、审批及成果推广应用材料 | 永久 |
| | 10 | 考察报告、重要课题研究会议、专业会议文件 | 30 年 |
| 十三 | | 监理文件 | |
| | 1 | 监理规章、规划、总控制计划等 | 30 年 |
| | 2 | 监理月报中的有关质量问题 | 30 年 |
| | 3 | 监理会议纪要中的有关质量问题 | 30 年 |
| | 4 | 工程开工/复工审批表、暂停令 | 30 年 |
| | 5 | 不合格项目通知 | 30 年 |
| | 6 | 质量事故报告及处理意见 | 30 年 |
| | 7 | 预付款、月付款报审与支付 | 10 年 |
| | 8 | 分包单位、供货单位、试验等单位资质材料 | 30 年 |
| | 9 | 有关进度、质量、造价控制的监理通知 | 30 年 |
| | 10 | 工程延期报告及审批 | 永久 |
| | 11 | 费用索赔报告及审批 | 30 年 |
| | 12 | 合同争议、违约报告及处理意见 | 永久 |
| | 13 | 合同变更材料 | 30 年 |
| | 14 | 专题总结、月报总结、工程竣工总结 | 30 年 |
| | 15 | 质量评价意见报告 | 30 年 |

# 第五节　财务档案的归档及要求

高校财会类文件材料归档范围,主要包括财务管理和会计核算活动中直接形成的具有保存价值的各种载体形式的文件材料。

1. 综合(类目代号:CK11)

| 序号 | 归档范围 | 保存期限 |
|---|---|---|
| 1 | 上级机关有关财务会计工作的文件材料 | |
| | A. 针对本校(院)及重要的 | 永久 |
| | B. 一般的 | 25 年 |
| 2 | 本校(院)财务管理规定、计划、总结、请示、批复、综合统计报表 | 永久 |
| 3 | 本校(院)基金管理工作文件 | 25 年 |
| 4 | 本校(院)有关财务管理方面的其他文件材料 | 25 年 |
| 5 | 本校(院)会计移交清册 | 25 年 |
| 6 | 本校(院)财会档案移交清册 | 永久 |
| 7 | 本校(院)财会档案销毁清册 | 永久 |
| 8 | 本校(院)有关世界银行贷款文件材料 | 永久 |
| 9 | 本校(院)财务部门工作规章制度、管理办法、岗位职责 | 25 年 |
| 10 | 反映本校(院)财会工作重大活动的照片、剪报、图表及文字说明等 | 永久 |
| 11 | 本校(院)财会工作获表彰的文件、证书、奖牌、光荣册、照片等材料的原件及个人获奖证书的复印件 | |
| | A. 省级及省级以上机关、地区(含市、州)政府、校级综合性表彰的 | 永久 |
| | B. 省级以上单项表彰的 | 25 年 |
| | C. 地区(含市、州)、校级单项表彰的 | 15 年 |

2. 会计报表(类目代号:CK12)

| 序号 | 归档范围 | 保管期限 |
|---|---|---|
| 1 | 本校(院)年度决算报表(含基建综合决算) | 永久 |
| 2 | 本校(院)预算会计报表 | 15 年 |

续表

| 序号 | 归档范围 | 保管期限 |
|---|---|---|
| 3 | 本校(院)年度以上规划表、分配计划、测算表 | 25 年 |
| 4 | 本校(院)年度以上各种统计报表、工资报表 | 25 年 |
| 5 | 本校(院)季度以下各种计划、统计报表 | 15 年 |

3. 会计账簿(类目代号:CK13)

| 序号 | 归档范围 | 保管期限 |
|---|---|---|
| 1 | 本校(院)涉及外事的会计账簿 | 永久 |
| 2 | 学校总账 | 30 年 |
| 3 | 学校预算内账簿(含明细账、分户或登记账) | 15 年 |
| 4 | 学校预算外账簿(含明细账、分户或登记账) | 15 年 |
| 5 | 学校专项基金账簿 | 15 年 |
| 6 | 学校日记账<br>其中:现金、银行存款日记账 | 15 年<br>25 年 |
| 7 | 学校固定资产明细账(卡)(固定资产报废清理后保管五年) | 15 年 |

# 第五章　高校档案的立卷归档与利用

## 第一节　高校档案的收集与移交

　　档案收集工作是高校档案工作中极为重要的一环,它为高校档案工作提供最直接、最主要的物质基础。只有建立门类齐全、结构合理、内容丰富的高校档案馆(室)藏体系,才能有效地保护和开发利用高校档案信息资源,更好地为高校各项工作和社会发展服务,因此,做好档案收集工作是高校档案工作的起点。

### 一、高校档案的收集内容

　　高校档案的收集是指高校档案馆(室)按照《档案法》和《高等学校档案管理办法》的规定,通过例行的接收制度和专门的征集办法,把分散在学校各个职能部门、院系、群团组织及个人手中或散落在其他组织、个人手中的高校教学、科研、党政管理等活动中直接形成的具有保存价值的各种载体形式的档案集中起来,以实现学校档案的集中统一管理。《高等学校档案管理办法》第八条明确规定:负责接收(征集)、整理、鉴定、统计、保管学校的各类档案及有关资料是高校档案机构的管理职责之一。档案收集工作不仅是高校档案工作的起点,也是高校档案管理的基础性工作。具体来说,高校档案收集工作主要包括以下三个方面的内容。

#### (一)文件的归档交接

　　高校文件材料的归档交接工作是指校属各部门按照归档制度的要求,将属于学校归档范围的、分散保存的文件材料收集整理立卷后,由学校档案馆(室)归档。也就是说,学校档案馆(室)根据《高等学校档案管理办法》的规定,结合学校的实际工作情况,定期或不定期地接收经学校各部门系统整理立卷的、属于应当归档的文件材料。文件材料的归档交接工作是高校档案馆(室)丰富馆藏的基本手段,也是馆藏档案的主要来源。

## (二)撤销机构档案的接收

高等学校在合并办学、院系重组、机构调整等过程中出现了一些撤销机构的档案材料,为了防止这些档案材料分散、被任意销毁或丢失,撤销机关或单位必须及时组织力量将全部档案材料认真收集、整理、鉴定并向高校档案馆(室)进行移交。为了全面、完整地再现高校的历史面貌,高校档案馆(室)必须切实做好撤销机构档案的接收工作。如果撤销机构的档案材料不能及时整理与移交接收,将可能造成大量档案得不到较好的保管,甚至造成损坏、丢失,档案价值将得不到有效发挥。在进行撤销机构档案交接的过程中,档案交接双方应当按照高校文件材料归档制度的要求,认真核查移交目录与接收的案卷是否相符,并认真填写档案移交清单(表)。档案移交清单(表)是撤销机构档案交接双方履行交接手续的凭证,具体包括交接单位双方名称、交接时间、案卷或文件材料数量、形成日期、保管期限等项目。此表应一式两份,档案交接双方各执一份。

## (三)历史档案的征集

历史档案的征集工作既是高校档案馆(室)丰富馆藏资源的重要途径,也是高校档案馆(室)档案收集工作的一项重要内容。历史档案绝大部分已年深月久,流散在社会的各个角落,由于保管条件不善,这些历史档案随时可能遭受自然的或人为的损坏,尤其是不少保存历史档案和熟知历史档案情况的人年事已高,如不及早收集,可能会使一些珍贵档案受到难以弥补的损失。因此,历史档案的征集就成了高校档案馆(室)档案收集工作的一项重要内容。根据国家档案局 2006 年 12 月 18 日颁布的 8 号令提出"以人为本"的理念和注重保存反映本单位职能活动和历史面貌的文件材料的精神,高校档案馆(室)应当采取各种有效措施,对分散在个人、社会组织或机构单位中的与本校(院)教学、科研、管理等活动有关的各种档案史料进行广泛征集,包括学校在发展过程中的各种历史照片以及党和国家重要领导人、社会知名人士、专家学者等从事与学校有关公务活动的具有历史研究价值的各种载体形式的档案材料,以满足学校和社会方面对档案利用的需要。

历史档案征集是一项政策性与技术性都很强的工作,且存在一定的偶然性和不确定性,因此,对于各种档案史料的征集,高校应当制定专门的制度和办法。根据《高等学校档案管理办法》的规定,高校历史档案征集的专门制度和办法主要包括档案征集的报批手续、政策、形式、归档管理等方面的内容。

### 1. 档案征集报批管理规定

《档案法》第十六条规定:对于保管条件恶劣或其他原因被认为可能导致档案严重损毁和不安全的,国家档案行政管理部门有权采取代为保管等确保档案完整和安全的措施,必要时可以收购或者征购。档案所有者可以向国家档案馆寄存或者出卖;向国家档案馆以外的任何单位或者个人出卖的,应当按照有关规定由县级以上人民政府档案行政管理部门批准。

严禁倒卖牟利,严禁卖给或者赠送给外国人。高校档案馆(室)在进行档案征集工作过程中,应当按照档案征集法规,根据自身的管理权限,制定档案征集报批管理办法,包括档案征集范围、档案征集申请审批流程、档案征集负责人、需要准备的文件资料等内容。

2. 历史档案评估鉴定与收购定价规定

根据《档案法》和《高等学校档案管理办法》的有关规定,对流散在社会上其他组织机构及校内外人士手中对教学、科研、基建、生产、管理等活动具有保存利用价值的档案材料,高校可以采取接受捐赠、寄存或购买的方式进行征集。若以购买的方式进行征集,高校档案机构应当会同相关部门,制定征购档案鉴定标准,成立档案鉴定工作小组或鉴定工作委员会,对征购的档案经过鉴定、评估后予以定价,以完成征集工作。

3. 档案征集工作归档管理规定

《高等学校档案管理办法》第二十四条规定:对于个人在其非职务活动中形成的重要档案材料,高校档案机构可以通过征集、代管等形式进行管理。高校档案馆(室)应当根据上述规定,结合高校实际情况制定本校(院)档案征集工作规定。在实际操作中,可先采用代管的形式进行管理,如果档案所有者不同意这种形式,则应考虑采用其他方式进行征集,以确保档案材料的完整与安全。

4. 捐赠奖励办法

《高等学校档案管理办法》第三十九条规定:高等学校对在档案的收集、整理、提供利用工作中做出显著成绩的,或将重要的或者珍贵的档案捐赠给高校档案机构的单位或个人,给予表彰与奖励。高校档案馆(室)应当按照上述规定,结合学校实际情况,制定切实可行的档案捐赠奖励办法,保证捐赠者有优先利用档案的权利,维护其合法权益,并视情况予以奖励,以调动个人、社会组织或机关单位捐赠档案的积极性,推动档案捐赠行为,进一步丰富和优化高校档案馆(室)藏资源。

## 二、高校档案收集的要求及注意事项

高校档案馆(室)收集与征集的对象主要有学校现行各部门归档的档案、撤销机构的档案和历史档案。尽管收集不同类型的档案的具体要求各不相同,但是,综合起来分析,高校档案馆(室)档案收集工作有以下几个方面的基本要求。

### (一)收集的档案必须齐全、完整

档案的齐全、完整是档案收集工作最基本的要求。学校现行各部门向档案馆(室)归档移交的档案,是高校档案馆(室)的经常性工作和基本业务活动。在收集现行各部门文件材料的归档工作中,往往存在着一些影响归档文件齐全与完整的不正常现象。例如,有的部门工作人员由于归档意识不强,档案法治观念淡薄,在文件归档时,"留一手"或者"没用的归档,要用的不归档"情形时有发生。又如,在收集归档文件工作中,重纸质文件归档、轻电子文件等特殊载体文件的归档现象相当普遍。由于校园网络的建立和电脑的普及,起草、修改文件大多依靠电脑,到文件需要整理归档时,只是下载一份应付,没有与领导人签发的定稿一起归档,这些就给收集归档文件的齐全与完整带来了极大的影响。再比如,在收集撤销机构档案时,由于收集与整理工作不及时,也出现了应归档的文件材料被调动的工作人员擅自带走的情况。这些都充分说明,高校档案收集工作一定要堵塞各种漏洞,才能确保进馆(室)档案的齐全与完整。

### (二)收集的档案必须进行规范整理

档案的规范整理是高校档案收集工作的基本要求,无论是学校现行各部门向档案馆(室)归档移交的档案,还是接收撤销机构的档案,在进馆(室)前,都必须按照《高等学校档案管理办法》和《高等学校档案部门业务建设规范》的规定,进行规范整理并立成案卷。第一,各部门归档的档案必须完整,才能保持全宗的完整性。一个学校全部的档案应该作为一个整体进行整理,不得分散;撤销机构的档案,归档涉及几个不同的全宗时,一定要以全宗为单位进行整理,全宗之间的文件材料不得互相混淆。第二,正确划分档案的保管期限,不同保存价值的文件材料要分别组合成不同保管单位,不同保管期限的案卷要分别编目、排列、存放。第三,保持文件之间的有机联系,按照文件的性质和特征进行组卷,使整理的案卷符合规范要求。目前,在高校档案收集工作中存在某些不正常现象,例如,学校个别部门的兼职档案人员,归档意识淡薄,错误地认为归档文件的整理是档案部门的事,在进行文件归档时,既不整理,又不区分归档范围,把一包一捆的零散文件材料直接往档案馆(室)移交,严重地影响了档案馆(室)档案收集工作的顺利进行。又如,在机构撤并中,由于机构经常变动,人员频繁流动,而档案却遗留在某个角落,直到档案馆(室)来接收档案时,只能一包一捆地接收,更谈不上规范整理。归档的档案和撤销机构的档案,即使在进馆前已经进行了规范整理,在进馆后,档案馆(室)仍要进一步进行加工整理。至于征集的历史档案,档案馆(室)更要进行全面系统的整理与编目。

### (三)要重点关注学校重要活动档案的收集

高校重要活动档案是反映高校主要职能活动和发展轨迹的真实记录,具有极其重要的现实意义和历史价值。随着高等教育事业的发展,高校重要活动日益增多,包括党和国家领导人、国内外知名人士来校视察、参观、访问、指导、捐赠等活动;上级教育行政主管部门对教育、科研、党建等工作的评估、验收等活动;本校(院)领导出席重要的国内外公务活动;本校(院)承办的国际性学术研究活动,各类重大会议和重要赛事活动等,都会形成大量珍贵的文字材料和音像资料。由于这些记载和反映学校重要活动情况的档案跨区域、跨年度、跨部门、跨学科领域,载体形式多样,涉及面广,要及时收集这部分档案材料难度非常大。因此,高校档案馆(室)要充分考虑这部分档案材料的特殊性,并采取有效措施,使之及时归档,真正确保档案的齐全与完整。

### （四）收集的档案要达到标准化要求

档案的标准化是提高高校档案管理现代化水平、实现档案管理信息化的基础。如果收集的档案不符合国家标准，将会给高校档案后续管理工作带来更大的困难，档案信息化工作也难以取得成效。因此，高校档案馆（室）在收集档案时，一定要严格按照《高等学校档案部门业务建设规范》的要求进行，以确保档案在全宗划分、分类、划分保管期限、目录编制、档号编排、案卷装订以及档案材料规格、书写或印制等方面都符合标准化的要求。

### （五）要注意收集与本校（院）档案直接有关的资料

高校档案馆（室）在收集各门类档案的同时，必须要把与本校（院）馆（室）藏档案和学校发展历史有关的资料收集起来，进行分门别类，整理编目，以满足学校和社会方面的利用需要。这些资料主要包括在各个历史时期由社会组织或专家学者编辑出版的报纸、期刊、年鉴、史志、回忆录、传记等。当然，在收集各种类型档案时，也应将每个立档单位的组织沿革、全宗介绍及其他有关检索工具与档案一并收集进馆（室）。

## 三、高校档案收集的措施

高校档案收集工作的具体对象虽然是档案实体，但其工作范围涉及学校领导及其管理人员、教师、学生。因此，高校档案馆（室）工作中需要重点进行指导、组织、督促与协调活动的是收集环节，其他环节主要靠档案部门内部管理和对外服务来完成，一般无须更多的组织和协调工作。学校档案部门的管理职能在很大程度上体现在档案收集环节，所以，档案收集工作既是档案业务工作环节之一，又是高校档案管理机构行政管理工作的一部分。档案部门如果被动地坐等各部门及个人按归档制度移交文件材料，交多少就收多少，交什么就收什么，就很难掌握档案是否收集齐全完整。因此，高校档案管理部门应当化被动为主动，充分发挥档案行政管理职能的作用，采取切实有效的措施与方法，保证档案收集工作的顺利开展。

### （一）建立健全立卷归档制度

制度的基本作用是通过规范与约束人们的行为，促使个人与组织为实现同一目标而努力。因此，要做好高校档案的收集工作，必须建立与健全文件材料的立卷归档制度，并认真落实。

1956年4月，国务院在《关于加强国家档案工作的决定》中，就要求"全面推行文书处理部门立卷，以建立统一的归档制度。各机关办完的文书材料，应该由文书处理部门整理立卷，定期向机关档案室归档，改变把零散文件随办随归档和成堆归档的错误做法"。从此，文书立卷归档就作为机关工作的一项制度确定下来。《高等学校档案管理办法》第十六条规定：高等学校实行档案材料形成单位、课题组立卷的归档制度。

高校应认真贯彻执行国家档案局和教育部的有关规定,通过健全与完善归档制度,推动档案收集工作的顺利进行。

## (二)完善收集网络

### 1. 兼职为主,专职指导

《高等学校档案管理办法》第十六条规定:学校各部门负责档案工作的人员应当按照归档要求,组织本部门的教学、科研和管理等人员及时整理档案和立卷。文件材料的归档工作主要是学校文秘和业务部门的任务,档案部门负有指导与监督的职责。做好高校档案收集工作,人员的配备和素质是决定性的因素。因此,高等学校在为档案馆(室)配备专职档案工作人员的同时,还必须在校属各部门配备相应的兼职档案人员。无论专职或兼职档案工作人员,都应当遵纪守法、爱岗敬业、忠于职守、具备档案专业知识和相应科学文化知识以及现代化管理技能。各个部门的兼职档案人员应合理安排一定的时间与精力,并按照归档制度进行文件材料的收集、整理和归档工作。因此,只有真正做到了兼职档案人员为主,专职档案人员负责指导监督,学校各部门文件材料的归档工作才能落到实处。

### 2. 培训与深造相结合,提高专兼职档案人员素质

专兼职档案人员是学校档案工作的主力军,他们的专业素质直接决定着整个学校档案工作水平的高低。为了加强专兼职档案管理队伍的建设,学校应经常选派他们外出参观学习和交流,开阔视野,还应积极采取集中培训和个别辅导相结合的方法,对专兼职档案人员进行档案专业知识培训,不断提高档案管理人员的档案意识和业务水平,增强他们的政治责任感。

### 3. 拓宽电子文件的收集渠道

随着现代信息技术的发展,电子文件在高校各项活动中的重要性越来越突出,因此,高校各部门文件材料归档工作必须与电子文件归档工作同步进行,而做好电子文件的日常收集归档工作是各部门兼职档案员的重要职责之一。由于电子文件的可变性、可控性,且内容容易被修改或销毁,因此学校各部门对具有保存价值的电子文件在办理结束后要及时整理、及时存盘,对需要归档的电子文件应尽量做到与相应的纸质文件材料同时归档。这样,既可以保证电子档案的原始性、真实性,又可以满足利用者习惯查阅纸质文件的需要。同时,高校档案馆(室)要积极参与高校办公自动化建设,因为档案信息化建设与学校的信息化建设是息息相关的。鉴于学校整体的办公自动化建设直接影响档案资源的建设与管理,在电子文件归档时,保留必要的背景信息和元数据信息,才能确保归档电子文件的真实性、完整性和有效性。

## (三)建立督促检查机制

对档案收集工作进行督促和检查是做好高校档案收集工作的重要保证。

1.运用经济和行政手段,严把档案收集关

(1)高校在对科研成果、产品规划与试制及生产、基建工程、单价在10万元以上的设备进行鉴定、验收时,有关职能部门或业务主管部门必须通知档案管理部门派人参加,对应归档的文件材料加以审查,签署意见并出具证明材料。对于没有将完整、准确、系统的文件材料移交档案馆(室)的项目,学校不予验收,不予上报成果,不予投产,财务部门也不得报账。

(2)高校档案管理部门与组织人事部门应联合制定有关制度,在进行职称评定、年度考核、表彰先进时,必须认同档案部门出具的科研论文、论著、成果鉴定证书等证明材料。也就是说,单位及个人必须把科研、奖励等档案材料归档移交到高校档案馆(室)确认后,才能参加职称考评、评定先进等活动。另外,调出人员在办理调出手续时,必须经过档案部门审核,确认已经将应归档的文件材料归档移交并在调出单上加盖档案部门公章后,学校组织人事部门才能办理正式调出手续。

2.建立良性的激励机制

高校档案管理机构应制定档案收集工作的考核和奖惩制度,进一步明确高校各部门和档案专兼职人员在档案收集工作中的职责和任务,把文件材料归档情况与各部门和个人的业绩挂钩,根据各部门及有关人员完成文件材料归档情况的考核内容,分等级进行量化考核,即将档案收集工作和个人的考核、年终评优或奖励联系起来进行测评。同时,学校应积极开展档案执法工作检查、评比和表彰活动,以此作为促进高校档案收集工作的有效措施。对于关心档案工作的领导和在档案执法工作中成绩突出的部门、个人进行表彰,以调动学校各部门领导与专兼职档案人员做好文件材料归档工作的积极性,提高归档文件的质量,保证档案收集工作的顺利进行。

高校档案馆(室)在征集历史档案工作中,应当实行激励机制。学校、社会组织和个人能把历史档案保存下来,就是为保护国家历史文化财富作出了贡献。有的人为保护和保管这些历史档案曾遭遇过各种风险,有的则是通过交换或重金购买的。因此,高校档案管理部门应根据《档案法》和《高等学校档案管理办法》的有关规定,对于将重要的或者珍贵的档案捐赠给高校档案机构的组织或个人,应当给予表彰与奖励;对于自愿捐献历史档案和历史资料的家庭或个人,应当给予一定的荣誉和表彰,并赠送必要的复制品作为纪念;对某些特别珍贵的与本校(院)发展历史有密切关系的历史档案,高校档案馆(室)应当支付对价并主动购买。

3.通过学校督办部门签发的督办单进行督办

学校每年发文通知,规定归档移交期限,未及时移交的部门,档案管理部门经电话催促也无效的情况下,可通过学校督办部门签发督办单进行督办。

## 四、档案收集的方法

高校在教学、科研、党政管理等各项工作活动中形成和积累了大量的具有保存价值的档案材料,这些档案材料来源广泛、载体多样,高校档案馆(室)要将这些档案材料齐全完整地收集起来,集中统一保管,为学校和社会提供最优质的服务,充分发挥高校档案的作用。这就要求高校档案馆(室)必须集思广益,采取多元收集法,确保档案的收集齐全与完整。

## (一)定期集中收集法

定期集中收集法是档案收集的基本方法。学校各管理部门或业务机构将在工作活动中产生和处理完毕并具有保存价值的各类文件材料,由兼职档案员与形成档案材料的单位或个人,按照归档制度的要求收集整理立卷,再按规定时间向学校档案馆(室)归档移交。这是高校普遍采用的方法,采用这种方法的前提是要有完整配套的实施措施:一是建立和健全适合本校(院)特点的归档制度;二是建立校属各部门兼职档案人员网络,构成一套完备的档案收集管理工作网络体系,从而保证学校文件归档工作正规、有序地进行;三是学校各部门在档案部门的指导与监督下,由全校专兼职档案人员相互配合、密切协作,共同做好文件归档工作。

## (二)追踪收集法

档案追踪收集法是针对非常规性工作所形成的各种档案材料或常规性工作遗漏的档案材料的一种随机性收集方法。这种收集方法一般适用于下列情况:一是学校设立的临时性机构所组织的大型的重要的中心工作、重要活动,如校庆活动、人大选举活动、成立董事会活动、全校运动会、学术科研会、开展文明建设活动月等工作活动中产生的文件材料的收集;二是撤销机构,其在撤销前工作活动中产生的文件材料的收集;三是由于学校内部管理不规范,应当归档的文件材料无人管理,以及重要的会议材料未设专人管理,会议结束后需要追踪收集、立卷归档;四是主渠道收集文件归档后,发现应归档而未归档文件材料的收集等。

## (三)超前导入收集法

超前导入收集法是指学校档案部门对某些文件材料归档前发生归档者责任变更时,超前介入档案管理并按归档时间归档,避免档案收集工作的脱节,造成档案材料的遗失或归档不合要求。这种方法主要适用于以下几种情况:一是某机构撤销后,原职能归属被分解归入其他机构中;二是机构职能调整;三是主管专项活动的临时机构撤销后其业务转到挂靠部门(单位);四是部门兼职档案人员工作变动。另外,就高校声像档案而言,其照片大都出自宣传部门,档案部门应及时与宣传部门接洽,提前与拍摄者沟通照片档案拍摄要求,及时指导相关人员做好照片档案的收集、整理和归档工作。

## (四)监控收集法

监控收集法一般适用于下列情况:一是设备开箱验收、房屋竣工验收、科研成果鉴定、产品试制与成果鉴定等,学校档案管理部门必须派人参加,对应归档的文件材料进行审查、验收,并出具归档证明,有关部门凭归档证明方可同意验收,并办理相关手续;二是专业技术人员申报专业技术职务所送审的论文、著作、科研成果等，人事部门凭档案管理部门的归档证明，方可作为评审的依据送审；三是本校（院）人员外出（包括出国、出境）参加各种重要会议、学术活动、考察等，回校后将应归档的文件材料交档案管理部门验收登记、出具归档证明，财务部门方可准予报账。

### （五）广告收集法

广告收集法是指通过报刊、电视、广播及互联网，刊登或发布征集历史档案广告的方式来收集历史档案和历史资料的一种方法。一般在广告中向社会各界人士广泛宣传征集历史档案与历史资料的意义与政策、内容与范围，从而获得收集档案的线索与保存历史档案的单位或个人信息，以便派人上门收集需要的档案。

### （六）信誉收集法

信誉收集法是指学校档案管理部门认真履行职责，以优质、高效的工作信誉赢得全校教职员工尤其是学校各部门兼职档案人员及文书人员的信任与支持，促使他们积极主动地将应归档的文件材料进行收集整理立卷后向档案馆（室）归档移交，从而取得档案收集工作的最佳效果。不过，实施这种方法还需要在全校师生员工中普及档案工作的基本知识，使他们了解和支持档案馆（室）的工作。通常的做法是：一是利用一切机会采取多种形式和方法，宣传《档案法》和档案在学校工作中的意义、作用，宣传档案工作基本知识；二是定期举办讲座或培训班，培训具体负责积累、收集、立卷归档的工作人员，不断提高他们的档案工作理论水平和操作技能；三是定期开展档案工作的检查评比活动，表彰档案工作业绩卓著者；四是档案管理部门主动开展服务，积极为教学、科研、管理、生产等工作提供档案利用，以丰富而优质的馆（室）藏档案为需要者排忧解难，同时使他们认识到日常工作离不开档案，做好文件材料归档工作是学校的需要，也是自己的需要。

## 五、高校档案的移交

（1）由高校各部门负责对本部门（含下属单位）在工作活动中形成的文件材料，按其自然形成规律，进行系统整理，填写卷内目录，按规定时间向档案管理部门移交。

（2）归档移交的档案材料应当质地优良、书绘工整、声像清晰，符合有关规范和标准的要求。电子文件的归档要求按照国家档案局发布的《电子公文归档管理暂行办法》以及《电子文件归档与管理规范》（GB/T 18894—2016）执行。

（3）接收档案必须履行手续，按照文件材料移交目录的有关内容填写一式两份（另拷贝电子文档一套）的移交表，交接双方经核对无误后，方可办理签收手续。

（4）高校与其他单位分工协作完成的项目，档案管理部门应至少保存一份整套档案。协作单位除保存与自己承担任务有关的档案正本外，应将复制件送交高校档案管理部门保存。

（5）高校教职工在其从事教学、科研、党政管理等职务活动中形成的各种载体形式的档案材料,由本部门兼职档案员按时移交到高校档案管理部门集中管理。任何个人不得据为己有或者拒绝归档。

(6)对校内调动的人员,原所在部门有责任督促其必须办理文件移交手续方可离开原岗位。对调出以及离、退休人员,在办理调出和离退休手续前,必须清还档案。没有办理档案清还手续的,人事部门不予办理调离退手续。

# 第二节 高校档案的整理、立卷与排架

## 一、高校档案的整理

高校档案的整理工作可以分为前期归档文件材料的整理和后期档案馆(室)对已入库档案的整理两个阶段。二者在整理工作程序中既有交错,又有各自不同的含义。多年实践证明,只有对档案进行科学的整理,才能为档案的保管、利用、开放与充分发挥档案信息的作用创造条件。因此,高校档案的整理是高校档案管理工作中的一项基础性工作。

### (一)档案整理的含义

档案整理是将收集移交进档案馆(室)的文件材料或档案进行分类、划分保管期限、组卷、排列、编号、装订、编目、上架、编写《立档单位与全宗说明》,使之系统化、条理化的过程。档案整理按工作程序可以分为前期归档文件材料的整理和后期档案馆(室)对已入库档案的整理两个阶段。档案整理工作的内容,按其操作特点可以分为系统化和基本编目两大部分。系统化就是通过对档案内容与形式特征进行科学的分析和综合,使之成为具有密切联系的有机整体,能反映学校主要职能活动的历史面貌。基本编目就是揭示和反映档案内容和形式的特征,固定档案系统化的秩序,具体包括卷内文件目录、案卷目录的编制和案卷封面的编目。

#### 1.归档文件材料的整理

教育部、国家档案局于2008年9月1日施行的《高等学校档案管理办法》第十六条明确规定:学校各部门负责档案工作的人员应当按照归档要求,组织本部门的教学、科研和管理等人员及时整理档案和立卷。立卷人应当按照纸质文件材料和电子文件材料的自然形成规律,对文件材料进行系统整理组卷,编制页号或者件号,制作卷内目录,交本部门负责档案工作的人员检查合格后向高校档案机构移交。可见归档文件材料的整理,就是指学校各部门按照归档要求将本部门应当归档的文件材料进行系统的整理组卷。归档文件材料整理工作的内容,按工作程序具体分为分类、划分保管期限、组卷、卷内文件排列与编号、填写卷内文件目录、案卷封面编目、文件级或案卷级装订、案卷排列与编号、案卷目录的编制等。从归档文件材料整理的概念中可以得出以下几点启示:①归档文件材料的整理,仅仅是高校档案整理的前期阶段,并非高校档案整理的全部。因为档案馆(室)接收文秘和业务部门移交归档的案卷,即使符合归档质量要求,尚需对其进行分类、排列、编目、上架等一系列的整理工作。随着时间的推移,档案馆(室)还要对接收进馆的档案进行局部加工调整,并对通过其他渠道收集或征集的零散档案材料进行系统整理。②归档文件材料的整理主要是高校各部门兼职档案人员和业务人员的基本职责。档案馆(室)档案工作人员对学校各部门归档文件材料的整理工作负有指导和监督的职责。从 20 世纪 80 年代末以来,我国高等学校比较普遍地推行了文秘部门和业务部门立卷归档制度,而且也只有学校各部门的教学、科研和管理人员最熟悉文件材料形成的来龙去脉,由高校各部门兼职档案人员组织他们进行归档文件材料的整理立卷工作,才能确保案卷的质量符合归档要求。③归档文件材料的整理是指高校各部门各类归档文件材料的整理。高校各部门应归档的文件材料门类繁多,从载体形式上分为纸质、电子、照(胶)片、录像(录音)带;从档案传统观念上分为文书档案方面的文件材料,属于科技档案的科技文件材料和属于专门档案的专门或专业文件材料。因此,不能把归档文件材料的整理简单地理解为高校文书档案方面归档文件材料的整理,凡属本书第二章所提到的高校十一大类归档范围的文件材料都属于高校档案的整理范围。

2. 档案馆(室)档案的整理

《高等学校档案管理办法》第十九条规定:高校档案机构应当对档案进行整理、分类、鉴定和编号。按照这一规定,高校档案馆(室)应对接收和收集并需要进一步条理化的档案进行局部加工或系统整理。档案馆(室)档案整理工作内容具体包括三个方面:一是对学校各部门移交归档的、已经整理好的案卷。如果这些案卷的质量符合归档要求,档案馆(室)的整理工作则主要是对案卷进行分类、排列、编号、上架、编目、输机,使其系统化、规范化。二是对学校各部门移交归档的经过初步整理的案卷,如果这些案卷的质量不完全符合归档要求,如归档文件不齐、分类不准、年度混淆、保管期限划分不准确等,档案馆(室)的整理工作就是对部分案卷进行局部加工调整,有的甚至需要重新进行拆卷、排列、编号,使其达到标准化和规范化的要求。三是对档案馆(室)接收的撤销机构未经规范整理的档案、收集或征集的积存零散档案材料,必须进行全过程的系统整理工作。概括起来说,档案馆(室)档案的整理是高校档案整理的后续阶段。档案馆(室)档案整理的内容,按工作程序分为区分全宗、分类、组卷、排列、编目、输机、建立全宗卷等。

## (二)档案整理的原则

档案整理的原则是指在整理档案过程中必须遵循的准则,也就是整理各门类档案总的质量要求。在高校档案整理的两个阶段中,虽然在档案整理的原则上基本是一致的,但在档案整理的不同阶段,档案所处的状态与档案整理工作的具体内容上还是略有区别的。下面从档案整理的两个阶段来分别阐述档案整理的原则。

1. 归档文件整理的原则

《高等学校档案部门业务建设规范》规定:各门类档案的质量要求是遵循文件材料的形成规律,保持彼此之间的有机联系,区别不同价值,便于保管和利用。经国家档案局批准并于 2016 年 6 月 1 日起施行的《归档文件整理规则》(OA/T22—2015)规定,归档文件整理原则是:遵循文件的形成规律,保持文件之间的有机联系,区分不同价值,便于保管和利用。由此可见,高校各门类归档文件的整理原则与属于文书档案的党政机关归档文件的整理原则是完全一致的。

(1)遵循文件材料的形成规律。高校在招生、教学、科研、管理等工作活动中直接形成的各类文件材料总是呈现出一定的规律性,尽管学校各个部门的职能与业务范围不同,但它们的各项工作却是按照一定的规律进行的。各门类文件材料是在各部门工作活动中自然形成的,既是各部门处理问题的依据,又是学校各项工作活动的直接记录。因此,文件材料也是按照一定的规律形成和处理的,并有其形成上的特点。以学校招生工作为例,在一年一度的招生工作中,首先会形成招生计划,然后会产生招生指南或简章,其内容包括招生名额、专业设置、学校规模与特点等,最后会形成新生录取名册与招生工作总结等文件材料。又如,教学楼工程建设工作,首先要产生教学楼工程设计图纸与有关部门的审批文件以及教学楼工程经费预算与审批文件;其次要产生教学楼工程建设投标与中标方面的文件材料;最后会形成教学楼工程施工计划、竣工验收、工程经费结算以及整个工程的各种基建图纸资料等。再如,学校召开某一次重要会议,在会前,一般要经学校批准发出会议通知、起草会议文件材料;在开会期间,会产生校领导的工作报告、讨论通过的决定或决议、会议记录、简报、总结报告、录音录像及宣传报道材料;在会后,要整理会议纪要、会议情况报告等。这些都充分说明,学校或者学校每一个部门进行的每一项工作,都是按照一定的规律有计划、有步骤地开展的,而文件材料也是按照一定规律,在工作进行过程中逐步地、一份一份地形成的。所以说,学校各项工作活动的规律直接决定了学校各门类文件材料形成的规律,而文件材料的形成规律又是学校各项工作活动规律的客观反映。文件材料的形成规律是不以人的意志为转移而客观存在的,因此,我们在整理归档文件材料时,一定要遵循各门类文件材料的形成规律,才能全面正确地反映学校主要职能活动的历史面貌。如果在整理工作中,任凭个人的主观想象,违背文件材料的形成规律,就不可能保持文件之间的有机联系,也不便于文件材料的保管和利用。以同一具体内容的请示与批复文件为例,它们在形成过程中也有着自然的形成规律,通常是先产生请示,后产生批复。因此在整理时务必将请示与批复放在一起装订入盒。如果人为地将批复作为上级文件、请示作为本级文件分开装订并放入不同的卷盒,就违背了文件的形成规律,割断了文件之间在内容上的有机联系,而且不便于利用。

(2)保持文件之间的有机联系。尽管学校各个部门的职能任务与业务范围不尽相同,但是每个部门的工作都不是孤立进行的,它同直属的上级主管业务部门、学校的综合职能部门以及同级的各个部门,在开展工作的过程中都有一定的关系。即使是在一个部门中,某一项工作发展的不同阶段之间也有着一定的关系。各门类的文件材料都是在学校各部门的各项工作活动中逐步形成的。因而,文件之间的联系,既是学校与上级机关之间、学校各部门之间、工作发展不同阶段之间关系的如实反映,也是学校或部门各项工作活动规律的客观反映。由于要归档的文件都是已经处理完毕的具有一定查考保存价值的文件,而且主要是作为学校各项工作活动历史记录归档并保存的文件,因此,人们通常把文件之间的联系看成是一种历史联系。更确切地说,在学校工作过程中所形成的文件之间的联系是一种有机联系,实质上就是文件之间所固有的内在联系,即本质联系。归档文件的整理必须保持文件之间的有机联系,才能达到反映学校各项主要工作活动的历史面貌、便于保管和利用的目的。在归档文件的整理工作中,保持文件之间的有机联系,也就是保持文件之间在形成过程中内容上的直接联系。例如,同一份文件的定稿与正本、同一具体事项的请示与批复、同一个年度的财务计划与决算、同一项工作的计划与总结、同一案件或事故的调查证明与结论处理的文件材料,都是在形成过程中构成了一种必然的承上启下的顺序和具体内容之间的本质联系。在进行文件整理时,如果人为地分割了文件之间的有机联系,就违背了文件材料的形成规律,既不便于保管,也不便于利用。

(3)区别不同价值。文件是在学校各项工作活动中自然形成的,每一份或每一组文件材料的产生,都有其目的与作用,不是开展工作的依据,就是教学、科研与管理工作情况的记录。马克思曾经说过:物的有用性,使物成为使用价值。可见,文件的使用价值是客观存在的。文件的价值是由文件的内容及其对学校的各项工作的作用来决定的。经过整理归档后,归档文件的使用价值集中表现为历史的查考价值,通常又称为文件的保存价值。由于文件的内容与作用不同,所以其保存价值也就不同。一组文件材料记述与反映了学校的主要职能活动和基本历史面貌,对学校今后的各项工作、国家和社会以及校史研究具有长远的利用价值,那么,它们的保存价值就大,组成的案卷保管期限就长,需要永久保管;如果它们的内容一般,只在一定时间内对学校工作具有参考利用价值,其保存价值较小,只需要进行长期(30年,下同)或短期(10年,下同)保管。由于学校各门类归档文件的保存价值差异较大,所以区分归档文件的不同价值就成了归档文件整理原则的重要内容之一。也就是说,在整理归档文件时,一定要把不同保存价值的文件区别开来,分别进行组卷或装盒、排列、编号、编目。

(4)便于保管和利用。归档文件整理的目的是使归档的文件既能反映学校各项工作活动的历史面貌,又便于保管和利用,因此一定要保证归档文件材料的齐全与完整。便于保管和利用是一个问题的两个方面,要便于保管,就是要在保持文件之间有机联系的同时,适当区别文件的不同保存价值,将不同价值的文件分别装盒或组卷、排列、编目;而要便于利用,就要保持文件之间的有机联系,不能只顾区别文件的价值而人为地分割文件之间的有机联系。尽管两者的出发点都是确保各门类档案整理的质量,反映学校各项工作活动的历史面貌,但是保持文件之间的有机联系与区别不同价值毕竟是两个不同范畴,前者是反映文件的本质,能够全面地、历史地反映出学校各项工作活动的本来面貌,以便日后查考利用;后者是从保存价值上区分文件的重要程度,使整理的档案主次分明,突出本校各项工作活动文件这一重点,以利于今后的安全保管。总之,在通常情况下,既要注意保持文件之间的有机联系,又要适当区别文件的不同价值,才能达到便于保管和利用的目的。

2. 档案馆(室)档案整理的原则

一般来说,高校档案馆(室)档案的整理工作分为两种情况:一种情况是,学校全面推行了文秘和各业务部门立卷归档制度,应归档的文件材料主要由学校文秘和各业务部门的兼职档案人员组织相关业务人员进行整理归档,学校档案馆(室)只需要对归档的档案进行分类、排列、编目、上架。只有当接收归档的档案未达到归档质量要求时,学校档案馆(室)才需要对归档的档案进行局部的加工整理。另一种情况是,学校档案馆(室)直接从学校各部门或撤销机构收集或征集来的档案是积存的零散档案材料,需要对其进行全过程的整理工作。这样,高校档案馆(室)档案整理,除了要遵循归档文件整理原则外,还要遵循全宗整理和充分利用原整理基础的原则。

(1)按全宗整理的原则。一所高等学校的全部档案就是一个全宗,即使这所学校在名称、级别、办公地址、隶属关系和办学规模上有所变更,其档案也同属于一个全宗。自21世纪以来,高校进入了一个大合并时期,有的学校由几所学校合并成一所新的学校,其档案构成了一个新的全宗,合并前几所学校的档案则分别各自构成全宗,这样,在一个高校档案馆(室)中就出现了要保管多个全宗的情况,因此在高校档案馆(室)的档案整理工作中必须要遵循按全宗整理的原则。《高等学校档案部门业务建设规范》中明确规定:档案必须按全宗整理,同一个全宗的档案不能分散,不同全宗的档案不能混杂。按全宗整理既是学校档案馆(室)整理档案的原则,又是整理档案的科学方法。因为,当学校档案馆(室)馆藏的档案涉及多个全宗时,只有按全宗整理,才能保持文件之间的有机联系,并系统地反映和维护这所学校历年来各项工作活动的历史真实面貌。

①全宗的含义。全宗是指一个机关、社会组织或者一位著名人士在其工作活动中形成的各种门类和各种载体的档案组合体。全宗不仅表示档案的数量,而且表示它们是一个有机整体,即这些档案反映了一个机关、组织或著名人士的活动面貌,档案之间是相互联系、不可分割的有机整体。这个档案整体是处于运动状态的,其变化主要表现在两个方面:一是档案数量与质量的变化,由于档案的不断形成与销毁,数量有增有减,质量不断优化;二是档案存放地点的变化,随着时间的推移,全宗中永久、长期保管的档案或撤销机构的全部档案按规定移交到相应的档案馆(室)保存。由于全宗既是学校档案馆(室)进行档案整理、保管、鉴定、统计、编目的基础单位,也是国家档案全宗的基本单位,因而高校档案馆(室)在整理档案时,必须遵循按全宗整理的原则,先按照形成档案的单位或其他特征,将它们划分成不同的全宗。

②立档单位及其构成条件。立档单位与全宗是紧密联系在一起的。立档单位就是形成全宗的单位或个人,又称"全宗构成者"。一个立档单位所形成的全部档案构成一个全宗。什么样的学校或机关才是一个立档单位呢? 概括来说,立档单位必须是具有法人地位的学

校或机关、组织、自然人。从我国党政机关、企业、事业单位的具体情况来看,作为一个立档单位必须具备下列几个条件:第一,可以独立行使职权,并能以自己的名义单独对外行文;第二,是一个预算会计单位或独立的经济核算单位,自己可以编造预算或财务计划;第三,设有管理人事的机构或人员,并有一定的人事任免权。以上三个方面是统一的、互相联系的,但最根本的是第一个条件。在确定一个学校或机关单位是否具备立档单位的条件时,一般应根据法规性、领导性文件和实际职能活动情况进行具体分析。凡是符合立档单位条件的党政机关、团体、企业、事业单位,其全部档案就可构成一个全宗。

③立档单位的变化与全宗的划分。随着社会的发展及经济体制和政治体制改革的不断深入,常常会发生立档单位增设或撤并的情况,进而引起全宗的产生和变化。这就要求档案人员深入研究立档单位变化的情况,根据其变化的性质,正确地划分全宗。就目前情况而言,主要是看立档单位的基本职能是否发生了变化,如果基本职能发生了根本性变化,其档案的所属全宗也随之发生变更。通常有如下几种情况:第一,立档单位撤销,表示其职能任务的终结,其档案应构成一个全宗,新成立的单位具有新的职能任务,其档案也应构成一个新的全宗;第二,几个立档单位合并成为一个新的立档单位,合并前几个立档单位的档案分别各自构成全宗,合并后新的立档单位,其档案构成新的全宗;第三,一个立档单位改组成几个立档单位,原立档单位的档案属于一个全宗,改组后新成立的几个立档单位,其档案各自构成新的全宗;第四,原来是一个立档单位的内部机构,后发展成为一个新的立档单位,其档案应构成一个新的全宗,原来的档案属于原立档单位的全宗;第五,基本职能未发生根本性变化,只是立档单位的名称、级别、办公地址、隶属关系的变更,职能任务与职权范围有所增减,其档案均不能构成新的全宗。

(2)充分利用原整理基础的原则。高校档案馆(室)在整理档案时,应遵循充分利用原整理基础的原则,对已经整理过的档案,要认真研究原来整理的状况,区分哪些是合理的,哪些是不合理的,充分利用原来整理的成果,只要是有目可查,有规可循,一般不要轻易打乱重新整理。对于确实分割了文件之间的有机联系,卷内文件保管期限混杂,既不便于保管又不便于利用的案卷,才应做适当的加工调整。利用原整理基础是档案部门在长期的实践中总结出来的一条经验,各个时期整理档案的要求与方法不完全相同,因此,不提倡高校档案馆(室)档案工作人员常年陷于档案的重复整理中,否则不仅会使档案馆(室)工作长期处于被动局面,也会加重档案材料的机械磨损,影响档案的寿命。

### (三)档案整理的意义

档案整理是高校档案管理基础工作中的主要环节,对高校档案管理工作的其他环节都有直接影响,因此,档案整理工作具有重要意义。

1. 档案整理是高校档案信息化建设的基础

高校的档案整理包括两个方面:一方面是对纸质档案实体进行系统的分类、划分保管期限、组卷、排列、编号、编目等工作,这就为通过手工录入、直接扫描、缩微胶片转换等手段实现案卷级或文件级目录的数字化和档案全文数字化打下了基础;另一方面是将收集积累的电子文件进行分类、排序、组合直至建立数据库,这也为建立目录数据库、全文数据库以及文档数据库创造了条件。未经整理的档案,每份文件没有固定的位置与编号,没有系统的目录,要想建立统一的文档数据库、实现案卷级或文件级目录数字化和档案全文数字化是完全不可能的。

2. 档案整理是档案提供利用的前提

档案经过系统整理、编目、输机、排列、上架,不论教职工和学生需要利用什么档案,档案工作人员都能及时提供,所以说,档案整理是档案提供利用的前提。

3. 档案整理便于档案的鉴定、保管、统计、检索和编研

档案经过了系统整理,便于鉴定、保管、统计、检索和编研等工作的开展。在档案整理过程中,按文件的不同保存价值进行组合,既可为档案的鉴定工作打下良好的基础,也可为档案的保管提供有利条件。档案经过分类、组合、排列、编号、编目等系统的整理,就有了统计的基本单位和卷数件数,不仅便于档案统计工作的顺利进行,而且在编制档案参考资料时,可以通过目录系统检索和利用档案材料。

# 二、高校档案的立卷

## (一)部门立卷制度的必要性

(1)保证文件材料的自然形成规律,充分体现归档文件材料的历史联系。如基建文件材料是伴随每个基建项目的完成过程而产生和形成的,是一组有机联系、系统成套的文件。一个基建项目,有可行性研究、设计基础材料、设计文件、工程管理文件、施工文件、竣工验收文件等阶段性材料,档案管理人员在组卷过程中可能受专业知识的局限,不清楚文件材料的有机联系,而基建部门的立卷人员熟悉业务,对归档的基建文件材料能够遵循其自然形成规律而保持其成套性特点。

(2)加强部门对文件材料的保管意识。实行部门立卷制度,有助于各部门立卷人员自觉主动地积累和管理文件材料,使文件材料管理符合立卷归档的要求。文件材料一经形成,立卷人员就实行登记,并掌握文件在部门运作过程中的行踪,待其履行完内容任务或达到相应的目标后,便分门别类存放保管。

(3)有效控制文件数量。随着高等教育的发展,高校各职能部门产生的文件数量日益增多,档案数量也相应增加,与此同时,重要的文件没有归档,大量价值不大的文件却作为档案保存起来的情况司空见惯,这给档案的整理、保管、现代化管理带来了困难。究其原因,很大程度上源于档案馆(室)立卷的做法,档案馆(室)立卷必然会出现对文件价值把握不准,档案人员凭自己的主观判断确定档案保管价值,久而久之就会造成对档案馆(室)藏档案数量

失控的状况。如果文件在实现价值后,经过知晓文件产生与办理情况的部门人员加以鉴别,就能有效控制文件的数量,解决档案馆(室)藏档案数量庞杂与档案保管价值之间的矛盾。

(4)推动高校档案信息资源的开发利用工作。档案信息资源的开发利用只能在档案部门丰富馆(室)藏档案的基础上开展,也就是说,必须以档案部门拥有一定数量的档案为前提。实行部门立卷,统一归档保存,既保证了文件材料的归档率,又提高了档案的查全率。部门立卷人员最了解本部门和教职工在工作中需要什么档案材料,能把握档案的利用价值,并为档案信息资源的开发利用工作奠定了基础。

## (二)方法

以自然件为单位,逐件整理归档。

### 1.按年度分

一般的文件材料归入其形成年度。

计划、预决算、总结、报告、统计报表等,归入文件内容针对的年度。

长远规划、计划、预算要放在文件内容针对的第一年。

跨年度的总结、报告、决算归入文件内容针对的最后一年。

跨年度的案件放在结案的一年。

跨年度的会议文件归入会议开幕的年度。

法规性文件归入公布和批准年度。

按学年处理的文件归入专门年度。

科研、基建、设备项目分别归入鉴定、竣工、购进年度。

不同年度的文件一般应分开排放。

### 2.按问题、类别分

学校在管理和业务活动中形成的文件材料,按单一问题组合。

会议文件,按会议的届次组合,一会一卷或一会数卷。

非诉讼案件材料,按立案问题组合,一案一卷或一案数卷。

工作计划、总结等按责任者或名称组合。

统计、报表、名册等按名称组合。

简报按名称、期号组合。

科研、基建、设备的项目档案按项目组合,管理性和结论性的文件材料组成卷后放在各卷之首,其余材料可按阶段、结构、部件等分别组卷。

不同类别的文件材料必须分别排列组合。

### 3.按保管期限分

各部门在整理归档材料时,可按文件的凭证和参考价值的大小,先将文件材料按永久、长期、短期分开,只对本部门的工作有短期参考价值的文件材料,留本部门保存,不向档案馆移交。

### (三)卷内文件的排列顺序

卷内文件材料按文号顺序、重要程度或时间顺序排列。

同一件文件材料,按正件在前,附件在后;正本在前,定稿在后;结论、决定、判决性材料在前,依据性材料在后的顺序排列。

同一年度、同一问题的请示与批复排列在一起,批复在前,请示在后,批复与其请示不在同一年度的,可分别归档,但须在备注栏注明参见号。

其文件材料按文号或时间顺序排列。

### (四)卷内编号

成卷装订的卷内文件在装订前编页号(卷内目录、备考表、空页不编页号),用打码机在有字迹或图表的页面按顺序逐一打上页码。卷内文件无论单面或双面只要有文字或图表的,均应在非装订线上打印页号。

### (五)检查案卷质量

检查案卷内文件的成分,收集的材料是否齐全、完整,是否有不需归档的材料。

检查案卷内文件的联系,纠正相互混淆、重复或拆散文件联系的现象。

检查归档的文件材料有无漏盖公章,应签名的栏目有无漏签。

检查案卷内文件的数量,一般不超过200页,对同一问题文件数量较多的酌情分卷,问题单一、文件数量少的可组薄卷或将相近问题所形成的材料合并组卷。

检查保管期限、密级划分是否恰当,文件材料中不能有圆珠笔、铅笔等字迹。

检查卷内文件分类组卷是否清楚合理,卷内文件编号有无错漏现象。

### (六)案卷档号的编制

高校档案实体分类的档号由年度号、分类号、案卷号三部分组成,用连接号"-"连接各组代码,即年度号-分类号-案卷号。

(1)年度号由四位阿拉伯数字组成,如"2016"。

(2)分类号是档号的主体,一般由实体分类的一、二级类目的标识符组成,教学档案可根据实际需要扩展到三级类目。二、三级类目用""间隔。

(3)一级类目是分类的最高层级,其标识符取该类目名称主词的汉语拼音的第一个字母,各类档案一级类目标识符分列如下:

DQ(党群)、XZ(行政)、JX(教学)、KY(科研)、JJ(基建)、SB(设备)、CB(出版)、WS(外事)、CK(财会)、SX(声像)、SW(实物)。

(4)二级类目是对一级类目的细分,细分的标准是根据该类档案的形成规律和特点,结合档案记述和反映的内容性质进行设置。

二级类目标识采用阿拉伯数字双位制,如"综合"为"11",其余二级类目依次为12,13,…,19,但10、20等带"0"的数字不用。

(5)案卷号是按所选择的分类号中最下位置的案卷顺序号进行标注,由于案卷数量不同,案卷号不限级数,用阿拉伯数字按1～n标识。

(6)档号模式:年度号+分类号+案卷号。

比如,2014-XZ11-1,其中2014表示该案卷的形成年度,XZ是行政类档案一级类目代号,11是二级类目代号"行政综合",1为案卷号。

## (七)电脑录入卷内文件目录、备考表

### 1. 卷内文件目录

顺序号:以卷内文件排列先后顺序排序号。

文号:文件制发机关的发文字号,如"国发〔2004〕8号",其中〔2004〕不得简写成〔04〕。

责任者:形成文件部门或对文件负有责任的署名者。

题名:文件标题,一般照实抄录,无标题或标题不能揭示文件内容的,应自拟题名,外加"〔 〕"号,比如,标题为"会议纪要"的文件,应概括出主要内容,写为"〔××××会议纪要〕"。

文件日期:文件的形成时间,即××××××××,比如,19981019。

所在页号:卷内每份文件起始页的页号,最后一份文件应录入起止页号。

备注:卷内文件要说明的文字。

### 2. 卷内备考表

本卷情况说明:卷内文件缺损、修改、补充、移出、销毁等情况。

立卷人:组成本卷的兼职档案员。

检查人:对案卷进行审核的责任者签名。

立卷时间。

## (八)电脑录入案卷题名

案卷题名:要求结构完整、确切,案卷题名不超过50个汉字,一般包括卷内题名责任者、内容、文种。

归档单位:把档案移交给档案馆的单位。

卷内文件起止日期:卷内文件形成的最早和最晚日期。

保管期限:依据档案保管期限表,确定档案的保管期限(永久、长期、短期)。

密级:有保密要求的要录入。

## (九)装订

先检查归档的文件是否按A4规格大小形成,否则需裁切、贴边、折边成A4规格。

拆除文件上的金属装订物,对破损的文件及与本卷文件材料不可分割的照片、小字条等要进行加边修补和裱糊,对较大的图表要按手风琴式的样子折叠。文件折好后,所编页码应露在外面,且幅面不得超过案卷封底和封皮。

检查案卷装订是否整齐牢固,要求不订住文字、不倒订、不漏订;要求文件材料左、下对齐;装订位置在文件左侧中部,结头系在案卷背面。

# 三、高校档案的排架

高校馆藏档案、资料种类繁多,如何将它们井然有序地排放到库房中指定的位置,并能快速找到它们,是高校档案查询利用和保管岗位工作中的一项重要内容。各类馆藏档案、资料排放科学、合理、有序,日后的管理工作就比较轻松、规范,且查找便利快捷,库房利用率高,数据统计也能确保精准。

## (一)档案箱柜的排列与编号

### 1. 排列及摆放

原则:排列摆放整齐美观,有利于通风、防晒、有效利用空间。

(1)相同规格、式样、颜色的档案箱柜应尽可能排列在一起。

(2)传统档案箱柜的靠墙面离墙壁不小于 8 厘米;采取背靠背排列,相邻两排之间间隔不小于 80 厘米。库房内的主通道不小于 150 厘米,与墙壁之间的通道不小于 60 厘米。

(3)传统档案箱柜的排列与窗口垂直。

(4)密集柜的摆放。布置排列档案密集柜要根据密集柜的尺寸标准及档案室大小来确定,一般按照宽度布局组数,就是做几组排成一列,按长度布局可以做多少列,有时也要根据房间的长度和宽度来协调布置密集柜的排列方向。

一组标准密集柜的规格为 90 厘米长,50 厘米宽,一排放几组,一共能放几排,完全取决于房间的长宽。正常情况下,一排密集柜的总长度不宜超过 8 米,也就在 8 组标准架左右,如果档案室较大,则需要区别布置,按照预留的密集柜实际可摆放位置排列,因为有的档案室里面有柱子,有的要考虑开窗户,有的有暖气,有的有空调,有的有其他不可拆移的物品等,在排列布置时需要综合考虑这些因素。

### 2. 箱柜编号与标注

(1)每个库房的档案箱柜编一个流水号,由库房最里面的箱柜朝门口方向排序,从上到下、从左到右编号。用标签注明编号后,插入档案箱柜右上角的插口内。

(2)每排档案箱柜的侧面标注存放档案的门类/类别;每组档案箱柜的正面标注存放档案的类别、年度或档案的起止档号。

## （二）实体排架

同一全宗的档案原则上放在同一库房,若一个全宗档案数量少,可以将几个全宗档案放在一个库房。

（1）以组卷方式归档的档案按大类分别排架,在同一类下按"年度-二级类目-案卷号"排放。

（2）以件归档的档案排架:按"年度-类别-保管期限-件号"排放。

（3）实物档案的排架:按"类别-年度-案卷号"排放,或根据实际情况按大小、高矮排放。

## （三）编制《档案存放位置索引》或《各门类档案分布图》

对已确定的档案库房编号和档案存放位置的档案,要编制各全宗及各门类档案存放的具体位置,以便档案管理人员全面掌握档案存放情况,快速查找和归还档案。

# 第三节　高校档案的保管与利用

## 一、高校档案的保管

档案保管就是要维护档案实体的秩序,应在保护措施、制度、方法和具体技术处理等方面严格要求,使档案在存放和使用过程中不散不乱,保护档案实体的完整与安全,防止各种人为的或自然的损害,尽量延长档案的寿命。

### （一）档案保管的含义

档案保管是指对不同材质的档案的科学存放和安全防护所采取的一系列监管和保护措施。档案保管是档案工作的有机组成部分,与档案工作的各个环节都有着密切的联系。如果没有档案的收集和提供利用,就不会有档案的保管工作,而做好档案的保管工作,也就为高效利用档案材料提供了前提和保证。

档案保管工作具体包括四个方面的内容。

（1）根据国家对档案保护环境的要求,应对档案库房及库房内的环境和设施进行管理。《高等学校档案管理办法》第七条规定:高校档案机构是保存和提供利用学校档案的专门机构,应当具备符合要求的档案库房和管理设施。比如,库房要按照国家档案馆(室)建筑标准建造,配置空调机、除湿机、加湿机、吸尘器以及防火和防盗系统等基本档案保护设备。

（2）对库房内档案进行科学管理的日常工作。比如控制好库房的温湿度；定期打扫库房，保持清洁整齐；下班前检查门、窗，切断电源、水源，保证安全。

（3）档案流动过程中各个管理环节的一般安全防护。严格履行查（借）阅制度，档案被利用时，应办理登记与交接手续。借出的档案归还后，应及时放入档案柜。对档案利用行为进行现场监督与检查，如发现污损、涂改、遗失及其他异常情况，应立即采取措施制止损坏档案的行为。

（4）采用一定的技术手段和措施，对破损的档案进行修补和复制，以延长档案的寿命。《高等学校档案管理办法》第二十一条规定：高校档案机构应当采用先进的档案保护技术，防止档案的破损、褪色、霉变和散失。对已经破损或者字迹褪色的档案，应当及时修复或者复制。对重要档案和破损、褪色修复的档案应当及时数字化，加工成电子档案保管。为了提高纸质档案的耐久性，要进行去酸、去污、修裱破损纸张档案、恢复与显示档案文件的字迹等工作。

### （二）档案保管的原则与意义

档案保管是一项极其重要的档案工作，它直接关系到档案的寿命。大量档案需要长期保存，一部分档案还要永久保存，但反映和记录档案内容的物质材料的寿命却是有限的，这二者之间的矛盾只有通过做好档案保管工作才能有效解决。

#### 1. 档案保管的原则

档案保管的原则是按全宗和专业类项进行保管，以防为主、防治结合，以便于利用为保管的最终目的，保护重点、兼顾一般。

（1）按全宗和专业类项进行保管。高校综合性档案馆（室）都应按全宗管理档案。一个全宗或专业内的档案是一个整体，在保管过程中不能将它们拆散，也不能将它们与其他全宗档案混杂存放。总之，要保持档案文件的有机联系，做到档案存放条理化、排列系统化、保管科学化，便于档案的调阅利用与保护管理。

（2）以防为主，防治结合。掌握档案损坏的原因和规律，采取有效的措施和方法，最大限度地消除可能导致档案损毁的自然或人为因素，将档案的自然损毁率降到最低限度。改善保管条件，去除档案本身不利于耐久性保存的因素，缓解档案的老化趋势，采取诸如修裱和复制等专门处理技术，尽可能延长档案的寿命。

（3）以便于利用为档案保管的最终目的。档案保管的最终目的是服务学校和社会。档案馆（室）的工作可概括为"管好"档案和"用好"档案。"管好"档案是为了"用好"档案，只片面强调保管，而不考虑提供利用的方便，就失去了档案保管的意义；如果只顾眼前的利用方便，而不顾档案的保护，也会对档案造成损害，甚至影响档案的长久利用。因此，在保管好档案的同时要考虑有利于利用，利用档案的同时也要顾及保管，这样才能更好地为利用者服务。

（4）保护重点，兼顾一般。档案有珍贵、重要与一般之别，有永久保管、长期保管和短期保管之分，保管中要对不同的档案给予不同对待。对于需要长久保存的珍贵、重要档案，应采取重点保护措施,在库房条件、保护装具等方面都要从优考虑,在利用方面也要从严控制;而对于一般性的档案,也要适当兼顾,保证基本的保管条件。

2.档案保管的意义

档案保管工作是采用一定的技术装备、措施和方法,对档案实行科学保管和保护,防止和减少档案的自然或人为毁损的工作。档案保管工作在整个档案工作中具有十分重要的意义。

(1)档案保管工作是延长档案寿命,维护档案真实面貌和安全的根本保证。只有加强档案保管工作,通过防光防虫、降温除湿、修补除污等科学措施和方法,有效减少和防止档案的毁损,才能最大限度地延长档案的寿命,保证档案的完整。

(2)档案保管在高校档案业务工作中占有十分重要的地位,如果保管工作不规范或稍有疏漏,造成档案毁损、丢失、失窃甚至毁于水、火等灾害,那么收集、整理等基础工作就可能前功尽弃,也会影响学校教学、科研、管理等工作的正常进行。在现代信息技术、网络技术迅速发展的当下,高校档案保管工作应尽量防止两种容易造成档案被损坏的倾向:一是只偏重于纸质档案的保管设施建设和防护措施,而忽视光盘、磁盘、影像等特殊载体档案的保管设施建设和防护措施;二是认为电子文件将逐渐取代纸质文件,因而忽视了对纸质档案的保管设施建设和防护措施。只有既重视纸质档案的保管工作,又重视各种特殊载体档案的保管工作,才能有效保证高校档案的完整与安全,便于其当前和长远利用。

### (三)档案保管制度

高校档案馆(室)要做好档案保管工作,防止档案的毁损,延长档案的寿命,维护档案的完整与安全,并及时准确地为利用者提供服务,因此必须制定基本的档案保管制度。

(1)档案管理人员要视档案为生命,严格遵守档案法规和各项规章制度,认真做好档案保管工作。

(2)建立与健全档案入库与移出的登记制度,并做好档案的收进与移出的日常登记、统计工作。严格办理档案入库或移出登记手续,归还的档案要及时放回原处。

(3)各类档案入库时,应认真进行清点核对,做到账、物相符。

(4)库房内应备有空调机、除湿机、吸尘器、温湿度计等,每天记录并及时采取应对措施,使库房内温湿度达到标准。库房标准温度为 14~24 ℃,标准相对湿度为 45%~60%。

(5)库房内各种电器闸门要牢固,下班时要关闭电闸。库房周围要杜绝火源,库房内不得堆放任何与档案无关的物品。库房内严禁吸烟和存放易燃、易爆物品。

(6)认真落实防火、防水、防潮、防霉、防虫、防光、防尘、防鼠、防有害气体、防盗等措施。

(7)要定期检查档案保管情况,对破损或字迹褪色的档案应当及时修复、复制或进行其他技术处理。

(8)档案管理人员要严守国家机密,不得泄密、失密,未经主管领导批准不得提供或私自利用机密档案资料。

(9)根据档案保管期限规定,对超过保管期限的档案材料,经档案鉴定机构鉴定并经领导批准后方可销毁。禁止任何人擅自销毁档案。

（10）档案管理人员调动或退休时，必须办理严格的档案移交手续。

（11）档案部门应对档案安全定期进行检查，并记录在案。检查内容包括档案数量是否相符；档案有无毁损、褪变，收进、移出、存取登记是否准确；各项制度的执行情况；应采取的措施并写出详细书面材料，及时向校长和主管领导报告。

## （四）高校档案保管条件

### 1. 档案馆库建筑

《高等学校档案管理办法》第三十七条规定：高等学校应当为档案机构提供专用的、符合档案管理要求的档案库房，对不适应档案事业发展需要或者不符合档案保管要求的馆库，按照《档案馆建设标准》（建标103—2008）的要求及时进行改扩建或者新建。可见，高校档案馆（室）馆库建筑应从高校的实际情况出发，因地制宜，合理确定建设规模和水平，做到功能齐全、设施完善、经济实用，能够满足高校档案馆（室）档案收集、整理、保管、利用等工作的需要。比如，湖南师范大学档案馆，原馆库建筑结构为砖混结构，陈旧落后，建筑面积仅1200平方米，附设在教学楼内，且无电梯，无法适应学校档案工作发展的需要。2008年8月，学校根据《档案馆建设标准》（建标103—2008）的要求，投资近千万元，新建了近3000平方米的档案馆，其中库房面积达1400平方米，机房与办公用房1000余平方米，购置并安装了计算机、大功率除湿机与空调机、活动式密集档案架、自动报警消防与防盗系统、闭路监控系统等现代化管理设备，大大改善了全馆5万余卷档案的保管条件。

（1）档案馆（室）的建筑设计应根据不同等级、不同规模和职能配置各类用房和设备。

第一，档案馆（室）用房分隔、档案传送通道的设置要求。为保障档案安全，档案库房与其他各类用房之间应有分隔，各部门之间的档案传送线路应安全顺畅，内外联系应避免交叉。四层及四层以上的对外服务用房等应设电梯，二层及二层以上的档案库房应单独设置垂直运输设备。

第二，档案馆（室）电梯、档案垂直运输系统设置要求。档案垂直运输设备比普通电梯在载重量上要求更高，普通电梯不能完全满足档案垂直运输的需要，而且人档混载不但不利于档案的安全与保密，也会影响正常的工作秩序，单独设置档案垂直运输系统是十分必要的。

（2）形成档案的物质载体，其耐久性除了与自身的来源和成分有密切关系外，还受环境的影响，档案库房建筑所创造的环境应尽可能地适宜于档案的长期保存，所以应建筑符合档案保护技术要求的库房。档案库房的建筑要求是坚固、适用、经济、美观，并具备保温、隔热、防震、防潮、防虫、防有害气体、防光、防火、防盗等性能。要实现档案库房建筑的上述要求，在进行档案库房建筑时，具体要做到如下五点：

①库区应根据档案类别、保管要求和经济性，设置不同类型的库房和确定柱网、层高与载荷，珍贵档案存储应设珍藏库。档案库房层高应满足排架高度、管道安装维修的要求；档案库房应根据不同的载体和不同的保管要求分设，并根据不同要求确定柱网、层高与载荷。

一般来说,不同载体的档案对保管要求不尽相同,同时库房大小也要根据保管要求进行设置,一些特殊载体档案对保管的苛刻要求在大库房中难以满足,如纸质档案与音像档案、照片档案的保管要求就有很大不同。

②档案库设于地下时,必须采取防潮、防水措施,这是档案保管的基本要求。

③重要电子档案保管和利用场所应满足安全屏蔽要求,以确保重要电子档案的保密与安全。

④档案库房建筑应满足安装门禁、报警、监视监控等安防系统的要求,以确保档案的安全。

⑤档案馆(室)电路应满足库房设备和照明的需要,最好实行双路供电,或者自备发电机组,这是由档案保管的特殊性决定的。

2. 档案保管设备与设施

档案保管设备与设施,一般是指那些具有"固定资产"性质的机械、器具、仪器、仪表等技术设备。档案保管保护设备有档案装具、空气调节设备、除湿机、加湿机、吸尘器、温湿度测量及控制仪、计算机设备、消防设备、防盗自动监控系统等。

(1)档案保管设备种类很多,有档案柜、档案架、档案箱、活动式密集档案柜(架),每一类又分为若干种。由于档案架不能将档案密闭,不利于档案的保护,现已很少采用;档案箱密闭性能好,比较适用于备战时期转移搬迁,但存取档案不方便,现在也很少采用。

①档案柜。档案柜有木质和金属材质两种:木质档案柜防潮隔热好,造价较低;金属档案柜防火性能好,不易损坏变形。档案柜的形式有单面双门柜、单面四门柜、双面双门柜、双面四门柜等多种。档案柜的优点是坚固、防火、防潮、防光,但移动不方便,造价较高。

②档案箱。档案箱多是铁制或木制,一般八个或十个一套,叠放使用。与柜架相比,便于挪动,又能防尘、防火、防盗。但造价高,结构复杂,容量小,占地多,降低了库房的使用面积。

③档案架。固定的档案架分单柱式和复柱式,单柱式固定档案架消耗钢材少,结构简单,表面喷漆,耐久美观;复柱式固定档案架在结构、性能、规格上与单柱式相同,但比单柱式稳定性能好、坚固、承载力强。

④活动式密集档案架。它是在复柱双面固定架的底座下安装轴轮,使之变成架车,能沿地面铺设的小导轨直线移动,可以把若干档案架连在一起,中间只留少量通道空位,移动起来可疏可密、可开可闭,容量大,查找方便,有利于防止或减少光、火、灰尘、有害气体和虫、鼠等对档案的损坏,还可以增加库房的容量。若新建库房,最好购置活动式密集档案架,既可以节约购置费,从长远来看又可以减少档案保管、维护所需的日常费用。但安装使用活动式密集档案架,对楼面的承重力具有较高要求,若安装在二层楼以上的房间,楼板承重力一般需在1000千克/平方米以上,同时还应考虑整个建筑物的坚固程度及其使用年限。

(2)档案保管设施主要有控制温度、湿度和消防系统设备。

①控制温湿度设备。

a. 空调设备。档案库房的温湿度要控制在国家对档案库房规定的标准范围内。《高等学校档案部门业务建设规范》明确规定:库房标准温度为14～24 ℃,标准相对湿度为45%～60%。档案馆(室)单纯依靠库房门窗密闭和自然通风,要想达到档案库房恒温、恒湿的目的是不可能的,必须安装空调设备。大、中型档案馆(室)应当安装中央空调机,与馆库建筑同步设计,同步安装施工。中小型档案馆(室)可以安装分体式空调机。选择空调机的功率大小和安装数量应根据库房面积的大小来确定,对于符合标准的档案库房,按耗冷量146 千瓦时/平方米计算出所需空调机的制冷量。在一般情况下,档案馆(室)库房晚上是不开空调和除湿机的,上班开机时间最多8 小时,经过一个晚上,库房内的温湿度又与室外相同了。因此,面积大、库房多的高校档案馆(室)最好安装中央空调机。安装中央空调机的库房,必须有向库房送气的通风管道,为了控制库房的温湿度,必须控制新风流量,不能让新风日夜不停地进入库房,方法是控制新风机的风阀,做到需要时打开,不需要时关闭。这样,才能确保档案库房的温湿度常年控制在国家规定的标准范围。

b. 除湿机和加湿机。因相对湿度对档案的影响比温度更大,故控制档案库房的湿度比控制温度更为重要。空调机虽然具有一定的去湿功能,但并不能取代除湿机的作用。我国各地气候差别很大,南方和沿海地区空气潮湿的季节长,应配备除湿机;西北地区空气干燥,应配备加湿机。选择除湿机和加湿机的功率(日除湿量和日加湿量)应根据库房容积来确定。

c. 计算机和测控仪。控制和调节档案库房温湿度较为理想的方法是用计算机和测控仪跟踪测量库房的温湿度,并依据测定值和用户设定的温湿度值,适时自动(或人工)开启或关闭空调机、除湿机或加湿机,将库房温湿度稳定在国家规定的标准范围,达到恒温、恒湿的目的。例如,MSK-DA 2 型计算机温湿度自动监测系统是一个由计算机(上位机)和控制仪(下位机)组成的温湿度自动监测、控制与调节的管理网络。一台计算机可配 $N$(1～64)台控制仪,可服务于 $N$ 个档案库房。该系统具有自动检测、自动记录、自动存储、自动统计、自动分析、自动查询、自动打印温湿度数据及自动控制空调机和除湿机、加湿机的功能,当计算机出现故障时,各控制仪能独立正常工作。

②消防系统设备。

消防是指灭火和防火。档案馆(室)应设置完整的消防系统,一是自动报警系统,二是灭火系统。自动报警系统包括探测装置、控制装置、报警装置,灭火系统包括各种灭火器。下面重点介绍火灾探测器、区域报警器和全自动气体喷淋消防系统。

A. 火灾探测器。火灾探测器的种类繁多,包括离子感烟探测器、光电感烟探测器、双金属片式感温探测器、膜盒式感温型探测器、热敏电子元件型感温探测器和感光型探测器等。档案馆(室)适宜采用灵敏度高、误报率低、使用寿命长的探测器,并注重其灵敏度、可靠性、耐久性等方面的相关技术参数。

a. 感烟探测器。我国常用 FJ-270 系列离子感烟探测器,火灾发生时,带电离子的烟进入电离室后,就使空气电离状态发生变化,通过抗阻变换和鉴别等一系列电子电路处理,就能发出声和光的报警信号。每个探测器的最大警戒面积约 150 平方米。

b. 感温型探测器。一般是由感热室、膜片、泄漏孔、接点等构成。当发生火灾时,感热室内的空气随着周围温度上升而膨胀,膜片受压使接点闭合,发出报警信号。目前,国产 FI-2705 型感温探测器性能较好。

c.感光型探测器。常见的有红外线火灾探测器和紫外线火灾探测器。红外线火灾探测器的光导电池遇到火灾时放出的红外线产生电信号,发出火灾报警。紫外线火灾探测器的紫外光电子管因受到火焰放出的紫外线的影响,在电极上激发出电子,在外电源的作用下,电子管内的惰性气体被电离,使讯号电气回路变成通路,从而发出火灾报警信号。

B.区域报警器。区域报警器由数门电路和稳压电源电路所构成,用于监视区域(或楼层),能将探测器输入的电压信号转换成声光报警,并能显示出具体火警房间的号码,还能供应探测器稳压电压,输出火警信号给集中报警器以及操作有关的灭火和阻火设备。当某一个探测器有火警信号时,探测器确认灯亮,报警器上该探测器对应的总火警灯亮起,时钟记下首次发生火警的时间,并发出火警(变调)音响,同时送出火警信号至集中报警器。

C.全自动气体喷淋消防系统。蚌埠依爱消防电子有限责任公司生产的新型气体灭火系统——EI-6000QT 型气体灭火控制器,主要用于各种二氧化碳、七氟丙烷、三氟甲烷、IG 541等气体灭火系统,可挂接智能感烟、感温探测器,也可通过非编码探测器接口挂接非编码火灾探测器进行火灾报警,通过内部继电器直接控制气体灭火设备及有关警报装置。

EI-6000QT 型气体灭火控制器与七氟丙烷气体灭火系统是较为理想的配置方式,七氟丙烷气体灭火系统主要由火灾探测控制单元(包括火灾探测器、报警控制器、气体灭火控制盘、声光讯响器、喷洒指示灯、紧急启动/停止按钮等)与灭火系统单元(包含七氟丙烷灭火瓶、钢瓶架、单向阀、集流管、安全泄放装置、驱动装置、软管、选择阀、管网及喷嘴等)组成,具有自动、手动和应急操作三种启动方式。

这套由消防专家研发的新型气体灭火设备系统,其性能稳定可靠,功能完备,灭火效果好,且安装、维护、操作简便,省时省力,特别适合于档案馆(室)库房使用。

# 二、高校档案的利用

## (一)高校档案开发利用的含义与特点

高校档案馆(室)根据学校招生、教学、科研、管理等工作和社会组织或个人的需要,提供所藏档案为利用者服务,以充分发挥档案的作用,实现档案信息资源共享,称为高校档案的开发利用。高校档案开发利用主要有以下四个特点:

### 1.开发利用的目的性与效益性

高校档案的开发利用,首先是满足学校招生、教学、科研和管理等工作的需要,为学校开展各项工作创造条件,进而提高工作效率;其次是满足社会组织或个人利用档案的需要,借以提高社会效益,同时兼顾经济效益。

2. 开发利用与档案积累的同步性

开发利用必须以丰富的馆藏为基础,只有充分开发利用现有档案信息资源,才能为不断积累、补充和优化馆藏档案创造前提条件。因此,开发利用与档案积累是相辅相成、同步发展的。

3. 开发利用的范围与程度的渐进性

由于高校档案中部分信息具有机密性和内向性,在开发利用的时间上不可能像报刊一样迅速扩展,而是一个渐进的过程。相当一部分未到开放与公布期限的档案,在一定时间内只能在校内档案机构或归档部门范围内加以利用。根据档案法律、法规的规定,档案达到开放和公布期限后,才能扩展到校际交流和社会利用。尤其是一部分机密档案和科学技术保密成果,只有在解密后才能成为社会共享的成果。因此,高校档案利用的范围与程度是一个由近及远、由内及外、由小至大、由少到多的扩展过程。

4. 开发利用的信息反馈性

高校档案的开发利用不是单向的信息流动,而是一个动态的双向信息交流过程,有效的开发利用必须以双方及时的信息反馈为基础。不论是校内还是校外的利用者,他们不仅是档案信息的被动接受者,还对档案信息的需求程度以及档案信息内容的选择、发展动向、传递方式和利用效果等有各式各样的反应,也就是利用档案后的信息反馈,这种信息反馈有利于高校档案工作的深入开展。

## (二)档案开发利用的法规依据

加强法制建设、依法开发利用档案信息资源是高校档案开发利用的重要措施。由于高校档案是国家宝贵的历史文化财富,且多为孤本,还有部分档案信息具有一定的机密性和内向性,这就决定了在档案开发利用工作中必须有一定的限制,不是任何人对任何档案都可以随意利用,必须按照国家的档案法律、法规的要求进行。高校档案馆(室)必须以《档案法》《高等学校档案管理办法》及有关法规、规范为依据,开发利用档案信息资源。

1.《档案法》对档案利用和公布的规定

《档案法》第十九条规定:国家档案馆保管的档案,一般应当自形成之日起满30年向社会开放。经济、科学、技术、文化等类档案向社会开放的期限,可以少于30年,涉及国家安全或者重大利益以及其他到期不宜开放的档案向社会开放的期限,可以多于30年,具体期限由国家档案行政管理部门制定,报国务院批准施行。档案馆应当定期公布开放档案的目录,档案馆应当为档案的利用创造条件,简化手续,提供方便。中华人民共和国公民和组织持有合法证明,可以利用已经开放的档案。

《档案法》第二十条规定:机关、团体、企业事业单位和其他组织以及公民根据经济建设、国防建设、教学科研和其他各项工作的需要,可以按照有关规定,利用档案馆未开放的档案以及有关机关、团体、企业事业单位和其他组织保存的档案。利用未开放档案的办法,由国家档案行政管理部门和有关主管部门规定。

《档案法》第二十一条规定:向档案馆移交、捐赠、寄存档案的单位和个人,对其档案享有优先利用权,并可对其档案中不宜向社会开放的部分提出限制利用的意见,档案馆应当维护他们的合法权益。

《档案法》第二十二条规定:属于国家所有的档案,由国家授权的档案馆或者有关机关公布;未经档案馆或者有关机关同意,任何组织和个人无权公布。集体所有的和个人所有的档案,档案的所有者有权公布,但必须遵守国家有关规定,不得损害国家安全和利益,不得侵犯他人的合法权益。

### 2.《中华人民共和国档案法实施办法》对档案利用和公布的规定

《中华人民共和国档案法实施办法》(以下简称《档案法实施办法》)第十九条规定:各级国家档案馆保管的档案应当按照《档案法》的有关规定,分期分批地向社会开放,并同时公布开放档案的目录。档案开放的起始时间:①中华人民共和国成立以前的档案(包括清代和清代以前的档案;民国时期的档案和革命历史档案),自本办法实施之日起向社会开放;②中华人民共和国成立以来形成的档案,自形成之日起满30年向社会开放;③经济、科学、技术、文化等类档案,可以随时向社会开放。前款所列档案中涉及国防、外交、公安、国家安全等国家重大利益的档案,以及其他虽自形成之日起已满30年但档案馆认为到期仍不宜开放的档案,经上一级档案行政管理部门批准,可以延期向社会开放。

《档案法实施办法》第二十条规定:各级各类档案馆提供社会利用的档案,应当逐步实现以缩微品代替原件。档案缩微品和其他复制形式的档案载有档案收藏单位法定代表人的签名或者印章标记的,具有与档案原件同等的效力。

《档案法实施办法》第二十一条规定:《档案法》所称档案的利用是指对档案的阅览、复制和摘录。中华人民共和国公民和组织,持有介绍信或者工作证、身份证等合法证明,可以利用已开放的档案。外国人或者外国组织利用中国已开放的档案,须经中国有关主管部门介绍以及保存该档案的档案馆的同意。机关、团体、企业事业单位和其他组织以及中国公民利用档案馆保存的未开放的档案,须经保存该档案的档案馆同意,必要时还须经有关的档案行政管理部门审查同意。机关、团体、企业事业单位和其他组织的档案机构保存的尚未向档案馆移交的档案,其他机关、团体、企业事业单位和组织以及中国公民如需要利用的,须经档案保存单位的同意。

《档案法实施办法》第二十二条规定:《档案法》第二十二条所称档案的公布,是指通过下列形式首次向社会公开档案的全部或者部分原文,或者档案记载的特定内容:①通过报纸、刊物、图书、声像、电子等出版物发表;②通过电台、电视台播放;③通过公众计算机信息网络传播;④在公开场合宣读、播放;⑤出版发行档案史料、资料的全文或者摘录汇编;⑥公开出售、散发或者张贴档案复制件;⑦展览、公开陈列档案或者其复制件。

《档案法实施办法》第二十三条规定：公布属于国家所有的档案，按照下列规定办理：①保存在档案馆的，由档案馆公布；必要时，应当征得档案形成单位的同意或者报经档案形成单位的上级主管机关同意后公布；②保存在各单位档案机构的，由各该单位公布；必要时，应当报经其上级主管机关同意后公布；③利用属于国家所有的档案的单位和个人，未经档案馆、档案保存单位同意或者前两项所列主管机关的授权或者批准，均无权公布档案；④属于集体所有、个人所有以及其他不属于国家所有的对国家和社会具有保存价值的档案，其所有者向社会公布时，应当遵守国家有关保密的规定，不得损害国家的、社会的、集体的和其他公民的利益。

《档案法实施办法》第二十四条规定：各级国家档案馆对寄存档案的公布和利用，应当征得档案所有者同意。

《档案法实施办法》第二十五条规定：利用、公布档案，不得违反国家有关知识产权保护的法律规定。

### 3. 高校档案管理法规对档案利用与公布的规定

《高等学校档案管理办法》第二十七条规定：高校档案机构应当按照国家有关规定公布档案，未经高等学校授权，其他任何组织或者个人无权公布学校档案。属于下列情况之一者，不对外公布：①涉及国家秘密的；②涉及专利或者技术秘密的；③涉及个人隐私的；④档案形成单位规定限制利用的。

《高等学校档案管理办法》第二十八条规定：凡持有合法证明的单位或者持有合法身份证明的个人，在表明利用档案的目的和范围并履行相关登记手续后，均可以利用已公布的档案。境外组织或者个人利用档案的，按照国家有关规定办理。

《高等学校档案管理办法》第二十九条规定：查阅、摘录、复制未开放的档案，应当经档案机构负责人批准。涉及未公开的技术问题，应当经档案形成单位或者本人同意，必要时报请校长审查批准。需要利用的档案涉及重大问题或者国家秘密，应当经学校保密工作部门批准。

《高等学校档案管理办法》第三十条规定：高校档案机构提供利用的重要、珍贵档案，一般不提供原件，如有特殊需要，应当经档案机构负责人批准。加盖高校档案机构公章的档案复制件，与原件具有同等效力。

《高等学校档案管理办法》第三十一条规定：高校档案开放应当设立专门的阅览室，并编制必要的检索工具，提供开放档案目录、全宗指南、档案馆指南、计算机查询系统等，为社会利用档案创造便利条件。

《高等学校档案管理办法》第三十二条规定：高校档案机构是学校出具档案证明的唯一机构。高校档案机构应当为社会利用档案创造便利条件，用于公益目的的，不得收取费用；用于个人或者商业目的的，可以按照有关规定合理收取费用。社会组织和个人利用其所移交、捐赠的档案，高校档案机构应当无偿和优先提供。

《高等学校档案工作规范》对高校档案的开放利用提出了四点要求：

（1）提供优质服务。档案部门人员要熟悉馆藏，主动提供利用，起好领导和辅助有关部门的作用。①要充分发扬各校优势,加强内外信息的综合开发利用,发挥档案的信息功能,定期跟踪服务,提高其社会效益和经济效益。②馆(室)内应有档案检索工具、阅览室和复制设备,为利用者提供方便。

(2)提供复制件利用。珍贵档案应以复制件或缩微品代替提供利用,以保护原件。

(3)开放档案利用。已建馆的学校,对馆藏档案,自形成之日起满30年的,除未解密或需要控制使用的部分外,均应按国家规定,报校长或主管校领导批准后,分期分批地向社会开放;未建馆的不向社会开放,校外其他单位或个人需要利用档案时,应持单位介绍信,经校办主任同意后,方可查阅。科技档案的开发利用,应当按国家档案局、国家科委《开发利用科学技术档案信息资源暂行办法》执行。涉及重大问题或机密的,还要报请主管校领导批准。①对开放的档案,应认真审查内容,严格区分开放与控制使用的界限。②利用开放档案,对国内利用者与台湾、香港、澳门同胞及外国人应有不同的要求。③开放档案,应另编目录和检索工具,供利用者检索。④专利成果档案的利用,应按《中华人民共和国专利法》的规定执行。

(4)负责办理档案利用手续。①凡利用馆(室)藏档案,均应按本馆(室)规定办理利用手续,填写《档案借阅登记簿》。②利用结束后,利用者填写的《档案利用效果登记表》留馆(室)存查。③对借出档案,档案部门要定期催还,发现损坏或丢失,应写出书面报告,根据不同情况,报学校主管领导按规定严肃处理。

### (三)档案开发利用的模式与途径

#### 1.传统开发利用模式与途径

传统开发利用模式在我国有相当长的历史,至今仍然占有相当大的比例。高校档案开发利用基本上是以档案原件或档案副本、复制品的形式,直接提供给利用者查阅,或摘抄,或复制,以满足广大利用者的需要。具体的开发利用途径有以下几种。

(1)阅览服务。这是高校档案机构为档案利用者开辟阅览室,供利用者查阅档案文件及有关文献资料的一种服务方式,是高校档案最基本、最普遍的一种开发利用方式。档案利用者只要持有关证件,到学校档案馆(室)办理借阅手续,填写《档案借阅登记簿》,即可到档案阅览室查阅有关档案文件。

高校档案馆(室)开展阅览服务,有利于档案利用者查阅档案,获取档案信息,有利于档案的保护和保密;有利于更多的利用者能直接查阅档案原件,提高借阅档案的周转率和利用率;有利于高校档案工作人员对档案进行监护,掌握利用情况,解答利用者在利用中提出的具体问题;同时,可以及时收集档案利用者反馈的意见,更好地改进服务工作,更好地为利用者服务。

阅览服务的具体要求应包括以下几点。

①高校的档案馆(室)必须设立阅览室,配备专兼职档案工作人员,管理阅览室具体工作。阅览室应当设在离高校档案库房较近的地方,房间应比较宽敞、舒适,室内应备有各种

检索工具(目录、卡片、参考资料)和较先进的检索设备,配备一定数量的桌椅,室外走道或休息室备有饮水设施等,室内墙壁醒目处应悬挂阅览制度,明确规定接待对象、借阅范围、履行借阅登记手续、保护档案原貌等利用者应当遵守的事项。阅览室的档案工作人员不仅要熟悉馆藏档案,熟练掌握各种检索工具的使用方法,更重要的是要有全心全意为利用者服务的工作态度和满腔热情,懂得换位思考,当好档案利用者的顾问和参谋。

②未建馆的高校所保存的档案,主要为本校各部门提供利用服务,不向社会开放。校外其他单位或个人利用档案时,一定要持单位介绍信,经校办主任批准后,方可查阅。涉及重大问题或党和国家机密的需经主管校领导批准。

③阅览室要建立、健全规章制度。阅览室对前来阅览档案的对象、阅览范围、阅览要求与手续以及相关事项,都应做出明确的规定。为了维护档案的安全,档案馆(室)一般应规定利用者不得查阅与其利用无关的档案;对于已经脆化、缺损的易毁档案,档案部门一般要向利用者提供复制件;对一些尚未整理编目的零散文件,一般不予借阅;严禁利用者在档案上做记号或涂改档案文件。为了维护阅览室良好的阅览环境,同时为了避免损坏档案,禁止利用者在阅览室吸烟,喝水应到指定的地方;禁止利用者将档案原件及其复制件等私自带出馆(室)外,阅后的档案应及时归还,阅览室工作人员要认真清点核对,履行归还手续。如果发现档案文件有受污、涂改、损坏、撕毁、遗失或其他异常现象,档案工作人员应当立即采取措施予以妥善处理,并严格按照有关规章制度对损坏档案的利用者追究责任。

④档案利用结束后,利用者必须在《档案利用效果登记表》"利用效果"栏目内如实填写档案利用效果。

(2)借出档案。在一般情况下,档案是不允许借出利用的,只有在特殊情况下,在一定范围内,经主管校领导批准,某些档案才可以暂时借出。

高校档案借出服务的具体要求包括以下几个方面。

①建立、健全高校档案借出的审批制度。按规定只有在利用者,特别是党政领导机关或司法机关,要求必须以档案原件作为证据的特殊情况下,经学校主管领导审查批准,才可以将档案原件借出高校档案机构。外借的时间不宜过长,以免丢失或泄密,对借出档案应认真点清卷数、件数,以掌握具体的档案流动和利用情况。借用单位要及时归还并对所借档案的完整与安全负完全责任。

②履行严格的档案借出登记与记录工作。高校档案的外借必须履行严格的档案借出登记和记录工作,负责监督档案利用者认真填写《档案借出登记表》,具体内容包括档案借用者的单位、借用人姓名、政治面貌、职务、借出日期、归还日期、借出档案所属年度、借出档案的卷号、卷件数,以及接待档案借出的工作人员姓名、主管领导签字等。档案借出登记的目的在于掌握利用者借阅了哪些档案及副本,了解外借档案的去向,明确借阅使用档案的责任。

③建立催还制度。对于借出的档案,要有归还时间限制。档案借用者不得以各种借口拖延归还时间,对于未按期归还的,档案机构应及时向档案借用者催还,以加速档案周转利用,提高档案的利用率。同时,也避免了档案因外借时间较长而可能出现损坏、遗失等现象。档案工作人员要认真办理归还手续,在《档案借出登记表》上注明归还日期,并且要求借用者

填写利用效果。如果发现借出的档案有损坏、撕毁等情况,应及时向主管校领导汇报,按照档案开发利用的有关规章制度妥善处理。

(3)编研服务。为了实现高校档案信息资源的深层次开发,高校可采取提供利用与编研相结合的方式,实现以资源共享为目的的档案信息开发利用新模式。这种模式具有动态性、开放性、能动性和实用性特点,是一种将"死"的档案资源"复活"为流通的信息,变被动服务为主动服务的档案信息开发利用模式。

(4)咨询服务。高校档案部门的咨询服务是以档案为依据,通过解答利用者提出的问题,向利用者提供档案材料和档案专业知识途径的一种服务方式。利用者经常会因一些政策、法规或技术方面的问题,通过口头、电话和书面方式向档案部门进行咨询。高校档案馆(室)在不违反国家法律、法规的情况下,应提供咨询服务或出具证明,使咨询者满意。如果涉及党和国家的秘密或社会团体及公民个人的隐私问题,则要耐心解释,谢绝回答。

咨询服务的步骤主要有:①接受咨询。对利用者咨询的目的以及内容进行审查,认真填写《档案咨询登记表》;②对利用者提出的问题进行认真的分析;③将查找所获得的信息、数据以及文献等直接提供给利用者;④注意咨询档案和咨询效果的意见反馈登记;⑤有条件的高校档案馆(室)还可以开展数字参考咨询,利用数字档案馆网络进行在线咨询服务。

(5)档案复制服务。复制服务的要求包括:①认真填写《档案利用(复制)登记表》;②高校档案部门的档案工作人员,需在其复制件上亲笔签字;③由档案馆(室)加盖档案行政公章;④外单位的人员利用复制件,需持单位介绍信和工作证、身份证等合法证明,经提供利用方有关领导同意签字后,方可复制档案。

档案复制服务同样是高校档案开发利用中常见的档案利用服务方式之一。复制服务是以档案原件或档案副本为依托,通过复制(包括静电复制、缩微复制、拷贝复制、软盘复制等)手段,向利用者提供服务。制发档案复制件的优点有:速度快、准确度高;提高了档案利用率;有利于档案原件的保护和长久保存。

高校档案馆(室)制发档案复制件提供利用时,必须要注意以下几个问题:

①由于是复制件,所以在复制的过程中,不排除将档案原件有意改动的可能。当利用者需要档案复制件时,一般由档案人员在高校档案馆(室)复制,不得由利用者本人或其他人员将档案原件拿出档案馆(室)进行复制。

②高校内部工作人员(包括离退休人员)因私利用档案时,一般不予复制,但因工作的需要则必须经主管校领导批准才能复制。

③对于上级党政领导机关(含主管部门和本校)印发的标有密级并且尚未解密的档案原件,一般不予复印。

(6)展览服务。展览服务是指高校档案馆(室)根据某种需要,按照一定的主题以展出档案原件或复制品的形式,系统地揭示和介绍有关档案的内容与成分的一种服务方式。这是让社会各界更多地了解档案、档案工作和档案馆(室)的渠道之一,也是档案馆(室)向社会广泛宣传档案与档案工作,增强社会档案意识的一种有效形式。各高校应根据本校档案馆(室)馆藏档案,设立展览室或举办如历史档案、名人档案、伟人档案以及高校各种纪念活动专题档案等不同类型的展览。

《高等学校档案管理办法》第三十五条明确规定:高校档案机构应当采取多种形式(如举办档案展览、陈列、建设档案网站等),积极开展档案宣传工作。有条件的高校,应当在相关专业的高年级开设有关档案管理的选修课。

举办档案展览既是一项政治性、思想性较强的工作,又是一项具有科学性和艺术性的工作,举办档案展览的具体要求包括以下几个方面。

①明确举办档案展览的目的。举办档案展览主要是起到积极宣传档案和档案工作或某些重要档案内容的作用。对展览主题的确定、展出内容、展出范围,都应进行周密的考虑,然后拟订详细的展出计划和展出提纲,经主管校领导批准后执行。

②尽量提供档案复制件。档案展览一般应是复制件,尽量避免用档案原件展览。一定要展出档案原件时,千万要加强安全保护,且必须有专人看守,或锁在陈列的展柜内,以防档案原件丢失或损坏。对于有密级尚未解密的档案,则不能公开展出。

③注意展览的选材。高校档案展览的选材要注意形式多样化,生动有趣,意蕴深刻,且有吸引力。

④注重讲解。高校档案展览的某些内容需要借助讲解服务,了解展品的历史背景、来源和相关信息,以显示出档案展览的生动性、鲜活性、立体感。

(7)制发档案证明。档案证明是高校档案部门根据档案利用者的需要,为其核查某种事实,而提供复制或摘抄档案的一种书面材料。制发档案证明是高校档案开发利用工作的一种方式,其范围包括某些重大历史活动和历史事件的证明材料;公安、司法、监察、纪检机关需要的审理方面的证明材料;公私各方面需要的签订合同、协议书、产权等证明材料;个人需要的有关工龄(教龄)、学历、奖惩、职务、职称、工资等方面的证明材料等。开具档案证明必须严肃而谨慎,其要求是:

①高校档案部门必须认真审查利用者的工作证或身份证、单位介绍信及其提出制发档案证明的要求,依据要求酌情提供摘抄或复制相应的档案内容的证明材料。在摘抄时必须注明目的及被证明的某种事实背景情况(如时间、地点)。

②档案证明材料必须真实可靠,一般应根据档案原件摘抄或复制,如果是根据草稿、草案、草图摘抄或复制,应在证明材料上加以说明。

③档案证明材料上应注明出处,如档号、全宗名称等,还应注明提供方法(如记述档案原文内容或复制原文等)和根据。

④档案证明只证实某一事实在本馆(室)所藏档案中有无记载和如何记载的,对材料内容不加以评价或做出结论。证明材料文字应准确明了,不能含糊其词。

⑤高校档案部门对开出的档案证明必须高度负责,必须对其进行认真的校对、审核,并应加盖公章,且有档案部门负责人的亲笔签字。

### 2. 信息化开发利用模式及途径

我国信息化开发利用模式早在20世纪80年代就已启用,这种新型的模式是传统开发利用方式的拓展,到了 20 世纪 90 年代,迅速发展的网络、光盘、计算机等先进信息技术在高校档案部门普遍应用,大大提高了高校档案开发利用的社会效益和经济效益。

（1）网络信息服务。网络能使高校档案信息资源在更大的范围内传播,高校档案部门利用这个平台,在档案信息服务方面突破了旧的格局,可以开展多层次、全方位的服务。

（2）计算机技术。计算机技术具有高效的信息处理能力,信息的输入、输出速度快,大大提高了档案信息的传输效率。档案工作者通过计算机进行复印、缩微、扫描等方式,可以实现档案信息传递的网络化,能够从技术上保证在更大的范围内实现档案信息资源共享。

（3）光盘的使用。光盘具有容量大、数据传输率高、存取速度快、存储成本低、易保存、体积小等优点,在高校档案信息开发中使用光盘是高校档案部门现代化服务的方式之一。

（4）各种传媒服务。传媒服务是指高校档案馆（室）通过各种传播媒介,传播馆（室）藏有关档案信息和相关事务的信息,进而促进档案信息资源在各行各业中得到广泛利用的一种方式。高校档案的开发利用,可以通过不同媒体的传播展开服务,如通过报纸、刊物、广播、电视、视频以及电子橱窗等大众传播媒介传播相关事务的信息,进而促使高校档案得到广泛利用。通过传播媒介传播档案信息是一种十分有效的途径,目前,各高校都建有校园网络、广播、校刊等,还有些高校推出了微信公众号,这些载体能及时地为高校档案机构开发利用档案信息资源提供快速而有效的途径。

# 第六章 高校档案的数字化管理

## 第一节 高校档案数字化管理概述

### 一、档案数字化的含义

　　档案数字化是指利用计算机技术、扫描技术、数字成像技术、数据库技术、多媒体技术、存储技术等高新技术把各种载体的档案资源转化为数字化的档案信息,以数字化的形式存储、网络化的形式互相连接,利用计算机系统进行管理,形成一个有序结构的档案信息库,及时提供利用,实现资源共享,是档案信息化建设的重要内容。目前,大多数档案馆保存的档案信息形态主要以纸质、缩微胶片和底片等载体形式存在,只适应于传统的管理与传播方式,即实施手工管理和以点到点的传播,即便是经过编研等初步加工,编辑印发档案资料,实现以点到面的传播,其覆盖面仍太小,很难达到社会化程度。档案信息资源的经济价值和社会价值也难以充分实现,更难以适应当代"数字化生存"态势。档案原件数字化,对档案信息的现代化管理、使用和传播等都具有很重要的作用。

### 二、档案数字化的主要内容

　　(1)为了实现档案目录信息的数字化,需要建立档案目录数据库。
　　(2)载体档案的数字化,如纸质档案、照片档案及录音、录像档案等的数字化,建立档案影像数据库或多媒体数据库。

### 三、档案数字化的主要作用

　　1. 档案数字化是档案信息化建设的重要内容

　　档案信息化建设的核心是资源建设。资源建设包括两大任务:一是现有馆藏档案的目录数据库建设和馆藏重要纸质档案和照片、录音、录像档案的数字化;二是现行电子文件归档与电子档案管理。

**2. 档案数字化能有效地保护档案原件**

(1)代替原件使用,保护档案原件。

(2)数字化副本异地保存,输出磁盘、磁带供永久保存。当不可抗力事件发生时,这些档案资料不至于遭到毁灭性的破坏。

(3)恢复档案材料模糊褪变的字迹及对污损残缺照片档案的修复。

**3. 档案数字化能改善档案的利用方式**

(1)不再受"孤本"的限制,一份文件可以同时提供给所有需要它的人共享。

(2)数字影像文件可以通过计算机局域网或者广域网进行异地传输,使异地调阅利用成为可能。扩大了档案的利用空间,让更多的人来了解档案,利用档案。

(3)"时间"不再受限制,利用者可以随时查阅自己需要的文件。档案数字化后,将已开放的档案上网,有需要的利用者就可以在任何时间上网利用档案信息资源。

**4. 档案数字化是传统档案馆走向数字档案馆的必经之路**

数字档案馆无疑是21世纪各级各类档案馆的发展方向。尽管当前其具体组成结构、组织管理模式还处于探索之中,可其"馆藏"的数字化特征是肯定的,传统档案的数字化将是其"馆藏"的重要组成部分。

# 第二节　高校档案数字化管理的现状

## 一、档案数字化的实践

### (一)档案数字化工作回顾

为了加快实现档案的现代化管理,方便检索和提供利用,高校档案馆多年来致力于档案信息化建设和档案的数字化工作。1995年,高校档案馆陆续开始购置计算机,独立开发人事档案管理系统,开始档案数字化的工作,使得全体员工基本情况可以在计算机中一览无余,工资情况也能被系统所显示。1997年开发文书档案管理软件,利用计算机管理文书档案目录。经过多年的努力,高校档案馆将馆藏的所有文书档案、人事档案全部录入计算机,并实现了计算机查询,极大地方便了档案管理。

## (二)档案数字化工程的定位

档案数字化工程是大学 GIS 系统的子项目,旨在将海量档案信息化、数字化,实现某大学 GIS 系统底层数据的全数字化,并通过 GIS 系统数据统计,向各职能管理部门和社会提供数字化的档案信息及较为精确的统计报告,提供更好的管理服务。

## (三)档案数字化工程需求分析

需处理量:

A. 学籍档案:馆藏档案共计 135 万多卷。

B. 财务档案、产权档案。

C. 正常业务:2003 年 9 月 1 日之后的所有正常业务档案。

处理措施:划分时间线 2003 年 9 月 1 日,区分处理方式。时间线之前的档案将其档案实体整理与装订,各类档案详细录入相关页面数据,档案原件通过数字照相技术扫描;时间线之后的档案,按照新开发的正常办证流程来实现数字化。

## (四)档案数字化工程的内容

首先将所有各类档案进行规范整理,然后分成档案鉴定、档案扫描和档案导入 3 个大环节、11 个小环节分类录入服务器数据库。不仅应将档案原件扫描生成图片存储,还应将档案原件上记载的 55 项相关重要业务数据真实、准确地录入数据库。

## (五)档案数字化工程实施情况

需求分析与设备考察阶段:调查分析馆藏情况,包括档案的类型、载体形态与状态、馆藏数量等基本情况。根据馆藏情况制定档案数字化的科学规划,确定项目需求,根据需求考察当前各种高速扫描系统的集成解决方案。在设备考察阶段我们特别注意以下几个问题:①档案数字化设备配置计划的成套性。②档案数字化设备的配套性,也就是文档扫描仪和数字照相机的优缺点对比,通过不断的实践,我们觉得数字照相机更加适用于现在的工作。③档案数字化项目硬件与软件的集成性。④档案数字化方案与我馆需求的适应性。总之,考虑到档案信息数字化要经过一个较长的过程,因此我们从实际需要和长远打算出发,力求确保计算机、照相机、操作人员等设施及人员数量的配套,使其具有较强的支撑能力和扩展能力。

系统实验阶段:2002 年底,项目开始立项。组织业务骨干、技术骨干远赴深圳、上海等地实践考察。2003 年 6 月,高校 GIS 系统领导小组数据导入小组调集相关业务、技术精英加入团队,正式开始实验阶段的工作,新购进 12 台计算机、4 台数码相机、4 台激光打印机、1 台工作站服务器,设备安装调试完毕。通过前期和软件公司合作,共同开发工作所需软件。

探索档案数字化工作在高速系统下，档案前期整理、档案扫描、质量检查、扫描文件管理、后期整理等全过程的协调配合问题，并探讨在高速系统下如何解决某些技术问题。经过近一年的测试，我们对整体系统流程和配套软件、数据库的性能有了更进一步的了解，在项目的运作模式和系统管理等方面积累了一定的经验，同时，也锻炼了一支技术过硬的队伍，为系统的正式运行打下了基础。

项目实施阶段：本项目是一个长期、流程化运作的系统，从建立开始就必须确保能长期高速、稳定运行。在系统的开发与研究方面有一个时间周期，现将工作计划分为以下几个阶段。

1. 系统总体方案框架设计

2002 年 12 月—2003 年 6 月，完成系统总体框架，生成详细可行性分析报告，及相关配套业务标准、各类管理制度。

2. 系统建立

2003 年 6 月—2003 年 10 月，系统建立，包括硬件配置及软件的开发。

3. 系统试运行

2003 年 10 月—2004 年 2 月，系统试运行。

4. 系统正式运行

自 2004 年 2 月起，系统正式运行，同学校签订合作框架协议，调集员工和学生共 100 多人，经过一段时间的业务及技能培训，参与系统的正式运行，并在运行中不断完善升级系统功能。

## 二、对高校档案数字化工作的思考

### （一）提高认识，统筹规划

首先，必须在思想上充分认识档案信息资源的重要意义，在当今信息公开程度越来越高的形势下，档案的文化性质和社会性质逐步强化，利用的范围和对象将逐步扩大。在这个信息时代，只有当档案信息资源在社会主义现代化建设中发挥重要作用时，档案和档案工作的意义和价值才能充分地、全面地展现出来。

其次，做好统筹规划。将大量的档案数字化，是一个庞大的系统工程。首先要做好馆藏情况的调查，包括档案的类型、载体形态与状态、馆藏数量、档案信息利用等基本情况。根据馆藏情况制定档案数字化的科学规划，包括服务器、计算机、扫描设备等硬件的购置计划和数字化处理规划。档案数字化实施处理规划应贯彻"突出重点，分步进行"的原则，对馆藏重点和利用率高的档案先行数字化,早日满足大多数利用者的需求。

最后,档案数字化是一项费时较长的工程,在大规模、流程化的数字化过程中,所有档案原件都需从档案库房分批大量取出,一定要保障档案原件的完整,不允许出现损毁和遗失的现象。

## (二)加强基础工作,认真做好档案数字化工作

### 1. 档案数字化必须有所选择

针对馆藏"浩瀚"的档案资源,不加选择地全部数字化是不可能的,也是不必要的。我们应该根据一定的原则确定哪些馆藏档案原件应该数字化、哪些档案原件中哪些页不需要数字化。

### 2. 做好数字化时扫描参数的优化设置

扫描系统扫描参数的选择和确定对扫描数字影像质量有着较大影响,其中扫描分辨率直接关系到扫描文件的清晰度和还原效果。我们在选择分辨率时应根据实际需要综合考虑,包括扫描文件的可阅读性、存储空间、输出打印质量等。

### 3. 做好档案数字化的全程控制

在档案数字化过程中,要注重全面的质量检查,加强数据的质量控制。质量检查应包括以下几方面内容:①数字化前的档案整理检查。要进行数字化的档案原件必须完整、排序正确,对折损严重影响扫描质量的原件应预先修整。②数字化中的人员业务培训。数字化工作是需要人来完成的,人员业务培训不过关会直接导致返工,间接导致成本的增加、工期的延长。③数字化后的数据质量、图像质量检查。录入后的档案信息要做到非常高的正确率,扫描后的文件图像应保持档案原貌,字迹清楚不失真,无错扫、漏扫,对文件图像质量有问题的应重新扫描。

### 4. 开展档案数字化问题的研究,及时解决档案数字化进程中的疑难问题

档案数字化是档案工作中的一项新内容,不可避免地会遇到一些新情况、新问题。比如,数字化档案信息压缩及存储的关键技术问题;业务形态与现有技术手段相抵触;数字化档案信息安全、保密技术问题;数字化档案信息的访问形式与安全控制问题;数字化档案信息知识产权问题;数字化档案信息的法律地位问题。针对这些新情况、新问题,应在进行档案原件数字化工作的同时,组织力量开展档案数字化问题的研究,及时解决工作中的一些业务问题和相关技术性问题,同时统一思想认识,确保档案数字化工作的顺利开展。

另外,必须加强档案数字化和数字化档案信息管理人才的培养。只懂得计算机技术或只懂得纸质等载体档案管理知识的人很难胜任此项工作,所以应加强这方面技术人才的培养。

# 第三节　高校档案数字化管理的实现路径

知识服务的主要任务不再仅仅是满足用户的信息需求,而是帮助用户找到解决其自身问题的方案。档案馆知识型信息服务模式以提出解决方案为服务策略与方式,在提出解决方案时应该按照以下流程进行。

首先,充分了解档案用户的问题。档案用户咨询和诉求的主要问题是对知识的不了解、知识获取能力不足、利用不充分等,对于这些问题,档案服务人员要做好记录,分门别类,整理存储。

其次,发挥知识库的自动检索及专家库的人工解答功能。知识库可对档案用户的知识诉求进行有效匹配,如能匹配完全,则将解决方案反馈给档案服务人员,由档案服务人员将整理后的方案推送给档案用户。如果不能完全匹配,则将问题转给专家库,发挥专家库的能力,提出解决方案,反馈给档案服务人员,再推送给档案用户。

最后,收集和整理档案用户对于解决方案的反馈信息,改进服务方式,完善服务策略,将更加完善的方案继续推送给用户,在一次次推送、反馈、完善、再推送的循环中提高方案的完整度、可操作性,充实方案库、知识库,从而提高信息服务质量。

## 一、面向用户的“用户中心”服务模式

与传统的“馆员中心”和“馆藏中心”模式有着本质上的不同,“用户中心”服务模式是新型档案馆档案信息服务模式,是适应数字化、网络化时代下的档案馆发展趋势,对新型档案馆信息服务工作的开展有着无可比拟的优越性和前瞻性。而知识型档案信息服务模式运行的具体过程包括:一种是知识服务用户,通过档案学科主题门户平台提出请求,档案服务人员明确用户请求,确定用户需求,将用户的请求转述给专家咨询团队,专家咨询团队通过知识的检索和分析将解决方案传递给档案服务人员;另一种是利用知识发现等相关技术将档案信息资源经过提取、挖掘、重组等一系列过程后存储到知识库,从而直接检索知识库中的相关内容。知识型档案信息服务模式注重对知识的挖掘、加工和重组,凸显了专家咨询团队的作用,利用专家咨询团队的专业咨询服务为档案用户提供更深层次的信息服务,从而解决用户的实际利用问题。

由于知识服务是一种主动服务,它要求知识工作者在获取用户需求时,在积累用户查询提问的基础上,进行知识搜寻、链接、挖掘和重组,最后将总结出的用户需求提供给高校档案馆数据库,用于推理利用者需求,改善馆藏信息资源质量等。

基于上述数据挖掘及模糊推理的用户需求推理模型,高校档案馆可以尝试在需求获取领域内引入智能代理等人工智能技术,跟踪用户行为,捕捉用户爱好。在此过程中,高校档案工作人员要充分发挥网络的作用,为用户创造一种有利于创新思考的讨论和共享环境,提供交流的平台,促进用户与馆员之间、用户与用户之间、用户与专家之间的交流,在交流与讨论中获得并共享隐性的用户需求。这是高校档案馆从实体档案管理、信息管理向知识管理迈进的重要标志。

1. 利用数据库统计获取用户需求

将高校用户按照他们的显性特征划分类别后,高校档案馆个性化服务就是要建立更为详细的用户数据库,用来存储用户个人信息及用户满意度并保存其个性化信息。这些信息按照主题存放,搜索起来效率更高。在本地信息库中存储文档的元数据(Meta-data)(如统一资源定位符、作者、标题、日期、关键字、摘要、有效期等)以及该文档的用户账号和个人资料(如用户姓名、住址、电子邮件、职业、收入、爱好、需求方向等)。对用户数据库中的这些信息的分析,可由集成系统的查询和统计来实现,以此得出用户的需求信息并记录在案,以备以后继续使用。如利用者增长量分析、数量动态分析、成分分析、利用量分析、高利用率档案信息列表等。通过对这一张张的数据报表和各数据报表的综合分析,可轻松获得用户需求或其倾向的信息。

2. 利用 AGENT 技术获取并分析用户需求

用户在检索信息时,有时很难清楚地知道自己的兴趣爱好和需求,或者用户知道自己的兴趣和需求,但不知道如何精准地表达出来,所以在填写分类定制的用户兴趣表单时,会使用户不知所措。AGENT(智能代理)技术是一种能够完成委托任务的智能计算机系统,能模仿人的行为执行一定的任务,不需要或很少需要用户的干预和指导。智能代理通过跟踪用户在信息空间中的活动,自动捕捉用户的兴趣爱好,主动搜索可能引起用户兴趣的信息并提供给用户。智能代理一般包含两层智能体系结构,第一层是个人代理,个人代理存放在用户机器上,平时跟踪用户的各种行为,如用户经常访问哪些网站内容、检索信息时使用哪些关键词等信息,个人代理能够分析、记忆用户的兴趣爱好,并建立个性化的用户模型。第二层是系统代理。系统代理通过与个人代理进行交互,最终向用户提供其需要的相关档案信息资源。智能代理的主要功能有:①个性化的信息管理。管理用户个人资料。②信息自动通知。③浏览导航。通过分析用户的兴趣,提供建议性的页面和链接。④智能搜索。进行信息过滤,为用户提供更精准的信息。⑤动态个性化界面。给用户提供一个适宜的、友好的浏览界面。

基于知识管理的高校档案馆建设的目的是通过从人工智能等技术中获得的用户信息总结、用户调查和个案分析等方法,分析高校档案馆现有环境用户对档案的一般需求,以及教师、职工、在校学生和校友等不同类型的用户的个性化需求,并预测这些用户的潜在知识服务需求。同时,探索最方便用户使用档案馆相关服务的途径和方法,如 RSS 信息推送、短消息定制、E-mail 原文传递、SNS 社区实时咨询、即时信息(MSN、QQ 等)知识服务。通过用户需求获取,最大限度地满足这些需求是建设基于知识管理的高校档案馆的基本依据。

### 3.个性化推荐与报道服务

通过智能推荐和主动报道的途径,深入分析用户的专业特征、研究兴趣,从而主动地向用户推荐其可能需要的信息。鉴于高校档案馆管理人员的知识化、高校服务环境的便利化,此种服务已经成为重要的服务方式,也是一种较高层次的信息服务方式(图6-1)。

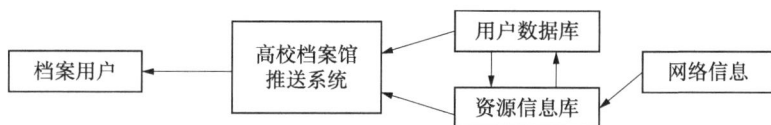

**图6-1　高校档案馆的信息推送流程**

### 4.个性化知识决策服务

采用以用户需求为中心的个性化服务模式,注重针对用户个性、需求及具体环境提供个性化的知识服务,提供以用户解决问题为导向的、个性化的定制服务,强调运用数据挖掘、语义网络、知识发现等先进技术,对有用的信息内容进行深层次的分析与挖掘,从而向用户提供能够用于决策支持、智能查询、科学研究等知识服务方面的规则和模式。

## 二、用户需求的统计与分析

对于已经获取的用户信息,数据挖掘技术为分析信息提供了一个良好的数据环境,利用联机分析(OLAP)和信息挖掘工具,一方面可使高校档案工作人员从海量数据中分析出事物之间的关联,挖掘出隐藏其中的规律信息,形成满足用户需求的深层次信息产品;另一方面,还可以根据用户的历史咨询记录,分析出他们的研究方向和兴趣所在,实现主动的个性化信息检索和推送服务。

### (一)高校档案馆与数据挖掘

数据挖掘,又称数据库中的知识发现,是从大量的、不完全的、有噪声的、模糊的、随机的实际运用数据(数据库、文本文件、图形、图像、音频和视频等电子文件)中提取用户感兴趣的信息(有价值的、暗示的、未知的、潜在的)的一种过程的技术手段。

一个完整规范的高校档案馆数据库系统应当具有三层分布式体系结构,分别为客户端(显示层)、Web 应用服务器(事务处理层)及数据库服务器(数据层),其中高校档案馆用户不能与数据直接发生关系,必须通过 Web 服务器,这样就保证了数据的安全性,用户的每一个具体提问都是由这种三层结构的合作来完成的。

数据挖掘作为新型的信息架构,不仅含有档案馆的数字化档案信息,也有当前信息,同时还有外部数据,可为用户提供一个强大的检索数据源。而且,数据挖掘为分析和挖掘信息提供了一个良好的数据环境,利用联机分析和信息挖掘工具,一方面可以使高校档案工作人员从海量数据中分析出事物之间的关系,挖掘出隐藏在其中的规律信息,形成满足用户需求的深层次信息产品;另一方面,还可以根据用户的历史咨询记录,分析出他们的研究方向和兴趣所在,实现主动的个性化信息检索和推送服务。

知识的有效发现和组织成为高校档案馆所面临的重要课题之一。鉴于数据挖掘技术在数据的组成与分析、数据挖掘、知识发现等方面有着巨大的潜力,我们相信它可以为高校档案馆的建设与信息利用工作提供关键的技术支撑。

### (二)基于数据挖掘及模糊推理的高校档案馆信息需求分析模型

数据挖掘技术是高校档案馆深层次分析用户需求的技术,其全过程主要分为三个阶段:数据源整合、数据挖掘和联机分析、数据输出。基于数据挖掘及模糊推理的高校档案馆信息需求分析模型如图6-2所示。

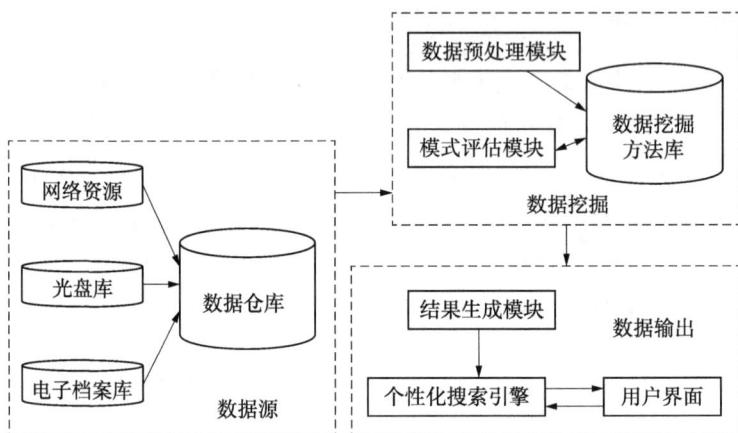

图6-2 基于数据挖掘及模糊推理的高校档案馆信息需求分析模型

1. 数据源整合

数据源主要有数字化档案信息资源(包括电子档案库、光盘和网络资源等),这些资源既有结构化的,也有非结构化的。其中,电子档案、光盘等是结构化的数据,而网络资源的数据非常复杂,没有严格的结构和类型定义,而且数据本身就具有自述性和动态可变性,需要进行数据转化。首先要建立元数据标准,采用信息抽取等技术进行数据转换,然后将这些资源整合为数据库。

2. 数据挖掘和联机分析

数据预处理模块的主要功能是对数据源的数据进行集成、概化、编码和规约,使其成为数据挖掘方法库中数据挖掘算法可以处理的数据。数据预处理模块包括预测和填充数据中丢失的值、移除和过滤掉冗余及不相关的数据、移除噪声数据、对数据进行转换和编码以及处理任何不一致的问题。

模式评估模块包括两个过程:模式发现和模式评估。模式发现是从数据挖掘方法库中取出各种数据挖掘算法,对预处理模块得到的数据进行处理。模式分析过程通常采用联机分析技术,通过对数据进行切片、聚合、钻取、旋转等分析动作对用户的使用模式进行剖析,建立用户的行为和偏好模型,输出用户需要的数据。

3. 结果输出

结果生成模块主要是对数据挖掘得到的数据进行综合,以 Web 页面的形式进行发布,让用户看到结果。个性化搜索引擎将搜索到的结果输入用户界面上,若用户满意,则挖掘过程结束;否则,用户重新输入搜索需求,重新进行挖掘。

需求分析的过程包括:

①需求信息的获取。当用户通过浏览器访问高校档案馆时,系统可以记录下来的用户访问数据有两类:用户信息和用户行为特征。用户信息包括师生等用户的姓名、性别、年龄、职业、爱好、受教育程度以及用户访问 IP 地址等。另一方面利用 Web 日志记录可以获得用户的行为特征,如信息点击率、停留时间、访问次数、下载次数、搜索关键词及模式等信息,还有用户的主观信息,如网络调查、BBS 留言等。准确把握用户的行为特征和偏好,是提供更精确、更符合用户需求信息的首要条件。

②数据采集与预处理。对收集到的数据进行加工处理和组织重构,如检查数据的完整性及数据的一致性,去除噪声或删除无效数据,填补丢失的域,去除空白数据域,考虑时间顺序和数据变化,找到数据的特征,用维变换或转换方法减少有关主题的数据库,为下一步的数据挖掘过程提供基础平台,做好前期关键准备。

③确定数据挖掘目标。数据的目标切忌空而大,应该细化、清晰、结合实际。如根据用户的最新需要,或者根据用户的兴趣,推出相关专题信息,并且提供个性化界面等。

④数据挖掘。根据挖掘目标和数据特点选择相应的算法,净化和转换挖掘算法(如汇总、分类、回归、聚类等)用于搜索数据中的模式,进行数据挖掘、搜索或产生一个特定的感兴趣的模式或一个选定的搜索集。在此基础上进行分析与评估,检验数据挖掘所得到的知识模式。

⑤分析与评估。从上述过程中将会得出一系列的分析结果、模式和模型,多数情况下,会得出对目标问题多侧面的描述,这时就要综合它们的规律性,提供合理的决策支持信息。评价的一种办法是直接使用原先模型样本和样本数据进行检验;另一种办法是另找一批数据并对其进行检验,已知这些数据能反映客观实践的规律性;再一种办法是在实际运行环境中反复进行的过程,很难一步到位,需要对挖掘结果进行不断的实践应用、测试、修改、比对,直到用户满意为止。

# 三、提高档案工作人员信息素养

## (一)档案工作人员

高校档案工作的质量与档案工作人员的素质有直接关系,针对当前我国档案工作人员结构不合理等现象,高校档案部门应积极采取措施进行改进,以建立一支专业化、复合型的人才队伍,适应数字化环境下的档案信息服务工作,提高档案管理水平和服务能力,可以从人才引进、在职培训、结构合理和量才用人四个方面开展。

### 1. 人才引进

合适的人才引入,是丰富档案队伍、优化人才结构、为部门注入活力的重要途径。人员选择首先应当考虑部门的人才结构,根据部门人员目前的知识结构、年龄结构、性别结构等因素,引入稀缺人才,优化、完善人才队伍,尤其是按照信息化要求,具备一定现代信息技术能力的人才引进是首选;其次考察对档案工作的认识程度,对档案职责的了解程度,对档案管理工作的热情和忠诚度。只有对档案的价值、档案工作的意义、档案工作者的职责义务有比较全面、深刻的认识,才能全身心地投入档案工作中,对档案管理具有责任感,对工作富有热情,能够为档案工作作出贡献;最后考查业务能力,对其专业知识、组织能力、管理能力、交际能力、服务能力等进行全面了解,以期引进优秀人才并精准匹配到合适岗位。

### 2. 在职培训

数字化环境下,档案工作内容不断丰富,载体形态不断更新,技术水平不断提高,这就要求档案工作人员不断加强新知识的学习,更新知识储备,提高综合素质,提升业务能力。开展在职培训是非常重要的手段。档案涉及的知识面相当广泛,因此培训内容除了对档案专业知识的培训外,还应当加强对其他学科知识和技能的学习,如历史知识、计算机技术、网络技术、外语等,此外还应开展职业道德教育,使档案工作人员树立爱岗敬业、乐于助人、积极上进、勇于创新等职业操守。培训形式可以采取多种方式进行,包括讲座、讨论、参观等,以激发档案工作人员参与的积极性,塑造良好的学习环境和氛围。

### 3. 结构合理

高校档案馆信息服务主体队伍应当具有合理的学科结构、职称结构和年龄结构。

①对于学科结构而言,各服务主体应当是社会科学、自然科学、档案学、外语等专业人员的合理搭配,各学科人员的比例应当根据高校档案馆信息服务部门的任务和工作特点而定。

②对于职称结构而言,高校档案馆信息服务部门应当合理搭配高级、中级、初级职称人员,其人员比例视服务部门性质而异,比如,中、初级职称人员主要分配在借阅服务部门,中、高级职称人员主要分配在信息咨询与定向服务部门。

③对于年龄结构而言,高校档案馆信息服务部门应当是老年、中年、青年不同年龄段的合理搭配,在借阅服务部门应当以中年、青年为主,而阅览室、接待部门应该以中年、老年为主。

### 4. 量才用人

高校档案馆信息服务主体的选配要根据每名工作人员的情况,通过综合考量将其安排到最能发挥特长的服务部门与工作岗位,以便做好服务工作,提高服务效率。此外,选配服务主体还应尽可能地照顾本人的兴趣和爱好,以便在工作岗位上最大限度地发挥其工作热情和工作能力。

## （二）档案工作人员的信息素养

"信息素养"的本质是全球信息化需要人们具备的一种基本能力。简单的定义来自1989年美国图书馆学会，包括能够判断什么时候需要信息，而且知道如何去获取信息，如何去评价和有效利用所需要的信息。

信息素养是一种基本能力，是一种对信息社会的适应能力。美国教育技术 CEO 论坛2001 年第四季度报告提出：21 世纪的能力素质，包括基本学习技能（读、写、算）、信息素养、创新思维能力、人际交往与合作精神、实践能力，信息素养是其中的一个方面，涉及信息的意识、信息的能力和信息的应用。

信息素养是一种综合能力。涉及各方面的知识，是一项特殊的、涵盖面很广的能力，包括人文的、技术的、经济的、法律的诸多因素，和许多学科都有着紧密的联系。信息技术支持信息素养，通晓信息技术强调对技术的理解、认识和使用技能。而信息素养的重点是内容、传播、分析，包括信息检索以及评价，涉及更广泛的方面，是一种了解、收集、评估和利用信息的知识结构，既需要通过熟练的信息技术，也需要通过完善的调查方法、通过鉴别和推理来完成。

### 1. 档案工作人员信息素养培训

高校档案馆人力资源的管理，不仅是如何用人的管理，更是如何培养人的管理，即以人为中心，鼓励馆员不断学习，促使馆员全面提高素质，使他们成为有信息传播、信息评价、信息创新等能力的馆员。以馆员的信息素养培养为核心，高校档案馆应确保开展经常性的学习计划，并建成广泛参与的团队学习体系，使档案馆成为学习型组织，提高并发挥集体智慧，保持长久的竞争力。培训内容包括以下几个方面：

（1）了解新信息资源类型：随着 Web 2.0 技术的推出，出现了越来越多在 Web 上原生的新兴类型的数字资源，这些信息源在信息内容结构、组织方式、发布形式和学术权威性等方面都不同于原有的信息源。

（2）掌握信息的存取技能：具有信息素养的人在明确自己信息需求的基础上应当能够有效地组织检索策略，获取想要的信息资源。

（3）评价性的思维能力：鉴于 Web 2.0 技术还不够成熟，对于这些信息源的使用要更多地运用评价性的思维能力。

（4）提高创新、交流与合作的能力：Web 2.0 技术既为学习者提供了课堂以外良好的"个人信息环境"，也为学习者提供了更多的组织信息，发挥创造潜能的场所。技术并不会改变学习和研究的本质，但是它会促进和改善学习、研究的过程，将现有技术有效地用于信息的组织合成和创新中，是一种信息素养能力。

在 Web 2.0 技术背景下，可以根据实际情况选择实施个人信息管理的软件。这类软件能帮助人们存储、组织、标记、注解及共享信息资源，并建立个人信息体系，将馆员所拥有的信息资源分类纳入馆员个人信息管理体系，以便在实际工作和学习中使用。建立个人信息体系后,还要按照既定准则和实际工作及学习需要不断维护及完善个人的信息体系。具体包括:添加新的信息资源;更新、修改或删除部分知识资源;调整共享的设置;与他人进行互动的信息交流;不断完善个人的知识储备和信息结构,提高个人的信息管理水平。

### 2. 信息导航服务

高校档案馆提供的科研等类别的档案导航服务(如 Wiki 百科全书、互动标签 Tag,简易信息聚合及网摘等技术)是将互联网上的节点按照某些主题加以归纳、分类,按照方便用户的原则,引导用户到特定的地址获取所需信息。

### 3. 参考咨询服务

利用现代化计算机网络、通信技术和全球性档案馆网上资源,对其提供个性化、有针对性的服务,包括在网上信息咨询台上提供实时、在线的数据、知识导航、专题论坛等服务。参考咨询服务包括 IM 服务、E-mail 服务、博客服务和维客服务、SNS 服务、Wiki 服务等。高校档案馆可以为利用者提供在线的、实时的咨询服务,利用者不需亲自到图书馆,就能获得即时服务。通过系统,档案工作人员可以向利用者提供即时信息服务,或利用博客等 Web 2.0 技术提供音频共享服务,或者运用 SNS 社区平台进行互动交流,为他们提供实时的个性化咨询服务。

## 四、个性化传播策略

不同的用户对档案信息的需求不同,使用资源的侧重点也不相同。个性化信息服务根据用户的知识结构、信息需求、行为方式和心理倾向等,有针对性地为特定用户创造符合个性化需求的信息利用环境,为其提供定向化的预定信息和服务,并帮助用户建立个人信息管理系统。个性化服务是"以人为本"理念的重要表现,其服务宗旨是尊重档案用户的需求和选择,体现用户之间的区别,并据此提供针对性的信息服务,包括定题服务、主动推送、个人数字档案馆、移动应用等。

### 1. 定题服务

定题服务是高校档案部门依据用户的特定需求,在了解其利用档案信息的专题范围的基础上,有计划地为其收集专题档案文献情报,编辑档案参考资料,主动协助档案用户实现其利用需求的服务方式。主题可以是档案部门在广泛调研社会需求的基础上,预测特定用户群的重点需求自己确定的主题,也可以是用户根据自身需求委托给档案部门的主题,前者传播范围较广、效益突出,但针对性不强;后者针对性强、工作效率高,但人力和物力投入较大。对于档案部门自己确定主题的定题服务,应该在熟悉馆藏资源的基础上,对社会各类用户进行深入的调查研究,选定合适的重点课题,以使定题服务发挥最大功能,并在档案网站上针对不同用户群设置不同的利用专栏,根据其不同的利用需求开展档案馆自定主题的定题服务;对于用户委托的课题,档案部门应准确把握用户的需求内容,充分查找馆藏资源,保证成果的完整而有效,将汇编的档案资料提供利用后,及时收集用户的反馈信息,以便改进服务质量。

档案部门还应对完成的定题服务进行经验总结、探索规律,有利于进一步分析用户需求,更好地开展编研工作。定题服务的成果可以是直接提供原始的档案资料,也可以是经过对馆藏资源的筛选、加工和编研产生的二次文献。档案部门在初步完成定题服务后,还应继续收集相关档案信息线索,如有补充的档案信息,应及时更新数据库或反馈给用户,保证定题服务所提供信息的有效和齐全。

### 2. 主动推送

主动推送服务是档案部门在捕获用户基本信息的基础上,以信息推送技术为手段,主动锁定一批特定用户群,形成用户模型,掌握其兴趣喜好,主动地将用户感兴趣的档案专题信息及时推送给用户。由于主动推送服务用户的确定性,高校档案部门进行信息推送的服务对象主要是教师、管理人员等校内工作人员,利用需求的预测,不仅要从个人角度,还要从不同的职能部门角度进行规划,如教师的教学计划、研究方向等,管理人员的岗位职责、部门和学校重大活动等。档案部门应当将网站与校园网连接起来,建立和引入各种数据库,通过智能 Push 技术,实时提供个性化的档案信息服务,将用户所需要的档案信息通过校园网平台提交给用户。推送方式可以为邮件推送、网页推送、专用软件推送等。邮件推送是档案部门分析用户检索与利用档案信息的历史,预测今后的利用趋向将用户所需要的信息,如最新入库的相关档案信息资源,用电子邮件发送给利用者。网页推送是档案部门在档案网站专门设立的某些页面或信息专栏,将相关信息提供给感兴趣的用户并定期更新。专用软件推送是档案部门利用专门的信息发送与接收软件,通过点对点的通信方式,将专门制定的信息发送给用户,用户要安装专用阅读器浏览所推送的信息。

### 3. 个人数字档案馆

个人数字图书馆作为图书馆为用户提供的采集、存储个人感兴趣的信息资源,并进行组织和管理的个性化服务方式,已经在图书馆逐渐风行,档案部门完全可以借鉴个人数字图书馆的创新服务经验,在档案网站上为档案用户建立个人数字档案馆。

个人数字档案馆是档案部门利用计算机网络、人工智能等先进信息技术,获取并分析各个用户的背景、习惯、偏好和要求,从而为不同用户提供充分满足个性化信息需要的集成性服务。用户服务跟踪技术、人工智能技术等用户研究与需求分析技术,资源搜索、内容聚集和传送、信息加工储存等资源管理技术,为用户量身定制个人主页的主动服务主页技术,这些先进技术的运用为个人数字档案馆服务的实现提供了坚实的技术保障。先进的技术支撑使得个人数字档案馆具备用户基本信息提取、访问历史和检索历史记录、需求信息挖掘等功能,并通过用户与档案之间、档案与档案之间的联系,将用户与档案信息关联起来,最大限度地挖掘并满足用户需求。用户只需在服务平台上通过身份认证登录自己的个人数字档案馆即可对自己感兴趣的信息进行收藏、管理。

个人数字档案馆的主要特征为:一是服务内容实时更新,随时根据用户需求的变化更改服务内容和项目的设置,是动态性的个性化服务;二是服务方式主动智能,利用推送技术主动为用户提供服务咨询、检索参考,甚至可以智能化地帮助用户收集潜在需求信息,并直接提供最终产品。

### 4. 移动应用

第三代无线移动通信技术与高度智能化的移动通信终端的相互融合,进一步加速了移动数字利用的普及和应用,借助接入点(APN)等移动通信技术,利用通信运营商5G高速数据网络为通信终端用户构建虚拟专用网络,用户在任何地点都能通过移动网络安全快捷地登录网站,实现信息的可移动、远程化获取,营造一个"任何时间、任何地点、任何内容"都可以进行信息利用的氛围,是对档案信息服务的补充和延伸,满足了利用者的移动信息利用需求。

"移动数字档案馆"应具有统一检索、全文调阅、远程文献传送、后台处理等功能。5G网络下基于智能手机的移动档案馆有两种服务模式,一种是"Browser Service(浏览器服务)模式",即通过手机浏览器访问档案网站查询信息,这种模式应用广泛、操作便捷;另一种是"Client Service(客户端服务)模式",通过在智能手机上安装专用的移动档案馆应用客户端,采用统一的网络协议直接读写数据库,开展移动数字档案馆服务。

档案部门提供的移动应用服务内容应该包括短信服务、浏览档案网站新闻、档案信息检索、参考咨询、服务指南等网站常规服务、多媒体播放服务、二维码服务等。数字档案移动应用是对一般数字档案信息服务的一种扩充与完善,是便捷用户档案信息获取的创新方式,是档案部门可发展的服务方向。

### 5. 个性化知识决策服务

个性化知识决策服务是指高校档案馆根据信息服务对象的个人需求而提供的特定服务,即根据档案信息服务用户提出的明确信息需求,或者高校档案馆通过对不同信息服务对象的个性、习惯的分析,主动向其提供可能需要的信息和服务。

这种服务运用数据挖掘、语义网络、知识发现等先进技术,对有用的信息内容进行深层次的分析与挖掘,从而向用户提供能够用于决策支持、智能查询、科学研究等知识服务方面的规则和模式。

Web 2.0赋予了个性化服务新的内容:通过RSS信息推送服务、网络书签的信息推荐服务、网络标签的定制、博客专业搜索引擎等方式实现个人知识的获取;通过互动标签Tag进行知识组织;通过博客、维客等实现知识的创新与交流;通过简易信息聚合、社会性网络软件以及网摘等技术与平台实现知识共享。当前,Web 2.0的典型技术及实践应用如下所述:

(1)Blog(博客)。通过博客,高校档案馆管理人员与利用者之间可以建立良好的互动交流平台,用户能及时对档案工作人员所提供的服务做出反馈,督促档案管理工作的不断改善,从而不断提升高校档案馆的特色性服务水平。用户和档案馆之间可以进行更多的互动和交流沟通。

（2）IM（即时信息）。典型代表为 MSN 和 QQ，可以包括文字、语音、视频等各种方式。有利于增加高校档案管理人员与用户交互的及时性，增加用户的积极性，及时、清晰、准确地了解用户的需求本意，且与用户的互动反馈性也将增强。

（3）Tag（互动标签）。高校档案馆用户可根据需要对文章或 Blog 进行个性化标签定义。它更利于师生检索、查找网上文章或进行 Blog 关联和聚合。

（4）SNS（社会化网络软件）。高校档案馆管理人员可对馆藏信息进行严格把关，确定信息密级。对于已经解密并且有传播和再利用价值（如参考文献价值、史料价值等）的档案信息，高校档案馆管理人员应对信息进行再加工，然后在高校档案网站服务项目里增加互动社区栏目，对此类信息进行传播并鼓励师生员工在社区内积极参与、互动和分享。高校师生员工虽然分布在各个院系和机关，但是由于其工作环境、生活区域相似，学习或研究领域由于知识本身的互通性、交叉性相对集中，比社会人天然容易聚集，因此，基于 SNS 理论的传播网络在高校档案馆信息服务中较易于构建。

### 6. 根据馆藏信息生成知识

目前，由于数据库内的档案信息种类繁多，个性化信息服务需要按照用户需求确定主题，从档案信息的整体提供转向以知识单元的提供，并根据用户需求随时更新。

要让馆藏信息生成知识，除了对传统载体的档案信息进行数字化转换和采集，如进行原文扫描、图像合并、OCR 识别、文本文件修改、字段著录、分类标引等程序外，还可以根据用户的需求自动地对档案信息进行分析、对比、综合等，形成新的知识资源数据库，并把数据库中的各种服务方式进行整合和集成，建立跨库检索平台，将大量的、分散的网络资源按照一定主题进行智能化聚集，也可建立一个用以访问不同知识资源的统一界面，实现网络信息的跨库检索，为个性化信息传递提供良好的服务平台。

针对高校教师工作压力大、对档案信息要求较高的特点，高校档案工作人员可在校内寻求专业人员对档案信息进行归纳、总结等开发行为，形成知识加工品。这样既可以缓解高校教师时间紧迫的压力，也可使高校档案馆有限的资源发挥更大的作用。

现有高校档案馆信息管理平台只实现了档案信息的有序化，尚不具有知识生成的功能。而基于知识管理的高校档案馆具有知识生成特性，这是与现有高校档案馆信息管理平台之间的本质区别。

### 7. 设计理想的网络平台与信息管理系统向用户传递信息

Web 2.0 时代的环境造就了信息用户的高参与性与主动性，面对这种竞争性环境以及用户行为模式的改变，高校档案馆必须构建与之相应的网络环境，成为一个管理严密、信息有序流动、查询方便的信息集散地和利用平台，这在一定程度上对个性化服务网络平台提出了更为苛刻的设计要求。

具体体现：①用户界面友好。一个友好的界面不仅能吸引读者，发展稳定用户群；而且能反馈用户信息，提高个性化服务质量。用户界面应当凸显核心的服务内容和详尽的功能介绍;最后,要以多媒体的视觉效果,引起用户的兴趣,使其有进一步浏览的可能。这样,用户一旦登录,就会把自己的个人信息记录下来,档案工作人员就可以根据信息建立用户信息数据库,以便适时为用户进行推送服务。②服务效率高。主要取决于系统处理用户输入信息的时间、响应用户需求的速度等方面。③提供多层次的个性化信息服务。由于高校师生知识水平、专业爱好、心理倾向和行为方式不同,这就要求档案馆个性化网络平台要因人而异,并在用户参与度和操作难度上作出相应的对策和考虑。④提供主动的信息服务。网络信息资源的更新是动态的,而用户的长期信息需求则是相对稳定的。因此个性化服务网络平台应依据用户长期需求主动提供有价值的信息,但是这种主动服务必须根据用户事先的定制来进行。⑤具有严密的安全保障机制。主要包括用户身份认证、隐私管理、突发状态的防范与补救、资源共享的权限问题等。

在系统设计方面,基于 Web 2.0 的思想和技术,实现个性化服务和动态管理,高校档案管理系统由信息利用模块、馆员模块、系统管理模块、知识决策模块组成,如图6-3所示。

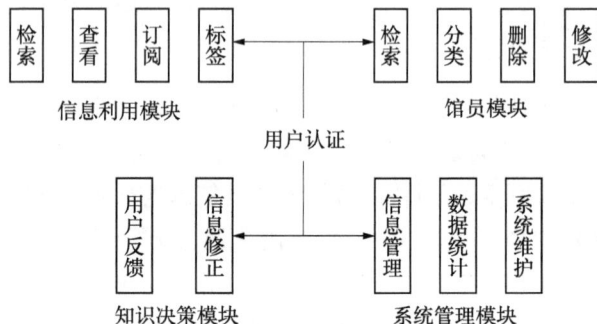

图6-3　高校档案管理系统组成模块

(1)信息利用模块:登录者可以根据自己的需要进行个性化的信息标签(Tag)、查看 RSS 为他们集中提供的"感兴趣的内容",通过博客与咨询馆员开展互动,并及时对馆员所提供的服务做出反馈,全校师生可以通过留言与各个博主讨论学术观点和自己利用信息时的困惑。通过档案馆搭建的 SNS 社区进行信息交流等。

(2)馆员模块:可以进行检索、分类、删除和修改数据,并可进行档案数据的保密维护工作。

(3)系统管理模块:进行系统的信息管理、数据统计等系统维护工作。

(4)知识决策模块:对信息内容进行深层次的分析和挖掘,向用户提供能用于决策支持、智能查询、科学研究、解决问题的规则和模式。根据用户的反馈和系统日志记录修改和完善用户的需求信息,改善信息质量,优化档案馆藏。


# 五、把关策略

## 1.把关策略的必要性

在 Web 2.0 时代的网络下,高校档案馆用户在信息利用过程中享受到了海量信息,同时利用手段快捷、便利。但是,在此过程中,馆藏档案信息在利用过程中也产生了一系列的新问题。传统档案服务模式及交流渠道已经固定形成了一套程序化的模式,然而,随着电子档案的大量产生以及数字档案馆建设的发展,要突破原有模式,在互联网上借助新的信息传播媒体进行传播,面临诸多问题。

(1)档案信息的泄密概率增大。档案管理和档案信息服务的网络化是档案事业发展的必然趋势,档案信息安全问题是网络环境下档案事业发展面临的主要挑战之一。Web 2.0的各种应用,尤其是博客、微博、RSS等的广泛使用,在提供更加优质服务的同时,网站系统也必然会承担更多的信息安全风险。

高校档案馆的许多馆藏档案是发表过的科研成果或者涉及他人隐私的档案,例如,一些重要的科研项目的负责人希望保护档案,避免或尽量减少外界的使用,一些教师、学生,也希望自己的学习、生活经历不要全部公之于众等。但是无论是Web 1.0时代的档案馆网页信息检索服务、电子档案传递等活动,还是在Web 2.0环境下用户利用档案馆提供的电子论坛、电子布告版、虚拟社区、社会网络等开展信息交流时,都会在短时间内对档案信息进行频繁的、大量的摘录引用,而不可能按照相关要求,随时指明出处,从而侵犯档案所有者的专利权、版权等合法权益。

如果高校档案工作者和档案利用者不加以严格"把关",或者档案馆搭建的网络信息平台没有进行合理的利用权限设置,那么涉密信息或者逾越利用者权限的信息就会通过网络进行传播,受众就无法得到控制。一方面,目前我国档案管理系统功能安全性还不完善,档案网络建设中信息安全技术应用不够全面。在档案网站信息服务升级建设过程中,应增强软硬件设备的抗风险能力,并注重对档案管理系统的访问权限设置、身份认证、身份识别功能建设,明确用户参与条件和规则,防止发生恶意攻击和篡改事件。尽管各高校档案馆纷纷为自己的局域网设立了防火墙,防止信息被非法盗用,但是网络黑客仍然可以运用技术手段非法窃取涉密档案,由于信息密级和重要性的不同而造成不同程度的损失。另一方面,确保档案信息利用安全。档案网站建设在引进Web 2.0工具过程中,档案信息资源的提供利用都是分散分布的,短期内无法形成统一的发布平台,利用的安全问题完全依赖于自身的网络建设。

因此,在档案信息服务升级的同时,必须确保档案网络系统安全和利用安全。提高基础网络和信息系统的抗攻击能力,建立一个技术先进、管理高效、安全可靠的网络信息安全体系势在必行。

(2)解读档案信息易于失真。在一次传播或者二次传播过程中,由于受传播者的文化水平、认知结构、主观立场等的影响,解读档案信息往往会因为个人的主观原因而受到误解、扭曲甚至篡改。尤其是Blog等Web 2.0工具的利用,使得"把关人"就是网民自己,其内容的开放性和自由性都十分突出,网民也常会对档案信息进行不负责任的歪曲传播。这就使得档案信息失去了其原始真实性。

因此,高校档案馆作为高校的档案信息来源单位,应当以"把关人"理论为指导,做好档案信息把关工作。

2."把关人"理论及其实质

"把关人"又称为"守门人",是由库尔特·卢因在《群体生活的渠道》一文中提出来的。在研究群体传播过程时,认为信息的流动是在一些含有"门区"的渠道里进行的,在这些渠道中,可以根据公正规则或者"把关人"的标准,决定信息是否可以进入渠道或者继续在此流动,也就是说参与传播的每个人都不可避免地要从各自的观点上,对信息进行筛选和过滤,而这个过程就称为"把关",有这种行为的人就称为"把关人"。

在传播学上,"把关人"是一种普遍存在的现象。在传播者与受众之间,"把关人"可以是个人,也可以是集体。从整个社会角度来看,传播媒介是全社会信息流通的"把关人";从媒体内部来看,不同的媒介具有不同的"把关人",从报纸、广播、电视等传统大众媒介来看,在信息的提供、采集、写作、编辑和报道的全过程中存在着许多的"把关人",其中编辑对新闻信息的取舍是最重要的。"把关人"的把关行为可以分为抑制和疏导两种。前者是指"把关人"准许某些信息流通的行为,后者则是禁止某些信息流通或者将其暂时搁置的行为。

3."把关人"的构成和价值标准

(1)在 Web 2.0 时代的高校档案馆信息"把关人"。随着网络中的信息传播者和信息传播模式的转变,网络"把关人"也由单一转向了多元。总的来看,Web 2.0 时代网络"把关人"分为三类:第一类是档案信息的来源单位。这些单位在将档案信息通过学校网络传递给档案馆时应当明确向档案馆标明信息的密级、传播范围及有关保密规定等。如教务处、研究生院和各院系通过网络定期向高校档案馆移交学生学籍档案;基建处和校产处定期移交基建设备档案;科研处定期移交科研成果档案等。第二类是职业"把关人",即高校档案馆管理人员,他们根据档案保密政策法规和学校有关规章制度来规范数字化档案的传播秩序,通过限制或者禁止某些保密或者不良信息的传播为社会公众创造一个良好的网络环境,并运用自己掌握的专业知识和技能,依据群体规范和档案信息传播的价值标准对众多信息内容做出取舍,对公众舆论进行引导。第三类是高校的师生、校友等利用者。利用者在使用高校档案馆建立的 BBS、SNS 社区、博客系统或者即时通信工具时敲击键盘和滚动鼠标,表达自己的观点和意见,或者传播某些自己认为有传播价值的信息。

在 Web 2.0 时代,多媒体技术的普及和众多软件用户友好型的设计使得高校师生可以利用各种形式充分表达自己,如可以在高校档案馆论坛上发帖,帖上的内容可以是文字,可以是图片,可以是影音文件的链接,也可以将自己的个人信息公布在个人主页上,与其他利用者交流、互动,可以利用即时通信软件与群组里的老师同学交流思想,也可以通过电子邮件向他人传递信息。由此,我们可以得出以下结论:师生利用者传播信息的内容和形式是多种多样的。这些信息的内容可能超过教学科研范围,甚至可能在传播过程中因被歪曲而失真。有些信息,可能与政策规范或者档案信息传播的价值标准相悖。如何提高利用者的信息素养,杜绝不良信息、虚假信息、垃圾信息在高校档案馆网络上的传播,仍是高校档案馆数字化信息利用面临的重要问题。

（2）"把关人"把关行为的价值标准。在网络信息传播过程中,传播价值由三种内涵组成:价值源、价值观和价值的实现。价值观即价值标准,作为联系客观存在与主观感受的纽带,是决定传播价值能否实现的关键。在 Web 2.0 时代的网络传播过程中,三类属性不同的"把关人"的把关行为都有着各自的价值标准。

作为网络传播宏观"把关人"的政府,把关行为的标准是"符合先进生产力的发展方向,符合先进文化的前进方向,符合最广大人民的根本利益",对于专业"把关人"的网络媒体来说,情况就比较复杂了。网络媒体要考虑到多种因素:首先是国家的政策法规,其次是传播活动的社会效益,最后是媒体自身的经济利益。网络媒体在传播过程中,必须通过恰当的把关行为,在国家政策法规的规范下,通过从事传播活动,向社会公众传递信息、创造社会效益的同时,实现自身经济效益的最大化。在商业社会中,经济效益无疑是网络媒体从事传播活动的原动力,也是大部分网络媒体赖以生存的物质基础。

高校档案信息的利用者在把关活动中也扮演着重要角色。他们对档案信息传播的把关标准主要有三个方面:一是维护档案信息的原始性和真实性,不对原始信息进行歪曲和误传。二是用科学的方法准确评估信息价值,杜绝不良信息和垃圾信息的传播。三是遵守知识产权方面的有关规定,对信息的二次传播范围进行限制。

4. 把关策略

（1）IP 地址访问权限控制。为防止校外人员和某些无权限部门利用档案,造成档案信息的滥传、误传,相关人员可以对登录 IP 地址进行限制。如各门类的档案目录可以设置为学校内部的 IP 才能查阅,禁止校外人员进入系统;针对某些珍贵的有历史价值的照片档案,可以限制为仅档案馆内部、校办和某几个其他机关的 IP 地址才有权限登录后进行下载和保存;某些科研档案可以只对实验室、院系和科研处等部门的 IP 地址开放,其他部门的 IP 地址只有查找照片目录和照片缩影图的权限,如果确实需要查找某个档案,档案管理人员应当对其进行身份验证,要求持有介绍信、身份证明等来馆核实身份,同意后方可利用。

（2）进行身份认证。档案信息特有的原始性、凭证性决定了其在网络环境中的存储、传输的安全性要求高于其他信息,计算机网络的开放性、集成性和共享性等特点又使档案信息网络的安全受到威胁。同时,有的高校档案如学生学籍档案、科研课题档案的部分内容因涉密而不能进入互联网,因此在档案数字化过程中必须最大限度地确保档案信息安全,建立网上利用者身份确认制度、网络安全管理制度等。在实际工作中,不同的群体拥有不同的级别权限,包括高校档案馆的系统管理人员、档案馆普通工作人员、专家、普通教师、本科生、研究生等,不同的群体各自管理或利用不同的系统模块,拥有不同级别的权限,向数据库提供或利用不同开发程度的信息。

系统应对用户提供的登录信息进行验证,只有用户提供的登录信息与用户管理系统从用户特征数据库中提取的信息一致时,用户才能被许可进入数据库,使用自身权限,这样才能保障数字化档案建设安全、有序地开展。

此外,基于用户与档案馆双方利益的考虑,高校档案馆在开展个性化服务前就必须制定较为详细的用户资料保密制度,提供隐私政策公示,并且提供设定用户隐私公开程度的工具和运用保证隐私不被外泄的保护技术等,以确保用户信息不被第三方使用,避免"恶意主动性"的出现,从而在广大师生、校友心中树立良好信誉。

(3)档案移交单位档案整理人员"把关"。传统档案信息的传播以档案外借、出具档案证明、公布陈列档案、档案目录信息服务、档案咨询服务(实地咨询和电话咨询)等形式传播。在传播前,档案移交单位和档案整理人员会对档案内容和密级进行鉴定,对涉密档案、不具有传播价值甚至传播后会造成负面影响的档案,应坚决"把关",不提供信息利用服务或限制信息利用的范围。

随着 Web 2.0 时代的到来,档案移交单位和档案馆管理人员的"把关人"在身份地位和把关标准上都发生了变化,通过系统,档案馆管理人员可以向利用者提供即时信息服务,或者利用播客等 Web 2.0 技术提供音视频共享平台,或者运用 SNS 社区进行互动交流,为利用者提供实时的个性化咨询服务和定制服务。这些平台发布信息的开放性和自由性都相当强,网民也常会对档案信息进行不负责任的歪曲传播。这就容易使档案信息失去原始真实性。这些不实信息会不同程度地对个人、社会乃至国家造成损害。若是被不法分子利用,一旦形成舆论,将会造成不可估量的严重后果。因此,尽量减少信息的歪曲,真实传播,成为档案馆信息利用中的重要问题。

在这种环境下,对于高校档案馆来说,应该与时俱进,根据网络传播发展变化的最新情况,及时规范档案信息的网络传播行为,并做出合理引导,杜绝非法、涉密、侵犯知识产权和用户隐私权信息的传播,根据信息的属性限制传播范围,尽量防止信息的歪曲和误传。作为"把关人"的档案馆管理人员,应该通过其把关行为,为学校师生创造一个良好的信息环境。

(4)知识产权保护问题。Web 2.0 赋予了个人更加自由、平等的信息存取权利,使信息交流和信息创造无处不在。高校师生在信息存取、信息交流和信息创造中要采取道德的行为和安全的行为,并为信息社会作出贡献。

高校档案馆应该宣传知识产权保护的相关条例,尊重知识产权,了解数字版权和信息使用的规定,引导师生合法使用信息和引用信息。知识共享许可协议使得网络信息的使用更加灵活和自由,在维护作者权利的基础上,可以实现更多共享,这种数字版权的妥协鼓励学习者利用信息,激发更多的创造性思维。但是高校必须要求师生在传播和利用信息时,不攻击和伤害他人,不恶意破坏。

Web 2.0 时代的高校师生不仅具有信息消费的权利,同时也是信息的生产者。师生在信息传播过程中要提供信任可靠的信息、准确的数据、新颖的观点、有益的技术和方法与具有鉴赏价值的作品,揭露偏见、欺诈行为,并敢于承认错误、修正错误。

综上所述,Web 2.0 赋予了高校档案馆信息"把关"新的意义,高校档案馆既要为档案拥有者保护好档案,又要为学校师生提供信息服务,高校的信息来源单位、高校档案馆和高校师生应当依照相关法规,群策群力,做好"把关"工作,杜绝信息的非法利用、信息误传、信息滥用等问题,从而使高校的档案信息利用工作更加高效、安全。

## 六、以"服务"为取向重塑档案管理理念

服务性原则是高校档案数字化管理的首要原则。在服务性原则的指导下,传统的"管控"思维和管理理念已难以满足高校档案管理事业发展的需要,高校档案管理部门必须努力实现以"服务"为取向的档案管理理念重塑,具体而言,必须做到下述几点:

(1)在高校档案数字化管理过程中,应以科学发展观为指导重塑高校档案数字化的管理理念,突出档案的服务功能。科学发展观是统揽经济社会发展的重要指导原则和科学的理论指南,科学发展观强调要坚持以人为本,树立全面、协调、可持续的发展观。毫无疑问,高校档案数字化管理同样也要坚持科学发展观的理论指导。具体做到两个方面。一方面,在高校档案数字化管理过程中,应当以科学发展观为指导,树立以人为本的价值观。科学发展观理论的核心要义是"以人为本",以人为本的服务情怀是高校档案管理的价值重构,它要求摒弃传统的以管控为主导的高校档案管理理念和管理实践,充分发挥档案的服务功能。为此,高校档案数字化管理实践要以科学发展观为理论指导,积极重塑以人为本的价值关怀,充分重视保护高校档案当事人的合法权益,充分重视突出高校档案在高校人事组织决策中的服务功能。脱离了以人为本的价值关怀,高校档案数字化管理中现代管理技术的运用也难以超越效率至上的工具理性,更难以充分发挥现代信息技术服务高校档案管理事业发展、服务高校档案当事人的基本功能。另一方面,应积极重塑发展理念。科学发展观第一要义乃是树立全面、协调、可持续的发展观,毫无疑问,这是一场发展观念和发展模式的深刻变革,对于高校档案数字化管理事业的发展同样具有指导意义。在科学发展观的指导下,高校档案管理部门应当树立全面、协调、可持续的观念,重新认识"数字化"管理的重要变革及其现实局限性,重新审视传统"文本化"管理的现代价值及其现实不足,积极谋求数字化管理和文本化管理的有效契合。与此同时,积极摒弃传统的、片面的、静止的、单一的管理思维和管理理念,实现管理理念的更新与完善。在"管控"这一总体理念的指导下,高校档案管理实践过程中又衍生出很多管理思维上的问题,主要表现为片面的、静止的、单一的管理理念和管理思维,这会给高校档案管理实践的健康发展带来巨大威胁。为此,必须紧紧以问题为导向,直指传统管理理念中较为突出的、片面的、静止的、单一的管理理念和管理思维,以顺应市场经济发展要求和利用聘任制改革趋势的契机,树立动态化思维来转变静止的管理理念,从高校档案数据库建设中所有一视同仁、平等对待的原则来扭转片面性的管理思维,充分发挥现代信息技术的便捷条件,打破传统的、单一的管理理念和思维模式。

(2)在高校档案数字化管理过程中,应当顺应大数据时代的发展需要,树立动态化、全面化、多元化的管理理念,以便增强高校档案数字化管理的服务功能。在大数据时代背景下,高校档案数字化管理既迎来了重要的发展机遇又面临着严峻的现实挑战,其中管理理念的滞后便是最为突出的问题之一。大数据时代的来临给管理理念带来的最为直接的影响之一是从"管控"向"服务"的价值取向转型,当然这种转型并非一蹴而就的,而是一种缓慢的渐进过程。为此,顺应大数据时代的发展需要,积极更新高校档案数字化管理的发展理念,努

力增强高校档案数字化管理的服务功能,便是高校档案数字化管理健康可持续发展的当务之急。

一方面,高校档案数字化管理应当积极借鉴大数据时代背景下动态化的管理思维。毫无疑问,这对高校档案数据库建设具有重要的指导和借鉴意义。可以说,高校档案数据库建设只有起点没有终点,应当根据高校档案数字化管理的发展需要不断发展完善。为此,在高校档案数据库建设中,高校档案管理人员应当树立动态化的管理思维,注重和强调高校档案数据库的实时更新和发展完善,而非被动地等到人事职务变迁后才进行相关的档案建设跟进。与此同时,高校档案管理人员还应当定期或不定期地收集高校教职工的工作业绩、实践活动与政治思想等方面的资料,时刻以数据库的动态发展为需求不断完善高校档案的数据库建设,以便更好地服务于高校档案数字化管理实践以及高校档案管理事业的健康发展。

另一方面,高校档案数字化管理应当积极引入大数据时代背景下全面化的管理思维,努力增强高校档案数字化管理的服务能力。在高校档案数字化管理过程中,树立全面化的管理思维就要正确处理好以下几种关系:其一,正确处理高校档案数据库的完整性与安全性的关系。高校档案数据库的完整性与安全性是数据库建设的一体两面。在高校档案数据库建设中树立全面化的管理思维,就不能顾此失彼、厚此薄彼,而应当统筹兼顾、协调发展。在高校档案数字化管理实践中建设高校档案数据库,既要一视同仁地对待各类人员的档案,力求均衡发展,与此同时,又要着力加强高校档案数据库的安全性建设,并以安全性为支撑维系高校档案数据库的完整性。其二,要正确看待"数字化"管理与"文本化"管理的优势与局限,努力谋求两者的良性配合、协调发展。在高校档案数字化管理过程中,并非一味地追求数字技术革新的技术至上,而应当实现"数字化"管理与"文本化"管理的良性配合、协调发展,这就要求高校档案管理部门的相关人员充分认识数字化管理技术的功能与作用、文本化管理的局限与价值,在此基础上积极发挥两者的优势,努力规避两者的局限,实现两者的良性互动与和谐发展。

(3)此外,在高校档案数字化管理过程中,还应当努力借鉴大数据时代背景下多元化的管理思维,努力改善高校档案数字化管理的服务效果。在大数据时代,数据信息的类别不再局限于传统"小数据"时代结构化的文本统计,而是增添了种类繁多的非结构化数据信息,大量的视频、音频、图片等数据资料被广泛收集和统计出来,这给高校档案数字化管理理念更新带来的启示是应当树立多元化的管理思维。既要重视传统文本化的管理方式,又要积极发挥数字化管理的突出优势;既要重视数据库自身的安全性建设,又要突出数据库管理人员的保密意识;既要重视传统管理方式的积极作用,又要积极借鉴数字化管理技术的便利条件。多元化的管理思维带来了高校档案数字化管理思维的重要突破,管理者在多元化理念的指导下更具包容性,应积极地迎接大数据时代带来的发展机遇,努力寻求和不断开拓高校档案数字化管理的新境界。

总之,在高校档案数字化管理过程中,应当以科学发展观为指导,顺应大数据时代背景下的发展理念,积极推动实现管理理念从"管控"到"服务"的系列变革,树立以人为本的服务情怀,全面协调可持续的发展观念,动态化、全面化、多元化的管理理念,要积极发挥高校档案数字化管理服务功能,不断地提高高校档案数字化管理的服务能力,努力改善高校档案数字化管理的服务效果。

## 七、以"高效"为目标加强管理团队建设

管理团队建设不足也是制约高校档案数字化管理团队中人员素质提升的关键因素,而加强管理团队建设是破解高校档案数字化管理团队中人员素质偏低这一困境的根本措施。在高校档案数字化管理过程中加强管理团队建设需要以高效为目标导向,打造一支专业化素质较强、复合型人才较多、梯队分布相对合理的高素质、高效率的管理团队。为此,加强管理团队建设需要从以下三个方面展开:一是加强管理人员的专业化、专职化建设,构建专业化人才队伍;二是加强管理人员的综合培训,培育复合型人才队伍;三是加强管理人员的梯队建设,形成梯队合理分布的管理团队。

(1)加强管理人员的专业化、专职化建设,构建专业化人才队伍。为此,需要从以下几个方面入手:①加强高校领导对档案数字化管理人员专业化的重视程度,这是高校档案数字化管理团队专业化、专职化建设的重要保障。高校档案数字化管理专业化、专职化人才队伍建设首先就要扭转高校领导和档案管理部门的思想意识,不能仍然将高校档案数字化管理看作安排高校闲散人员的场所。实际上,高校档案数字化管理对管理人员的专业技能要求特别高。②严格高校档案数字化管理人才招聘选拔的程序设计和素质条件,这是高校档案数字化管理团队专业化、专职化建设的关键所在。高校档案数字化管理团队专业化、专职化建设的关键仍然是要严把入口关,就目前而言最需要的是增加相关专业技术人才的招聘。③不断加强高校档案数字化管理人员的专业技能培训,这是高校档案数字化管理团队专业化、专职化建设的重点所在。对于现在高校档案数字化管理人员而言,专业技能培训无疑是提高专业技能的重要手段。高校档案管理部门应当加大专项经费投入,定期对相关管理人员进行专业技能培训,并对培训学习效果进行量化考核,将考核结果纳入员工考核体系并使之制度化。

(2)加强管理人员的综合培训,培育复合型人才队伍。在大数据时代背景下开展高校档案数字化管理,会对管理人才的要求越来越高,对复合型人才的需求越来越强烈,而目前以专业背景招募的高校档案数字化管理人才仍然只能完成某些专项任务,为此必须采取措施提高管理人员的综合技能。一方面,要加强高校档案数字化管理人员的综合技能培训,不断丰富和完善高校档案管理人员的知识结构和理论储备。在大数据时代背景下,档案管理人员不仅需要具备图书、情报、档案学的专业知识,还需具备广博的知识、现代信息技术应用能力、信息加工处理能力、计算机网络及日常使用及管理维护等方面的知识。高校档案管理部门要把综合技能培训常态化、制度化,并且在实践中不断丰富和发展综合技能培训形式。另一方面,加强管理人员外出交流学习实践的机会,积极借鉴高校档案数字化管理效果显著的团队建设经验。有些财力雄厚、政策推动先行的重点院校的档案数字化管理取得了较为突

出的成效,普通高校可以积极走访交流学习这些高校在数字化管理实践中的团队建设经验,并立足实际加大人才引进力度,不断培训和招募知识基础广博的复合型人才。总之,在高校档案数字化管理过程中,要注意采取形式多样的交流、培训等手段,不断地培育和发展高校档案数字化管理人员的综合技能,积极建设以复合型人才为主的高校档案数字化管理人才队伍,以便更好地服务于高校档案数字化管理实践发展的需要。

(3)加强管理人员的梯队建设,形成梯队分布合理的管理团队。高校档案数字化管理不仅要满足现阶段的档案管理需要,更要关注高校档案管理事业的长期可持续发展。毫无疑问,梯队分布合理、人员搭配良好的数字化管理团队既是满足高校档案管理现实发展需要的重要条件,又是高校档案管理事业持续发展的重要人才资源保障。着力加强管理团队的梯队建设,合理搭配团队管理人员,既是加强管理团队建设的重要任务,也是破解当前高校档案数字化管理人才发展困境的现实要求。在大数据时代背景下加强高校档案数字化管理人才的梯队建设需要注意以下几个方面:①要注意综合考虑高校档案数字化管理人员的年龄结构、性别比例、学历层次、兴趣爱好、能力特长,并对其进行合理安排和精心搭配。这既是高校档案数字化管理人才梯队建设必须注意的问题,更是加强高校档案数字化管理人才梯队建设的基本措施。在高校档案数字化管理实践过程中,要立足实际情况和现有人才队伍的基础条件,合理地搭配管理人员的年龄结构、性别比例、学历层次、兴趣爱好、能力特长,形成梯队分布合理的高校档案数字化管理人才队伍。②要妥善处理人才队伍梯队建设与现实人才素质要求的关系。现实人才素质要求既是高校档案数字化管理现实需要的重要人力资源条件,也是开展高校档案数字化管理人才梯队建设的前提和基础。高校档案数字化管理人才梯队建设是在满足高校档案数字化管理现实人才素质要求的基础上,对现实人力资源的合理配置与优化组合,以期充分保障高校档案数字化管理人才队伍的可持续发展。

总之,在高校档案数字化管理过程中,高校档案管理部门应当着力加强管理人员的专业化、专职化建设,积极构建专业化人才队伍,加强管理人员的综合技能培训,积极培育复合型人才队伍,加强管理人员的梯队建设,努力形成梯队分布合理的管理团队。通过一系列的管理团队建设,打造一支以高效服务为目标、专业化素质较强、复合型人才较多、梯队分布相对合理的高素质、高效率的管理团队,为高校档案数字化管理的健康可持续发展提供重要的人力资源保障。

# 八、以"安全"为导向建设档案数据库

在高校档案数字化管理过程中,还需特别强调档案数据库的安全性建设。档案数据库的安全性不仅涉及高校档案当事人的个人权益,更是关系到高校组织人事部门的用人决策,同时也是关乎社会主义教育事业发展的大事。可以说,高校档案数据库的安全可靠,既是发挥档案服务功能的前提条件,又是贯彻落实保留性原则的基本要求。在当前高校档案数字化管理过程中,档案数据库的安全性问题较为突出,为此,建设高校档案数据库需要以安全为导向,重点加强档案数据库的安全性建设。具体而言,需要从下述几个方面着手。

1. 完善高校档案数据库的功能开发,防范和降低高校档案数据库自身存在的风险问题

在高校档案数字化管理中,数据库还存在某些功能缺陷。这些问题不仅是高校档案数字化管理过程中的重要风险,更是防范和化解风险的重要突破口。为此,高校档案数据库管理人员需要加强数据库的功能开发和完善,从源头上减少数据库风险的发生。例如,不断完善数据库的安全认证系统,所有查阅高校档案数据库的利用者均需通过相关的信息认证,对于涉及档案当事人隐私的信息则需要更高级的授权或许可。建立安全等级和授权体系,有助于在一定程度上防范和降低数据库的信息泄露风险,保障和维护档案当事人的隐私权益,增强高校档案数据库的安全性。此外,还需开发安全性能较高的高校档案数据库系统软件,统一或基本统一数据库的存储格式,以便数据库分析和处理功能得以更好发挥。高校档案数据库的存储格式千差万别,以致数据库的综合分析能力较弱,许多功能未能得到充分发挥,同时也给数据库的安全维护带来了一定困难。当然,除了完善高校档案数据库的功能开发,购买安全性能高的软件系统也是防范和降低数据库风险的重要措施。

2. 规范档案管理人员的管理行为,防范和降低档案数据库的人为操作风险

高校档案数据库的安全性建设,不仅涉及数据库自身的安全性,更与档案数据库的管理人员息息相关,档案数据库的人为操作风险也是数据库安全性建设面临的重要挑战。在高校档案数字化管理实践中,档案数据库的人为操作风险主要是指档案管理人员由于操作不当导致的信息损毁或信息缺失的现象,防范和化解人为操作风险便要从规范档案管理人员的管理行为,提高其安全意识入手。具体而言,一方面,完善档案数据库管理规章制度、管理细则,不断规范档案管理人员的管理行为并强化其安全意识,这是防范和化解档案数据库风险的关键所在。应当重视制度约束的重要意义,逐步完善和细化档案数据库的管理规定,使数据库管理人员的行为选择有据可凭,减少和降低档案数据库管理中的随意性问题。另一方面,加强档案数据库管理人员的安全意识培训和管理技能训练,这是防范和化解档案数据库风险的重要举措。在高校档案数字化管理过程中,档案数据库管理人员的安全意识和管理技能直接关乎档案数据库的安全,管理技能培训在提高管理人员管理技能的同时,也强化了管理人员的安全意识,因而无疑是增强档案数据库安全性的重要手段。

3. 不断更新与完善档案数据库的硬件设备与软件系统,保障档案数据库存储与应用的安全性

在高校档案数字化管理过程中,档案数据库的安全性还依赖于硬件设备和软件系统的安全运行,这是档案数据库安全性的重要载体和支撑。档案数据库的硬件设备诸如计算机、扫描仪、摄像机、照相机、移动硬盘、U盘、光盘等,均是档案数据信息转换、存储、分析、利用的重要载体。档案数据库的软件系统如数据库的管理信息系统,也是档案数据库运行的重要平台。档案管理部门需要加大专项资金的投入力度,不断地更新和完善档案数据库的硬

件设备和软件系统,从数据库的数据扫描、数据分析、数据运用、系统维护等环节最大限度地降低数据库的安全风险,努力提升高校档案数据库的安全性能。此外,还要加强档案数据库的软件系统研发,提供种类丰富的高校档案数据库管理服务系统,以增加档案数据库信息系统的选择范围,最大限度地实现硬件设备与软件系统的良性配套,这也是降低高校档案数据库风险,提高高校档案数据库安全性的重要手段。总之,在高校档案数据库建设过程中,档案管理部门应当重视档案数据库的硬件设备更新和软件系统完善,通过提供相对安全的信息存储载体和存储平台,最大限度地降低档案数据库风险的发生,最大限度地维护档案数据库的安全运行。

4. 不断优化与提升档案数据库的管理技术和管理手段,最大限度地降低档案数据库的管理风险

档案数据库的管理技术先进性,不仅关乎档案数据库的内容建设,更是关系到档案数据库的安全性建设。为此,在高校档案数字化管理实践中完善档案数据库的安全性建设,还需要不断地优化和提升档案数据库的管理技术手段,以先进的管理技术手段降低档案数据库的管理风险。为此,需要注意以下几个方面:一方面,高校档案管理部门应当注意档案数据库管理技术的研发和运用。高校在档案数字化管理实践过程中,应当加大对档案数据库管理技术研发和应用的扶持力度,提供专项研发资金,搭建专业技术人才队伍,以提供最为便捷的条件支持档案数据库管理技术的研发和应用。先进的管理技术手段,例如,数字认证技术、数字加密技术等,不仅可为高校档案数字化管理提供便利,更可为档案数据库的安全性建设提供保障。另一方面,在高校档案数字化管理过程中,档案管理部门还应当充分发挥各种管理技术的优势和集体合力。任何一种管理技术都有其适用领域和优势、局限,高校档案数据库管理人员应当正视这些管理技术的优势与不足,充分发挥管理手段的优势,努力规避管理手段的不足,同时积极发挥多种管理手段、管理技术的集体合力,努力提高高校档案数据库的安全性。

# 九、以"规范"为方向理顺档案管理制度

档案数字化管理制度是档案数字化管理有效实施的制度保障,在高校档案数字化管理过程中,应当充分发挥制度的约束和规范作用,充分保障档案数字化管理实践有章可循、有据可依。目前,高校档案数字化管理制度需要以"规范"为方向和要求,理顺总体性的管理制度框架、具体的日常管理制度,完善相关的配套制度,建立起以"服务"为核心价值取向的符合社会主义市场经济发展需要的高校档案数字化管理制度。具体而言,在高校档案数字化管理实践中,完善高校档案管理制度需要从下述几个方面入手。

1. 以服务为核心价值取向重塑制度设计理念,加强高校档案管理的总体性制度设计

现代档案管理制度是指导高校档案数字化管理实践的总体制度,具有统摄性的意义和

价值。在高校档案管理过程中,作为总体指导的制度规范是《档案法》和《干部人事档案工作条例》,这些指导原则的总体性设计理念仍然以管控为主导,服务性功能未能得到充分发挥,特别是对高校档案数字化管理的总体性制度设计相对欠缺,难以满足高校档案数字化管理的实际需要。在大数据时代背景下,高校档案数字化管理的发展趋势日趋明显,实施高校档案数字化管理势在必行,然而高校档案数字化管理的总体性制度规范依旧十分欠缺,制度理念更是强调管控而非服务,以计划经济为支撑、以"管控"为主导的高校档案管理制度越来越难以满足高校档案管理发展的实际需要,亟须建构与市场经济相契合、以"服务"为导向的高校档案管理新制度。为此,在今后的高校档案数字化管理制度设计方面,要加强总体性的顶层制度设计,重塑以"服务"为主导的制度设计理念。"通过改革和创新,使档案管理制度的功能由过去凌驾于个人之上,对人实行简单的控制逐步转化成为相对人的发展与流动提供相应的信息、信用证明和服务。档案管理制度只有削弱控制功能而强化服务功能,才能真正实现对人的宏观管理,从而全面提升档案管理工作的层次。"可见,高校档案数字化管理在实践过程中,必须积极实现从"管控"向"服务"的价值转型和观念重塑,在设计总体制度框架时更加注重服务高校档案管理事业的发展需要,充分满足高校人力资源优化配置的多样性需求,努力提高高校档案管理事业发展的新境界和新水平。

2. 以规范有序为指导加强高校档案数字化管理的日常管理制度建设,使档案数字化管理实践有据可依、有章可循

在高校档案数字化管理实践中,除了精心设计高校档案的总体性管理制度,还要设计档案的日常管理制度,这是指导高校档案数字化管理实践的具体管理制度。高校档案管理的日常管理制度,可以有效地规范和约束高校档案管理人员的日常行为,进而促进高校档案日常管理的规范化、程序化、科学化。完善档案数字化管理的日常管理制度,不断提高档案数字化管理的制度化、规范化、科学化水平,是高校档案数字化管理制度建设的关键所在。在具体的制度设计中,应当逐步完善高校档案数字化管理流程中档案归档、档案甄别、档案转换、档案保管、档案分析、档案利用等环节的分类管理制度,严格把关高校档案数字化管理实践中的各个环节和流程,努力实现高校档案数字化管理的规范化、程序化、科学化,使高校档案数字化管理实践在制度框架内有序运转和良性发展。在大数据时代背景下和高校档案管理数字化制度创新实践中,应当特别重视日常管理制度的实践探索,努力契合大数据时代背景下高校档案管理数字化、信息化与规范化的发展趋势,不断完善与创新高校档案的日常管理制度和相关规定,这既是大数据时代背景下高校档案管理制度建构与制度创新的基本任务,也是高校档案数字化管理实践过程中制度创新的重要方向,更是服务高校档案管理事业发展的必然要求。

3. 不断完善高校档案数字化管理相关的制度文化和配套制度,为高校档案数字化管理制度的顺利实施提供良好的外部环境支持

新制度主义学派认为,制度的良性运作是需要现实条件支撑的,其中最重要的是制度文

化的维系和配套制度的辅助。在高校档案数字化管理过程中,以管控为主导的制度文化的严重束缚以及辅助高校档案日常管理制度的配套制度建设的滞后,是高校档案数字化管理制度建设中的突出问题。为此,一方面要积极建构以"服务"为主导的制度文化,努力强化高校档案数字化管理人员的服务意识,努力开发高校档案数据库和数字化管理技术的服务功能,为高校档案数字化管理制度的有效实施提供良好的外部文化支撑。另一方面,在高校档案数字化管理实践中,还要完善高校档案数字化管理制度的配套制度,具体而言主要体现为积极建构高校档案数字化管理人员的绩效考核制度,这是档案数字化管理制度顺利实施的外部条件。高校档案管理的绩效考核制度设计过于粗放,会给高校档案数字化管理实践带来很大的挑战,从而使档案数字化管理实践中管理随意性问题较为突出,为此,应当强化高校档案管理人员的绩效考核制度设计,明确和细化高校档案数字化管理实践中的管理责任和相关的任务考核指标,以便通过制度约束和量化考核的方式规范高校档案数字化管理人员的管理行为,进而保证高校档案数字化管理制度的有序实施和良性运转,从而更好地服务于高校档案管理事业的发展需要。

总之,高校档案管理在运行过程中,应当积极构建以服务为核心价值取向的现代高校档案管理制度,积极完善高校档案数字化管理的日常管理制度,不断培育和建设维系高校档案数字化管理实践的良好的制度文化和配套制度,为建立起规范化、科学化的高校档案数字化管理制度奠定坚实的基础,以便更好地服务于高校档案管理事业的发展需要。

## 十、以"完备"为标准加强基础设施建设

在高校档案数字化管理过程中,基础设施建设也是一项重要的内容。高校档案数字化管理的基础设施建设主要包括硬件设备的更新、软件系统的完善以及网络设施的优化,这是高校档案数字化管理实践有序开展的重要条件和基础。在高校档案数字化管理过程中应当以建构功能完备、设施齐全的基础设施为目标,不断完善高校档案数字化管理的硬件设施、软件系统以及网络设施建设。具体而言,主要从下述几个方面努力。

1. 不断完善高校档案数字化管理的硬件设备,办公场所等硬件设施,为实施高校档案数字化管理创造良好的基础条件

在高校档案数字化管理在运行过程中,硬件设施诸如办公场所、计算机设备、移动硬盘、U盘、摄像机、扫描仪、照相机等,是实现档案数字化管理必不可少的基础设施和办公条件,然而,不少高校的上述设施设备十分欠缺。例如,有的高校档案室办公条件未能实现"阅览室、办公室与档案库房"相互分离的标准。"有的档案管理条件更为糟糕,档案库房、办公室、阅览室就拥挤在一间小小的办公室内,有的仅用木柜存放档案。"为此,亟须采取措施完善高校档案数字化管理的硬件设施。一方面,加强高校领导对档案数字化基础设施建设的重要性认识,加大档案数字化基础设施投入的经费支持力度,提供专项资金予以财力保障。基础设施的硬件设备和办公场所的添置,都是以雄厚的财力支持为依托的,为此,应当加强领导

的重视程度和专项经费的投入力度,不断添置数字化管理必需的硬件设备,不断改善数字化管理的办公场所和办公条件,为高校档案数字化管理的顺利实施创造良好的外部条件。另一方面,还需要相关管理人员对档案数字化管理的硬件设施进行及时维护和管理。档案数字化硬件设施的建设不只是一个添置设施的问题,更是一个硬件设施维护和管理的过程,离开了硬件设施的维护和管理来谈硬件设施的建设是不完整的。在高校档案数字化管理过程中,管理部门应当安排专职人员对硬件设备和办公场所进行设备维护和日常管理,最大限度地延长高校档案数字化管理设施的使用寿命和生命周期,避免高校档案数字化管理设备和设施的无端浪费,实现高校档案硬件设备和办公场所利用效率的最大化,以便更好地服务于高校档案数字化管理实践的发展需要,服务于高校档案管理事业的长远发展需求。

2. 不断完善高校档案数字化管理的软件系统,以便更好地满足高校档案数字化管理的现实需求

档案信息数字化管理的重要基础是其所依赖的配套设备、应用软件、操作系统等,这也是档案数字化信息在读出和检索等方面的技术基础。在高校档案数字化管理过程中,除了硬件设备的建设,软件系统的建设也是十分重要的,软件系统在档案管理过程中不仅是档案数据库运行的重要技术支持,更是数字化管理得以实现的关键所在。然而,就目前而言,高校档案数字化软件管理系统依然十分欠缺,已有的软件管理系统又存在着较为突出的安全问题,这不仅给高校档案数据库建设带来了严峻挑战,更使高校档案数字化管理实践陷入了困境。为此,必须采取措施不断地完善高校档案数字化管理的软件系统,具体而言,应当从以下两个方面入手:一方面,要加大经费支持力度,配备相关的技术研发人员,积极推动高校档案数字化管理软件系统的研发和功能完善。软件系统的完善主要依靠技术人员的研发,然而,这又需要专项经费支持和专门人才的配备。为此,在高校档案数字化管理过程中,档案管理部门应当统揽全局,积极争取上级部门的人力、物力、财力支持,积极调配专门的管理技术团队,加大技术研发的财力支持和激励措施。与此同时,积极借鉴高校档案数字化管理过程中的先进信息技术,不断完善和拓展档案管理系统的功能。另一方面,积极提高高校档案数字化管理过程中软件系统的实践应用程度,为高校档案数字化管理实践的顺利开展奠定坚实的基础。

在高校档案数字化管理在运行过程中,不仅应当注重软件系统的研发和功能完善,更重要的是将理论成果转化为实践应用的科技成果,不断提高档案管理软件系统的应用效果,从而不断地服务于高校档案数字化管理过程中的数据库建设和日常的管理实践。

3. 不断优化高校档案数字化管理的网络设施,以便更好地服务于高校档案数字化管理实践的发展需要

在高校档案数字化管理过程中,除了硬件设施、软件系统外,档案数字化管理的网络设施也是十分关键的。在高校档案数字化管理的运行过程中,网络设施和网络设备既是高校档案数据库安全性建设的重要条件,也是高校档案数字化管理的重要保障和现实条件。然

而,在目前的高校档案数字化管理过程中,受制于经费投入的有限性,互联网与局域网建设仍然相对滞后,难以满足档案数字化管理的需要。为此,必须顺应大数据时代对网络数据处理速度和传输速度的要求,积极采取措施努力提高高校档案数字化管理的网络设施和网络服务质量,以便更好地满足高校档案数字化管理实践的需要。即加大经费投入,不断添置高校档案数字化管理的网络设备,改善网络设施的硬件条件。具体而言,一方面是拿出专项经费,购买路由器、转换器、网线等基础设备,为优化高校档案数字化管理的服务网络奠定基础。另一方面,购买服务性能更稳定、网络速度更高的网络带宽,完善档案数字化管理的局域网,为完善高校档案数字化管理的网络服务设施创造条件。

总之,高校档案数字化管理,应当不断完善网络服务设施,提供性能更为优越的网络服务质量,以满足高校档案数字化管理过程中对网络传输速度、网络分析速度的需要,以便更好地服务于高校档案利用者的多样化需求,更好地服务于高校档案数字化管理事业的发展需求。

# 参考文献

［1］韩赟.开放科学背景下创新高校科研档案管理探讨[J].城建档案,2018(11):57-58.

［2］韦相立.大数据时代下高校档案管理模式的变革和优化[J].城建档案,2018(11):
　　59-60.

［3］何小萍.高校档案管理中存在的问题及应对方法分析[J].城建档案,2018(11):61-62.

［4］唐诗佳.大数据时代高校人事档案管理的价值与优化对策[J].城建档案,2018(11):
　　63-64.

［5］赵丹.高校档案管理中电子档案管理浅探[J].文教资料,2018(33):109-110.

［6］黄华.探索大数据时代高校房产档案管理新模式[J].办公室业务,2018(22):154,181.

［7］艾钦.高校基建档案管理存在的问题及对策研究[J].办公室业务,2018(22):158.

［8］高晗,余晶晶,赵勃.档案管理信息化建设存在问题及对策研究:以辽宁师范大学为例
　　[J].内江科技,2018,39(11):9-10,25.

［9］张岩.高校档案管理的现代化建设研究[J].赤峰学院学报(自然科学版),2018,34
　　(11):130-131.

［10］邓哲.基于数字化管理模式的高校基建档案管理:以江苏经贸职业技术学院基建项目
　　　为例[J].绿色环保建材,2018(11):241,244.

［11］吕乃珍.档案工作社会影响力低下的原因分析和对策思考:以地方高校为例[J].淮海
　　　工学院学报(人文社会科学版),2018,16(11):114-116.

［12］刘洁.浅析高等院校人事档案的精细化管理:以某职业学院为例[J].北京农业职业学
　　　院学报,2018,32(6):88-92.

［13］史丹妮.基于大数据视野的高校档案管理探究[J].中国市场,2018(35):195-196.

［14］张良.利用学生学籍档案做好大学生就业服务新思路探究[J].中国市场,2018(36):
　　　185-186.

［15］冯惠玲.改革开放40年中国档案高等教育的历史性跨越[J].档案学通讯,2018(6):4-9.

［16］谢晖.网络环境下高校档案室管理模式的创新研究[J].兰台内外,2018(6Z):9-10.

［17］李冬梅.高校教学档案管理的创新模式分析[J].兰台内外,2018(6Z):25-26.

［18］卓小柳.浅谈高校教学档案的收集与信息资源的开发利用[J].兰台内外,2018(6Z):
　　　77-78.

［19］吴玲.地方高校档案管理一体化研究[J].改革与开放,2018(21):158-160.